Umberto Eco

Semiotik
und
Philosophie der Sprache

Supplemente

herausgegeben von
Hans-Horst Henschen

Band 4

Umberto Eco

Semiotik und Philosophie der Sprache

Übersetzt
von
Christiane Trabant-Rommel und Jürgen Trabant

Wilhelm Fink Verlag

Titel der Originalausgabe:
Umberto Eco, *Semiotica e filosofia del linguaggio*

ISBN 3-7705-2311-3

Gesamtherstellung: Graph. Großbetrieb F. Pustet, Regensburg
Umschlagentwurf: Heinz Dieter Mayer

Inhaltsverzeichnis

Editorische Notiz

Umberto Ecos *Semiotik und Philosophie der Sprache* ist nahezu gleichzeitig (im Abstand von nur wenigen Monaten) in zwei Versionen erschienen: einer italienischen (*Semiotica e filosofia del linguaggio*, Giulio Einaudi editore, Turin) und einer englischen (*Semiotics and the Philosophy of Language*, The MacMillan Press Ltd., London/Indiana University Press, Bloomington, Ind.) – beide aus dem Jahre 1984. Da beide Versionen vom Autor selbst stammen, hat Eco seinen deutschen Übersetzern die Wahl der Vorlage anheimgestellt. Die vorliegende deutsche Übersetzung basiert also – unter Zuhilfenahme der italienischen – auf der weiter ausgearbeiteten englischen Version und ist überdies von Eco autorisiert.

Zur Vermeidung einer Kollision mit linguistischen Zeichenkonventionen (vgl. Ecos *Vorbemerkung* zur Schreibweise von /x/, des vorliegenden Bandes) ist in diesem Bande, im Gegensatz zur editorischen Praxis der Gesamtreihe, auf den Schrägstrich zur Bezeichnung des genauen Seitenendes der fremdsprachigen Ausgabe verzichtet worden.

Der Herausgeber

Vorbemerkung

Im Verlauf dieses Buches benutze ich – wie schon in *A Theory of Semiotics*, Bloomington, Ind.: Indiana University Press, 1976; dt. *Semiotik – Entwurf einer Theorie der Zeichen*, München: Fink, 1986 – einfache Schrägstriche zur Bezeichnung von Ausdrücken; Anführungszeichen bezeichnen den entsprechenden Inhalt. /x/bedeutet also oder ist ein Ausdruck für »x«. Dagegen benutze ich da, wo es im strengen Sinne unnötig ist, eine solche Unterscheidung zu treffen (das heißt wenn Wörter oder Sätze als Ausdrücke benutzt werden, deren entsprechender Inhalt als intuitiv verständlich aufgefaßt wird), einfach nur Kursivierung.

Alle thematischen Aspekte, die in diesem Buch behandelt werden, sind in den vergangenen vier Jahren in meinen Vorlesungen an der Universität Bologna und während meiner Gastdozenturen an der Yale University und der Columbia University ausführlich zur Sprache gekommen; viele Themen wurden auch im Laufe zahlreicher Kongresse, Symposien und Seminare erarbeitet – unter so vielen Umständen, daß es schwierig wäre, ehrlich und erschöpfend zu sein, wenn es darum geht, allen den Studenten und Kollegen meinen Dank zum Ausdruck zu bringen, die mit ihren Einwänden und Vorschlägen zum ursprünglichen Entwurf beigetragen haben. Zu besonderem Dank bin ich dennoch Barbara Spackmann und John Deely verpflichtet, die einen Teil der vorliegenden Kapitel freundlicherweise durchgesehen haben.

Umberto Eco

Einführung

0.1.

Der empirische Leser dieses Buches könnte meinen, daß sich die verschiedenen Kapitel mit zwei theoretischen Objekten befassen, die miteinander unvereinbar sind, da beide für sich als *das* Objekt eines allgemeinen semiotischen Ansatzes angesehen werden: das Zeichen oder die Zeichenfunktion und die Semiose. Das Zeichen wird normalerweise als Korrelation zwischen einem Signifikanten und einem Signifikat (oder zwischen Ausdruck und Inhalt) gesehen und deshalb als Aktion zwischen *zwei* Einheiten. Die Semiose dagegen ist Peirce zufolge eine Aktion oder ein Einfluß, »der aus einer Kooperation *dreier* Objekte besteht oder diese einschließt, wie z. B. ein Zeichen, sein Objekt und sein Interpretant, wobei dieser tri-relative Einfluß auf keinerlei Weise in Aktionen zwischen je zwei Objekten aufgelöst werden kann« (*C. P.*, 5: 484; *Schriften*, II: 482).

Der Modell-Leser dagegen sollte verstehen (wie ich hoffe), daß das vorliegende Buch das Ziel hat zu zeigen, daß diese beiden Auffassungen keineswegs miteinander unvereinbar sind. Wenn man an die trivialere und gängige Vorstellung des sprachlichen Zeichens denkt, kann man eine Theorie der Semiose als unendlicher Interpretation mit einer ›Lehre von den Zeichen‹ freilich nicht vereinbaren; in diesem Fall muß man entweder eine Zeichentheorie wählen oder eine Theorie der Semiose (oder eine Theorie der Signifikantenpraxis, des Kommunikationsprozesses, der Text- und Diskursaktivität). Der Hauptzweck dieses Buches ist es jedoch zu zeigen, daß eine solche Alternative in die Irre führt: das Zeichen ist der Ursprung des semiosischen Prozesses, und es besteht keine Opposition zwischen dem ›Nomadentum‹ der Semiose (und der interpretatorischen Aktivität) und der vorgeblichen Starre und Unbeweglichkeit des Zeichens. Der Zeichenbegriff muß von der trivialen Identifikation mit der Idee der codierten Äquivalenz und Identität befreit werden; der semiosische Interpretationsprozeß befindet sich im unmittelbaren Kern des Zeichenbegriffs.

[1] Kapitel I (»Zeichen«) zeigt denn auch, daß die klassischen Lehren diese Idee eindeutig erkannt haben, weil in ihnen das *sēmeîon* nicht als Äquivalenz, sondern als Schluß angesehen wurde.

Die Definition ist das Hauptthema des Kapitels 2 (»Wörterbuch *versus* Enzyklopädie«), vom vorgeblich aristotelischen Modell, das Porphyrischer Baum genannt wird, bis hin zu zeitgenössischen Diskussionen über die Möglichkeit einer enzyklopädieartigen Darstellung unserer semantischen Kompetenz. In diesem Kapitel wird die gängige Opposition ›Wörterbuch/ Enzyklopädie‹ bis zu den klassischen Modellen des Baumes und des Labyrinths zurückverfolgt. /Baum/ und /Labyrinth/ sind keine Metaphern. Sie sind topologische und logische Modelle, und als solche wurden und werden sie auf ihrem eigenen Feld untersucht. Es bereitet mir allerdings keine Schwierigkeiten zuzugeben, daß sie als Etiketten oder Embleme für die gesamte Diskussion, die in den verschiedenen Kapiteln dieses Buches entwickelt wird, als Metaphern genommen werden können. Als solche stehen sie für den nichtmetaphorischen Peirceschen Begriff der *unbegrenzten Semiose* und für das Modell Q, das ich in *A Theory of Semiotics* (Eco, 1976) entwickelt habe.

Wenn Texte hergestellt und interpretiert werden können, wie ich es in *The Role of the Reader* (Eco, 1979) vorgeschlagen habe, dann, weil das Universum der Semiose im Format eines Labyrinths gedacht werden kann. Die regulative Hypothese eines als Labyrinth strukturierten semiosischen Universums bestimmt auch die Art und Weise, wie wir andere klassische Fragen, so die der Metapher, des Symbols und des Codes, angehen.

Metaphern können vielfältig interpretiert werden, und doch können diese Interpretationen aufgrund einer zugrundeliegenden enzyklopädischen Kompetenz mehr oder weniger legitim sein. In diesem Sinne zielt Kapitel 3 (»Metapher«) darauf ab, einige der Vorschläge meines Essays »The Semantics of Metaphor« (Eco, 1979, Kapitel 2) zu verbessern. Das dort verwendete Bild der Sprossenwand bedurfte einer strengeren Erklärung mittels eines darstellbaren enzyklopädischen Netzes.

Der Begriff des symbolischen Modus, der in Kapitel 4 (»Symbol«) ausgeführt wird, erklärt alle Fälle von Textproduktion, die sich nicht auf einen zuvor festgelegten Abschnitt der Enzyklopädie gründen, sondern eine neue interpretative Verbindung zum ersten Mal erfinden und vorschlagen.

0.2.

Das Prinzip der Interpretation besagt, »ein Zeichen ist etwas, durch das wir, indem wir es kennen, etwas mehr wissen« (Peirce). Die Peircesche Idee der Semiose ist die Idee eines unendlichen Interpretationsprozesses. Es scheint, als sei der symbolische Modus das treffendste Beispiel dieser Möglichkeit. [2]

Die Interpretation ist jedoch nicht reduzierbar auf die Reaktionen, die von Textstrategien im symbolischen Modus hervorgebracht werden. Die Interpretation von Metaphern reicht von der Eindeutigkeit der Katachrese bis zu den offenen Möglichkeiten, die schöpferische Metaphern bieten. Viele Texte haben zweifellos vielfachen möglichen Sinn, aber es ist immer noch möglich zu entscheiden, *welcher* gewählt werden muß, wenn man im Lichte eines vorgegebenen Themas an den Text herangeht. Und außerdem ziehen wir Schlüsse (und stehen einer gewissen interpretatorischen Freiheit gegenüber), selbst wenn wir ein isoliertes Wort, einen Satz, ein visuelles Zeichen verstehen.

All dies läuft auf die Aussage hinaus, daß das Prinzip der Interpretation (im Peirceschen Sinn) nicht mit der weit hergeholten Behauptung identifiziert werden muß, daß – wie Valéry sagt – *»il n'y a pas de vrai sens d'un texte«*.

Wenn wir zeitgenössische Interpretationstheorien betrachten (besonders auf dem literarischen Feld), können wir uns einen Bereich mit den beiden Extremen *x* und *y* vorstellen. (Ich weigere mich, diesen Bereich räumlich als Linie von links nach rechts darzustellen, um nicht unfaire und in die Irre führende ideologische Konnotationen anzudeuten.) Wir wollen sagen, daß an dem Extrem *x* jene Theoretiker stehen, die annehmen, daß jeder Text (sei es eine Gesprächsäußerung oder ein Gedicht) auf eine, und nur auf eine einzige Weise, nämlich gemäß der

Intention des Autors, interpretiert werden kann. Am Extrem *y* stehen jene Theoretiker, die annehmen, daß ein Text jede Interpretation stützt – obgleich ich vermute, daß niemand einen solchen Anspruch *wörtlich* vertreten würde, es sei denn vielleicht ein visionärer Anhänger der kabbalistischen *temura*.

Ich glaube nicht, daß der Peircesche Begriff der Semiose eines dieser Extreme bevorzugen würde. Bestenfalls liefert er das theoretische Werkzeug zur Identifizierung eines Kontinuums von Zwischenpositionen, je nach verschiedenen semiosischen Prozessen. Wenn ich jemanden frage, wie spät es ist, und wenn er mir antwortet /6.15 Uhr/, kann meine Interpretation dieses Ausdrucks zu dem Schluß kommen (vorausgesetzt, es gibt keine anderen ko-textuellen Hinweise, und vorausgesetzt, daß der Sprecher kein notorischer Lügner oder Psychopath ist), daß der Sprecher positiv gesagt hat, es sei viertel nach sechs, und daß er auch beabsichtigte, das zu sagen.

Andererseits kann der Begriff der Interpretation sowohl erklären, in welchem Sinne ein gegebener Text nur zwei und nicht mehr Möglichkeiten der Disambiguierung aufweist, und auch, warum ein Vorkommen des symbolischen Modus eine unbestimmte Reihe alternativer oder komplementärer Interpretationen erfordert. Jedenfalls steht zwischen *x* und *y* ein Thesaurus aufgezeichneter enzyklopädischer Kompetenz, ein gesellschaftlicher Vorrat an Weltwissen, und auf dieser Grundlage – aber auch nur auf dieser Grundlage – kann jede Interpretation sowohl ausgeführt als auch gerechtfertigt werden, selbst im Falle der
[3] ›offensten‹ Beispiele der Option *y*.

0.3.

Bei der Diskussion dieser Punkte beziehen sich alle Kapitel dieses Buches auf eine Reihe fundamentaler Konzepte, die traditionsgemäß mit dem des Zeichens verbunden sind, und untersuchen jedes von ihnen aus historischer Perspektive, sehen zurück auf den Moment, in dem das jeweilige Konzept zum ersten Mal postuliert und mit einer theoretischen Fruchtbarkeit betraut wurde, die es manchmal im Verlauf einer über Jahrtausende gehenden Debatte verloren hat.

Aus dem Register wird deutlich, daß die meisten meiner Autoren keine Linguisten oder Vollzeit-Semiotiker sind, sondern Philosophen, die sich über Zeichen Gedanken gemacht haben. Das ist nicht allein auf die Tatsache zurückzuführen, daß ich meine akademische Laufbahn als Philosoph begann, der besonders am Mittelalter interessiert war, und daß ich seit dem Zweiten Kongreß der IASS (Wien, 1979) eine Neubetrachtung der gesamten Philosophiegeschichte gefordert habe (wie auch der Geschichte anderer Disziplinen), um die Ursprünge semiotischer Konzepte aufzudecken. Dies ist kein (oder nicht nur ein) Buch, in dem ein Semiotiker *extra moenia* dem fremden Gebiet der Philosophie einen Besuch abstattet. Dies ist ein Buch über Sprachphilosophie, und zwar aus dem sehr einfachen Grund, weil eine allgemeine Semiotik nichts anderes ist als *eine* Sprachphilosophie und weil die ›guten‹ Sprachphilosophien vom *Kratylos* bis zu den *Philosophischen Untersuchungen* sich mit allen semiotischen Fragen befassen.

Es ist relativ schwierig, eine ›katholische‹ Definition von Sprachphilosophie zu geben. In einem nicht dogmatischen Überblick sollte man unter dieser Überschrift Platons Erörterungen von *nomos* und *physis* aufführen, Aristoteles' Annahme, daß /Sein/ in verschiedenen Bedeutungen benutzt wird, Russells Denotationstheorie und auch Heidegger, Cassirer und Merleau-Ponty. Ich bin mir nicht sicher, daß eine allgemeine Semiotik all die Fragen beantworten kann, die von den verschiedenen Sprachphilosophien während der letzten zweitausend Jahre gestellt wurden; aber ich bin sicher, daß all die Fragen, mit denen sich eine allgemeine Semiotik befaßt, innerhalb des Rahmens einer Sprachphilosophie gestellt wurden.

0.4.

Um diesen Punkt zu verdeutlichen, muß man zwischen *spezieller Semiotik* und *allgemeiner Semiotik* unterscheiden. Mir ist klar, daß das im Vergleich zu subtileren Klassifikationen eine

sehr grobe Unterscheidung ist. Ich denke an Hjelmslevs Vorschlag, dem zufolge es eine *wissenschaftliche Semiotik* und eine *nichtwissenschaftliche Semiotik* gibt, die beide von einer *Metasemiotik* untersucht werden; eine *Semiologie* als *Metasemiotik*, die eine *nichtwissenschaftliche Semiotik* untersucht, deren Terminologie von einer *Metasemiologie* untersucht wird. Weil die Semiotik denotativ oder konnotativ sein kann, gibt es auch eine *meta(konnotative) Semiotik*. Pelç (1981) hat eine weitaus analytischere Klassifikation der vielen Ebenen einer semiotischen
[4] Untersuchung skizziert. Beim gegenwärtigen Stand der Dinge neige ich dazu, diese und andere Unterscheidungen als deskriptiv fruchtbar anzusehen, wobei ich mir nicht so sicher bin, ob man sie für normativ halten kann. Auf jeden Fall glaube ich, daß es für den Zweck der folgenden Ausführungen ausreicht, den Unterschied zwischen allgemeiner und spezieller Semiotik zu machen.

Eine spezielle Semiotik ist – oder strebt das an – die ›Grammatik‹ eines bestimmten Zeichensystems und erweist sich insoweit als erfolgreich, als sie ein gegebenes Feld kommunikativer Phänomene als von einem Signifikationssystem regiert beschreibt. So gibt es ›Grammatiken‹ der amerikanischen Zeichensprache, von Verkehrszeichen, einer Spielkarten-›Matrix‹ für verschiedene Spiele oder für ein bestimmtes Spiel (z. B. Poker). Diese Systeme können aus syntaktischer, semantischer oder pragmatischer Perspektive untersucht werden. Manchmal konzentriert sich eine spezielle Semiotik nur auf ein bestimmtes Subsystem (oder einen S-Code, wie er in Eco, 1976, definiert wird), das innerhalb eines komplexeren Systems von Systemen wirkt: das ist bei der Theorie phonemischer unterscheidender Züge der Fall oder bei der Beschreibung der phonemischen Oppositionen in einer gegebenen Verbalsprache.

Jede spezielle Semiotik ist (wie jede Wissenschaft) auch mit allgemeinen epistemologischen Problemen befaßt. Sie muß sich ihr eigenes theoretisches Objekt aufgrund von Relevanzkriterien setzen, um ein andernfalls ungeordnetes Feld empirischer Daten in den Griff zu bekommen; und der Forscher muß sich der zugrundeliegenden philosophischen Annahmen bewußt sein, die seine Wahl und ihre Relevanzkriterien beeinflussen. Wie jede Wissenschaft sollte selbst eine spezielle Semiotik eine Art ›Unsicherheitsprinzip‹ enthalten (wie Anthropologen sich der Tatsache bewußt sein müssen, daß ihre Anwesenheit als Betrachter den normalen Verlauf der Verhaltensphänomene stören kann, die sie betrachten). Dessen ungeachtet kann eine spezielle Semiotik einen ›wissenschaftlichen‹ Status beanspruchen. Spezielle Semiotiken untersuchen Phänomene, die einigermaßen unabhängig von ihren Beobachtungen sind. Ihre Objekte sind normalerweise ›stabil‹ – selbst wenn ein Code der Verkehrszeichen kürzer andauert als ein phonologisches System, wohingegen sich lexikalische Systeme in einem beständigen Veränderungsprozeß befinden. Da sie wissenschaftlich ist, kann eine spezielle Semiotik prognostische Kraft haben: sie kann sagen, welche Ausdrükke, die nach den Regeln eines gegebenen Signifikationssystems erzeugt werden, akzeptabel oder ›grammatisch‹ sind und welche ein Benutzer des Systems vermutlich in einer gegebenen Situation erzeugen würde.

Offensichtlich gibt es je nach der Starrheit oder Flexibilität des fraglichen Zeichensystems unterschiedliche Grade von Wissenschaftlichkeit. Die ›Grammatik‹ von Verkehrsampeln und die Struktur eines phonologischen Systems scheinen ›objektiver‹ (›wissenschaftlicher‹) zu sein als die Beschreibung der narrativen Funktionen in russischen Märchen; und die narrativen Funktionen der russischen Märchen scheinen weniger fragwürdig zu sein als, sagen wir, ein mögliches System der narrativen Funktionen in den Romanen der französischen Romantik. Nicht jede spezielle Semiotik kann den Anspruch erheben, wie eine Naturwissenschaft zu sein. Tatsächlich ist jede spezielle Semiotik höchstens eine Humanwissenschaft, und jedermann weiß, wie kon- [5]
trovers dieser Begriff immer noch ist. Wenn die kulturelle Anthropologie jedoch das Verwandtschaftssystem in einer bestimmten Gesellschaft untersucht, arbeitet sie auf einem ziemlich stabilen Feld von Phänomenen, kann sie ein theoretisches Objekt erzeugen und eine Vorhersage über das Verhalten der Mitglieder dieser Gesellschaft machen. Dasselbe geschieht bei einer lexikalischen Analyse des Systems der Wörter, die in derselben Gesellschaft Verwandtschaft ausdrücken.

In diesem Sinne kann eine spezielle Semiotik (wie jede andere Wissenschaft auch) auch sozialtechnologische Veränderungen bewirken. Wenn der Anthropologe unsere Kenntnis einer gegebenen Gesellschaft erweitert, können seine Beschreibungen zu ›missionarischen‹ Zwecken benutzt werden, um eine gegebene Kultur zu verbessern, zu bewahren oder zu zerstören oder ihre Mitglieder auszubeuten. Es steht außer Frage, daß die Naturwissenschaften solche manipulativen Zwecke haben, nicht nur im strikten technologischen Sinn; eine gute Kenntnis der menschlichen Anatomie kann einem auch helfen, die körperliche Leistungsfähigkeit zu verbessern. Ebenso kann die Beschreibung der inneren Logik von Verkehrszeichen einer öffentlichen Behörde Hinweise dafür geben, wie sie die Praxis der Straßenbeschilderung verbessern kann. Eine solche Macht zum Eingreifen ist das Resultat einer freien Entscheidung, nicht ein automatischer Nebeneffekt der wissenschaftlichen Forschung.

Dieses Gebiet des mehr oder weniger etablierten ›grammatischen‹ Wissens im engeren Sinne umgibt eine kaum definierbare ›Zwielichtzone‹ semiotisch orientierter Praktiken wie die Anwendung semiotischer Begriffe auf die Literaturkritik, die Analyse politischer Diskurse, vielleicht einen großen Teil der sogenannten Sprachphilosophie, wenn sie versucht, »philosophische Probleme durch die Analyse von Wortbedeutungen und durch die Analyse logischer Beziehungen zwischen Wörtern in natürlichen Sprachen zu lösen« (Searle, 1971: 1). Oft verlassen sich solche semiotischen Praktiken auf das Wissen, das von speziellen Semiotiken geliefert wird, manchmal tragen sie dazu bei, diese zu bereichern, und in vielen anderen Fällen leihen sie sich ihre grundlegenden Ideen von einer allgemeinen Semiotik aus.

0.5.

Aufgabe und Wesen einer allgemeinen Semiotik sind unterschiedlich. Um das Projekt einer allgemeinen Semiotik zu umreißen, reicht es nicht aus zu versichern – wie Saussure das tat –, daß die Sprache ein System ist, das man mit der Schrift, mit symbolischen Riten, Taubstummenalphabeten, militärischen Signalen usw. vergleichen kann, und daß man eine Wissenschaft entwickeln sollte, die das Leben von Zeichen innerhalb des

Rahmens der Sozialpsychologie und der allgemeinen Psychologie untersucht. Um eine solche Wissenschaft zu entwickeln, muß man sagen, in welchem Sinne diese unterschiedlichen Systeme untereinander vergleichbar sind: ob sie alle Systeme im selben Sinne des Wortes System sind; ob folglich der Vergleich dieser Systeme untereinander allgemeine systematische Gesetze enthüllt, die ihr Funktionieren aus einer einheitlichen Perspektive erklären können. Saussure sagte, eine solche Wissenschaft existiere noch nicht, obgleich sie eine Existenzberechtigung habe. Viele Semiotiker behaupten (und ich gehöre zu ihnen), daß [6]
Peirce eine solche Disziplin tatsächlich skizziert hat; wiederum andere behaupten (und zu denen gehöre ich auch immer noch), daß eine solche Disziplin keine Wissenschaft im Sinne der Physik oder Elektronik sein kann.

So also spaltet sich das Grundproblem einer allgemeinen Semiotik in drei verschiedene Fragen auf: (a) Kann man an viele und augenscheinlich unterschiedliche Phänomene herangehen, als wären sie alle Phänomene der Signifikation und/oder Kommunikation? (b) Gibt es einen einheitlichen Ansatz, der all diese semiotischen Phänomene erklären kann, als basierten sie auf demselben Regelsystem (wobei der Systembegriff kein bloß analogischer ist)? (c) Ist dieser Ansatz ›wissenschaftlich‹?

Wenn es etwas gibt, das den Namen einer allgemeinen Semiotik verdient, so ist dieses Etwas ein Diskurs, der sich mit den obigen Fragen auseinandersetzt, und dieser Diskurs ist ein philosophischer Diskurs. Auf jeden Fall stößt er auf das Problem, das die Sprachphilosophie gestellt hat, weil er, um die obigen Fragen beantworten zu können, gezwungen ist, aus einer allgemeinen (nicht nur ›sprachlichen‹) Perspektive erneut klassische Fragen zu betrachten, als da sind Bedeutung, Referenz, Wahrheit, Kontext, Kommunikationsakte (vokal oder nicht) und ebenso viele logische Probleme wie analytisch vs. synthetisch, Notwendigkeit, Implikation, Inferenz, Hypothese usw.

Natürlich gehören heutzutage viele Probleme, die im Ursprung einfach philosophisch waren, in das Gebiet einer Wissenschaft. Vielleicht werden einige der gegenwärtig von einer allgemeinen Semiotik gestellten Fragen in Zukunft eine ›wissenschaftliche‹ Antwort finden – zum Beispiel das diskutierte und immer noch spekulative Problem der sprachlichen Universalien, das heute von der Katastrophentheorie angegangen wird. Einige andere werden rein philosophisch bleiben.

Die allgemeine Semiotik befaßte sich zunächst einmal mit dem Zeichenbegriff. Dieser Begriff wird in Kapitel 1 genauer diskutiert werden, wo ich die Gründe dafür angeben werde, warum ich ihn trotz der unterschiedlichen Kritiken, denen er unterworfen wurde, immer noch für haltbar erachte. Man kann selbstverständlich zu dem Schluß kommen, daß das theoretische Objekt der Semiotik ein anderes und fruchtbareres sein kann, z. B. Text, Semiose, Signifikantenpraxis, Kommunikation, Diskurs, Sprache, Aussprechbarkeit und so fort – aber das wirkliche Problem ist nicht so sehr, *welches* Objekt als das zentrale festgelegt wird; das Problem ist vielmehr die Entscheidung, ob es ein einheitliches Objekt gibt oder nicht. Nun kann dieses Objekt (sagen wir einmal: der Zeichenbegriff) insofern zum zentralen Objekt einer allgemeinen Semiotik werden, als man beschließt, daß eine solche Kategorie eine Reihe menschlicher (und vielleicht tierischer) Verhaltensweisen erklären kann, seien sie nun vokal, visuell, thermisch, gestisch o. ä. In diesem Sinne steht die erste Frage einer allgemeinen Semiotik der Hauptfrage jeder Sprachphilosophie nahe: was bedeutet es für Menschen, Bedeutungen auszudrücken, zu äußern, Ideen zu vermitteln, sich auf Weltzustände zu beziehen? Durch welche Mittel erfüllen Menschen diese Aufgabe? Nur durch Worte? Und wenn nicht, was haben verbale Aktivität und andere Signifikations- oder Kommunikationsaktivitäten gemeinsam?

Eine allgemeine Semiotik verbessert höchstens einige der tra-
[7] ditionellen Ansätze der Sprachphilosophie. Sie nimmt an, daß es unmöglich ist, über die verbale Sprache zu sprechen, ohne sie mit anderen Formen der Signifikation und/oder Kommunikation zu vergleichen. In diesem Sinn ist eine allgemeine Semiotik in ihrem Ansatz fundamental vergleichend. Aber es genügt – zum Beispiel – an Wittgenstein, Husserl oder Cassirer zu denken, um zu erkennen, daß eine *gute* Sprachphilosophie diese Frage notwendigerweise aufgreift.

Eine allgemeine Semiotik wird mehr als jede Sprachphilosophie von den Erfahrungen spezieller Semiotiken beeinflußt. Aber die Philosophiegeschichte weist andere Beispiele von Spekulationen über Signifikationen und Kommunikation auf, die versucht haben, einen systematischen Ansatz für jede Art von ›Sprache‹ auszuarbeiten, die von den Resultaten und von den technischen Details irgendeiner speziellen Semiotik ausgegangen sind. Auf diese Weise ist eine allgemeine Semiotik einfach eine Sprachphilosophie, die die vergleichende und systematische Annäherung an Sprachen (und nicht nur an die Verbalsprache) betont, indem sie das Resultat verschiedener, engerer Untersuchungen auswertet.

0.6.

Nicht alle Sprachphilosophen würden einem solchen Projekt zustimmen. Viele nehmen an, daß die zur Erklärung der Verbalsprache bereitgestellten Kategorien – ›Signifikation‹, ›Bedeutung‹ und ›Code‹ eingeschlossen – keine Geltung mehr haben können, wenn man sie auf andere Signifikationssysteme anwendet. In Kapitel 1 diskutiere ich einen starken Einwand, der in dieser Richtung formuliert wurde und demzufolge die Semiotik drei verschiedene Probleme ungebührlich miteinander vermischt, die drei verschiedene und nicht auf einen Nenner zu bringende Phänomene betreffen, die von drei verschiedenen theoretischen Ansätzen untersucht werden – nämlich *beabsichtigte Bedeutung*, *Schließen aus Beweisen* und *bildliche Darstellung*. Selbstverständlich nehme ich im Gegensatz dazu an, daß diese drei Probleme ein einziges theoretisches Objekt betreffen. An anderer Stelle (Eco, 1976) habe ich erörtert, in welchem Sinne verbale Signifikation und bildliche Darstellung (ebenso wie andere Phänomene) unter das allgemeine Modell der Zeichenfunktion subsumiert werden können. Hier werde ich die These vertreten, daß inferentielle Prozesse (hauptsächlich in der Form der Peirceschen *Abduktion*) die Grundlage aller semiotischen Phänomene ausmachen.

Es ist gesagt worden (vgl. z. B. von Scruton, 1980), daß das Wort *Zeichen* zu viele Dinge bedeutet und auf zu viele Funktionen hinweist, so daß also die Semiotik auf bloßen – und schwachen – Analogien beruhen würde, wenn sie versichert, daß eine

Wolke Regen in demselben Sinne *bedeutet*, in dem der französische Satz ›je m'ennuie‹ *bedeutet*, daß ich mich langweile. Was diese beiden Phänomene gemeinsam haben, ist »nur ein kleiner Zug an ihrer Oberfläche« und »Wenn es ein gemeinsames Wesen von ›Zeichen‹ gibt, ist es mit Sicherheit sehr flach; die Semiologie gibt vor, daß es tief ist« (Scruton, 1980). Ich habe den Verdacht, daß kein Semiotiker sagen würde, daß eine Wolke und ein Satz *an der Oberfläche* etwas gemeinsam haben. Ich werde in Kapi-
[8] tel 1 daran erinnern, daß die griechischen Philosophen lange Zeit brauchten, um zu erkennen, daß es eine Beziehung zwischen ›natürlichen Zeichen‹ und Wörtern gibt, und daß selbst die Stoiker, die das Problem entschlossen angingen, Schwierigkeiten hatten, es definitiv zu lösen. Wenn also eine Wolke und ein Satz etwas gemeinsam haben, so ist dieses nichts Flaches, sondern etwas Tiefes.

Auf der anderen Seite haben das rote Licht einer Verkehrsampel und der verbale Befehl /Stop/ ›intuitiv‹ etwas Gemeinsames. Man braucht keinen semiotischen Kopf, um das zu verstehen. Das semiotische Problem besteht nicht so sehr darin zu erkennen, daß die beiden physikalischen Vehikel mehr oder weniger denselben Befehl übermitteln; es beginnt, wenn man sich über die kulturellen oder kognitiven Mechanismen wundert, die jedem Eingeweihten erlauben, auf beide Zeichen-Vehikel in derselben Weise zu reagieren. Zu erkennen, daß /Stop/ und das rote Licht denselben Befehl übermitteln, ist so intuitiv wie die Entscheidung, daß man entweder /Gift/ auf eine Flasche schreiben oder einen Totenkopf darauf malen kann, um Leute davon abzuhalten, eine bestimmte Flüssigkeit zu trinken. Nun ist das Grundproblem einer semiotischen Untersuchung verschiedener Zeichenarten genau dieses: warum versteht man etwas *intuitiv*?

So gesehen, ist die Frage mehr als semiotisch. Sie beginnt als philosophische Frage (auch wenn sie eine wissenschaftliche Antwort erhalten kann). Häufig benutzt man das Adjektiv ›intuitiv‹ als empiristisches Schibboleth und befreit sich von einer Menge interessanter Fragen, indem man auf ›intuitive‹ Wahrheiten rekurriert. Zu sagen, daß eine Wahrheit intuitiv ist, bedeutet normalerweise, daß man sie aus ökonomischen Gründen nicht in Frage stellen will, weil nämlich ihre Erklärung einer anderen Wissenschaft angehört. Eine (wenn nicht die wichtigste) semiotische Bemühung gilt der Erklärung der Tatsache, warum etwas intuitiv aussieht, um dann unter der vermeintlichen Harmlosigkeit der Intuition einen komplexen kognitiven Prozeß zu entdecken.

Die Intuition sagt mir, daß ich eine Frau, einen potentiellen Partner in einem wichtigen Geschäft oder einen korrupten Politiker dadurch in Versuchung führen kann, daß ich sage, ich sei reich und großzügig; ich kann sie oder ihn aber auch zu einem sensationellen Essen im luxuriösesten Restaurant der Stadt einladen und ein Menü bestellen, das Roland Barthes syntagmatisch entzückt hätte. Die Intuition sagt mir ebenfalls, daß das Essen vermutlich überzeugender wäre als eine grobe verbale Äußerung. Keine Frage der Intuition ist es, warum die Intuition mir all dies sagt. Vielleicht versteht man kraft einer ›flachen‹ Ähnlichkeit in ihrer Wirkung intuitiv, daß beide Verhaltensweisen Ideen und Gefühle im Kopf des potentiellen Opfers erzeugen. Um aber zu erklären, wie beide Verhaltensweisen dieselbe Wirkung erzielen, sollte man nach etwas ›Tieferem‹ suchen. Nach einer solchen tieferen gemeinsamen Struktur, d. h. nach den kognitiven und kulturellen Gesetzen zu suchen, die beiden Phänomenen zugrundeliegen – das ist die Bemühung einer allgemeinen Semiotik. Nachdem man dieses Problem einmal aufgegriffen hat, könnte man vermutlich entscheiden, ob auch im Fall der Wolke und des Satzes dieselben kulturellen oder kognitiven Mechanismen gelten.

Die Semiotik ist wohlgemerkt nicht dazu verpflichtet, positiv
auf all die oben gestellten Fragen zu antworten; sie kann zum [9]
Beispiel auch zu dem Schluß kommen (wie das viele Semiotiker taten), daß die Art, auf die eine Wolke Regen bedeutet, sich von der Art unterscheidet, auf die ein französischer Satz einen vorgeblich entsprechenden deutschen Satz bedeutet oder ihm äquivalent ist. Die Semiotik wird durch ihr Interesse an diesen Problemen charakterisiert, nicht durch eine vorher festgelegte Menge von Antworten.

An diesen Problemen interessiert zu sein, erfordert philosophische Neugier; nach Aristoteles ist es das *Sich Wundern*, das die Menschen zum Philosophieren brachte und bringt; und nach Peirce beginnen alle neuen Entdeckungen, wenn »wir einen sehr seltsamen Umstand finden, der durch die Unterstellung erklärt werden würde, daß es ein Fall einer bestimmten allgemeinen Regel ist, und wenn wir daraufhin jene Unterstellung akzeptierten« (*C. P.*, 2: 624; *Schriften*, I: 376). Der Zeichenbegriff – oder jeder andere Begriff, den sich eine allgemeine Semiotik als ihr theoretisches Objekt setzt – ist nichts anderes als das Ergebnis einer Unterstellung dieser Art. Zeichen sind keine empirischen Objekte. Empirische Objekte werden nur unter dem Gesichtspunkt einer philosophischen Entscheidung zu Zeichen (oder werden als solche betrachtet).

0.7.

Wenn die Semiotik Begriffe wie ›Zeichen‹ setzt, handelt sie nicht als Wissenschaft; sie handelt wie die Philosophie, wenn sie Abstraktionen wie Subjekt, Gut und Böse, Wahrheit oder Revolution setzt. Nun ist eine Philosophie keine Wissenschaft, weil ihre Behauptungen nicht empirisch überprüfbar sind, und diese Unmöglichkeit beruht auf der Tatsache, daß philosophische Konzepte keine ›emischen‹ Definitionen von zuvor erkennbaren ›etischen‹ Daten sind, die auch nur eine minimale Ähnlichkeit in Form oder Funktion aufweisen. Philosophische Größen existieren nur insofern, als sie philosophisch *gesetzt* werden. Außerhalb ihres philosophischen Rahmens verlieren die empirischen Daten, die eine Philosophie organisiert, jede mögliche Einheit und jeden Zusammenhang.

Gehen, lieben, schlafen, etwas nicht tun, jemand anderem zu essen geben, am Freitag Roastbeef essen – all das ist entweder ein physikalisches Ereignis oder die Abwesenheit eines physikalischen Ereignisses oder eine Beziehung zwischen zwei oder mehr physikalischen Ereignissen. All das wird jedoch *innerhalb eines gegebenen philosophischen Rahmens* zu Fällen von gutem, bösem oder neutralem Verhalten. Außerhalb eines solchen Rahmens unterscheidet sich das Essen von Roastbeef radikal vom Liebesakt, und der Liebesakt ist immer dieselbe Art von Aktivität, unabhängig vom gesetzlichen Status der Partner. Aus einem bestimmten philosophischen Blickwinkel jedoch können sowohl das Roastbeef-Essen am Freitag wie auch der Liebesakt mit *x* zu Fällen von ›Sünde‹ werden, wohingegen die Tätigkeit jemandem zu essen zu geben wie auch der Liebesakt mit *y* zu Fällen von tugendhafter Handlung werden können.

Gut und Böse sind theoretische Übereinkünfte, denen zufolge durch eine philosophische Entscheidung die vielfältigsten Bei- [10]
spiele verschiedenster Fakten oder Handlungen dasselbe werden. Interessanterweise teilen auch die Begriffe ›Objekt‹, ›Phänomen‹ oder ›natürliche Art‹, wie sie von den Naturwissenschaften benutzt werden, dieselbe philosophische Natur. Dies trifft sicherlich nicht auf die spezielle Semiotik oder auf eine Humanwissenschaft wie die Kulturanthropologie zu. Die Anthropologen erarbeiten den Begriff ›Schwager‹, um emisch eine Reihe etischer Vorkommnisse zu definieren, weil verschiedene Personen dieselbe soziale Funktion haben; und diese Funktion hätten sie etisch auch, wenn keine Wissenschaft ihre emische Rolle zuvor definiert hätte. Ein Schwager existiert unabhängig als männlicher Mensch, der wie andere männliche Menschen auch eine Schwester hat, die mit einem zweiten männlichen Menschen verheiratet ist; wie andere männliche Menschen in derselben Position übt ein Schwager (während gewisser Zeremonien) wegen dieser Beziehung zu einer gegebenen Frau und einem gegebenen Mann gewisse rituelle Handlungen aus. Vielleicht entdekken die Anthropologen nicht den wahren Grund, aus dem er diese rituellen Handlungen ausführt, oder sie gehen fehl, wenn sie bestimmte Züge seines Verhaltens auf Kosten anderer Phänomene als relevant auswählen (oder sie übertreiben, indem sie behaupten, die Opposition Schwager/Schwägerin sei der phonetischen Opposition stimmhaft/stimmlos analog ...). Aber die Anthropologen beginnen bei der unbezweifelbaren Tatsache, daß es Nuclei von jeweils drei Personen gibt, die sowohl ein Geschwisterpaar derselben Eltern bilden als auch ein Paar von Personen unterschiedlichen Geschlechts, die zusammenleben und sexuelle Beziehungen unterhalten.

In der Philosophie laufen die Dinge anders. Was für Hegel ›wahr‹ ist, unterscheidet sich radikal von dem, was für Tarski ›wahr‹ ist, und als die Scholastiker sagten, die Wahrheit sei die *adaequatio rei et intellectus*, beschrieben sie keine Größen, die vor dieser Definition als solche erkennbar waren. Die Definition entscheidet, was ein Ding ist, was Verstand ist und was *adaequatio* ist.

Das bedeutet nicht, daß eine Philosophie Phänomene nicht erklären kann. Sie hat große *Erklärungskraft*, da sie eine Möglichkeit bietet, viele ansonsten unverbundene Daten als Ganzes zu sehen – während ein wissenschaftlicher Ansatz damit beginnt, ein beobachtbares Datum und eine korrekte (oder wahre) Beobachtung zu definieren, beginnt sie mit dem Setzen philosophischer Kategorien. Eine Philosophie kann jedoch nicht in dem Sinn wahr sein, in dem eine wissenschaftliche Beschreibung (selbst wenn sie auf vorangegangenen philosophischen Annahmen beruht) für wahr gehalten wird. Eine Philosophie ist insofern wahr, als sie ein Bedürfnis befriedigt, der Welt eine kohärente Form zu geben, um ihren Anhängern zu erlauben, kohärent mit der Welt umzugehen.

In diesem Sinne hat eine Philosophie *praktische Kraft*: sie trägt zur Veränderung der Welt bei. Diese praktische Kraft hat nichts zu tun mit der manipulativen Kraft, die ich den Wissenschaften, die speziellen Semiotiken eingeschlossen, in der obigen Diskussion zugeschrieben habe. Eine Wissenschaft kann entweder eine Tierart untersuchen oder die Logik von Verkehrszeichen, ohne notwendigerweise deren Veränderung zu bestimmen. Es besteht
[11] eine gewisse ›Distanz‹ zwischen dem beschreibenden Stadium und der Entscheidung, sagen wir, eine Art durch genetische Manipulation zu verbessern oder ein Signalsystem zu verbessern, indem man die Zahl seiner relevanten Elemente reduziert oder erhöht.

Dagegen war es das philosophische Setzen des modernen Begriffs des denkenden Subjekts, das die westliche Kultur dazu veranlaßt hat, mit der Vorstellung von Subjektivität zu denken und zu handeln. Das Setzen von Begriffen wie Klassenkampf und Revolution hat die Menschen dazu geführt, klassenmäßig zu handeln und nicht nur Revolutionen zu machen, sondern auf der Grundlage dieses philosophischen Konzepts auch zu beschließen, welche sozialen Tumulte oder Aufstände der Vergangenheit Revolutionen waren und welche nicht. Da eine Philosophie diese praktische Kraft hat, *kann sie keine prognostische Kraft haben*. Sie kann nicht vorhersagen, was geschehen würde, wenn die Welt so wäre, wie sie sie beschreibt. Ihre Kraft ist nicht das direkte Ergebnis eines Aktes der Manipulation, der auf der Grundlage einer mehr oder weniger neutralen Beschreibung unabhängiger Daten ausgeführt wird. Eine Philosophie kennt das, was sie erzeugt hat, erst *après coup*. Der Marxismus als Philosophie weist eine einigermaßen große Erklärungskraft auf und hat in der Tat eine konsistente praktische Kraft gehabt: er trug auf lange Sicht zur Veränderung vieler Ideen und einiger Zustände der Welt bei. Als er jedoch behauptete, eine Wissenschaft zu sein und voraussagende Kraft beanspruchte, ging er fehl: er veränderte Ideen und Weltzustände in eine Richtung, die er nicht genau voraussehen konnte. Ausgerichtet auf Globalität, spielt eine Philosophie ihre Rolle nicht wie ein Schauspieler während des Vortrags; sie interagiert mit anderen Philosophien und mit anderen Tatsachen, und sie kennt nicht die Resultate des Zusammenspiels mit anderen Weltanschauungen. Weltanschauungen können sich alles vorstellen, nur keine alternativen Weltanschauungen, es sei denn, um sie zu kritisieren und ihre Widersprüchlichkeit zu beweisen. Weil sie von einem konstitutiven Solipsismus charakterisiert sind, können Philosophien über die Welt, die sie entwerfen, alles sagen, aber sehr wenig über die Welt, zu deren Erbauung sie beitragen.

0.8.

Eine allgemeine Semiotik ist in genau diesem Sinne philosophisch. Sie kann nicht mit konkreten Beweisen arbeiten, es sei denn, diese wären schon von speziellen Semiotiken herausgefiltert worden (deren Methoden wiederum von einer allgemeinen Semiotik gerechtfertigt werden). Eine allgemeine Semiotik untersucht die Gesamtheit der menschlichen Signifikationsaktivität – d. h. Sprachen. Und Sprachen sind das, was Menschen als solche konstituiert, als semiotische Tiere. Sie untersucht und beschreibt Sprachen durch Sprachen. Indem sie die menschliche Signifikationsaktivität untersucht, beeinflußt sie deren Verlauf. Eine allgemeine Semiotik verändert gerade wegen ihres theoretischen Anspruchs ihr Objekt.

Ich weiß bis jetzt noch nicht, ob eine pragmatische Sprechakttheorie ein Kapitel der allgemeinen Semiotik ist oder ein Kapitel einer Sprachphilosophie. Aus allem bisher Gesagten sollte klar geworden sein, daß eine solche Frage für mich bar jeden Interes-
[12] ses ist. Zweifellos beginnt eine Sprechakttheorie bei der (allerdings niemals unschuldigen) Beobachtung gewisser empirischer Verhaltensweisen. In diesem Sinne könnten viele ihrer Entdekkungen als Gegenstände einer speziellen Semiotik eingestuft werden. Ich bezweifle jedoch, ob solch ein Begriff wie der eines performativen Satzes ein neutraler Begriff ist. Man sagt /Ich verspreche dir/ und wettet sein letztes Hemd auf dieses Versprechen; in anderen Fällen benutzt man denselben Ausdruck, ohne sich der Tatsache bewußt zu sein, daß man ›Dinge mit Worten tut‹. Aber eine Sprechakttheorie liefert uns eine so genaue Kenntnis unserer sprachlichen Interaktion, daß unser zukünftiges Sprachverhalten zweifelsohne von der Art Bewußtsein, das sie liefert, zutiefst beeinflußt wird. Eine Sprechakttheorie ist also erklärend, praktisch mächtig und nicht voll voraussagend. Sie ist ein Beispiel der Sprachphilosophie, vielleicht ein Kapitel einer allgemeinen Semiotik, sicher kein Fall spezieller Semiotik.

Ich sage nicht, daß Philosophien, weil sie spekulativ sind, von dem Nichtexistenten sprechen. Wenn sie ›Subjekt‹ oder ›Klassenkampf‹ oder ›Dialektik‹ sagen, weisen sie immer auf etwas hin, das definiert und auf irgendeine Weise hätte gesetzt werden sollen. Philosophien können höchstens nach dem Scharfblick beurteilt werden, mit dem sie entscheiden, daß etwas wert ist, zum Ausgangspunkt einer globalen Erklärungshypothese zu werden. Deshalb also glaube ich nicht, daß das Zeichen (oder jedes andere passende Objekt einer allgemeinen Semiotik) ein bloßes Phantasieprodukt ist. Nichtsdestotrotz existieren Zeichen nur für einen philosophischen Blick, der beschließt, sie zu sehen, wo andere Köpfe nur das fiktive Ergebnis eines analogischen ›Grübelns‹ sehen.

Sicherlich können die Kategorien, die von einer allgemeinen Semiotik gesetzt werden, ihre Macht insoweit beweisen, als sie eine befriedigende Arbeitshypothese für die spezielle Semiotik liefern. Sie erlauben jedoch ebenfalls, die Gesamtheit der menschlichen Aktivität aus einer kohärenten Perspektive zu betrachten. Menschenwesen als bezeichnende Tiere wahrzuneh-

men – selbst außerhalb der Praxis der Verbalsprache – und zu sehen, daß ihre Fähigkeit, Zeichen zu erzeugen und zu interpretieren, ebenso wie ihre Fähigkeit, Schlüsse zu ziehen, in denselben kognitiven Strukturen wurzelt, ist ein Weg, unserer Erfahrung Form zu geben. Es gibt offensichtlich andere philosophische Ansätze, aber ich glaube, daß dieser hier wohl der Mühe [13]
wert ist.

Zeichen

1.1. *Krise eines Begriffs*

Die gängigen Handbücher der Semiotik bieten uns verschiedene Definitionen des Begriffes Zeichen, die oft eher komplementär als widersprüchlich sind. Peirce zufolge ist ein Zeichen »etwas, das zu jemandem für etwas in irgendeiner Hinsicht oder Eigenschaft steht« (*C. P.*, 2: 228). Diese Definition ist eine differenziertere Version des klassischen *aliquid stat pro aliquo*. Saussure spricht in bezug auf die innere Struktur des Zeichens von einer zweifachen Größe (Signifikant und Signifikat). Hjelmslevs Definition, die die Zeichenfunktion als gegenseitige Korrelation zwischen zwei Funktiven (Ausdrucksebene und Inhaltsebene) auffaßt, kann als strengere Weiterentwicklung des Saussureschen Konzepts genommen werden.

Schon zur Jahrhundertwende, zu der Zeit, in der die Semiotik sich als Disziplin durchsetzte, wurde allerdings eine Reihe theoretischer Behauptungen entwickelt, die den Tod oder zumindest eine Krise des Zeichenbegriffs feststellten. Durch die gesamte Geschichte des westlichen Denkens hindurch war die Idee einer semiotischen Theorie – wie unterschiedlich auch immer definiert – stets als eine Lehre von den Zeichen aufgefaßt worden (vgl. Jakobson, 1974; Rey, 1973; Sebeok, 1976; Todorov, 1977). Die Verschiedenheit der Bedeutungen, die dem Ausdruck Zeichen jedes Mal zugeschrieben wurden, verlangt nach einer strengen Kritik (zumindest im Kantischen Sinne des Wortes ›Kritik‹). Wir werden jedoch sehen, daß der Begriff des Zeichens von Anfang an ernsthaft in diesem Sinne kritisiert wurde.

In den letzten Jahren scheint diese kritische Haltung ihren eigenen Manierismus erzeugt zu haben. Weil es rhetorisch überaus wirkungsvoll ist, eine Philosophievorlesung damit zu beginnen, daß man den Tod der Philosophie verkündet, ähnlich wie bei der Eröffnung von Diskussionen über die Psychoanalyse Freud totgesagt wird, haben es viele Leute für sinnvoll gehalten,
[14] mit der Semiotik zu beginnen, indem sie den Tod des Zeichens

verkündeten. Dieser Ankündigung wird selten eine philosophische Analyse des Zeichenbegriffes oder eine historisch-semantische Überprüfung des Begriffs vorangestellt. Das Todesurteil wird also über etwas verhängt, dessen Identität gar nicht ausgewiesen ist, so daß es höchstwahrscheinlich unter einem anderen Namen wiederauferstehen wird.

1.2. *Zeichen der Hartnäckigkeit*

Die Alltagssprache und die Wörterbücher, die den alltagssprachlichen Gebrauch festhalten, scheren sich nicht um theoretische Diskussionen und benutzen den Begriff des Zeichens hartnäckig auf die unterschiedlichste Art und Weise. Zu unterschiedlich sogar. Ein solches Phänomen verdient es, untersucht zu werden.

1.2.1.

Zunächst einmal finden wir ein Bündel sprachlicher Verwendungen, denen zufolge das Zeichen ein manifester Hinweis ist, aus dem auf etwas Latentes Schlüsse gezogen werden können. Dieses Bündel schließt die Verwendung von Zeichen für medizinische Symptome ein, für kriminalistische Beweise, für Wettervoraussagen, Warnzeichen, Omen, für die Zeichen des Nahens des Antichrist ... Eine zu analysierende Urinprobe hieß bei den Alten *signum*, was uns dazu veranlaßt, eine synekdochische Beziehung anzunehmen, als wäre das Zeichen ein Teil, ein Aspekt, eine periphere Manifestation von etwas, das nicht in seiner Gesamtheit erscheint. Aber die Beziehung scheint auch metonymischer Art zu sein, weil für die Wörterbücher ›Zeichen‹ auch alle Spuren oder sichtbaren Abdrücke sind, die jemand oder etwas auf einer Oberfläche hinterläßt. Das Zeichen enthüllt also auch einen Kontakt, und zwar so, daß wir etwas über die Form dessen erfahren, was den Abdruck verursacht hat. Solche Zeichen enthüllen aber nicht nur die Natur des Spurenverursachers, sondern können auch zu Merkmalen des den Abdruck tragenden Objekts werden, z. B. wenn es sich um Beulen, Kratzer, Narben handelt (Identifikationsmerkmale). Ruinen gehören ebenfalls in diese Kategorie: sie sind Zeichen früherer Größe, menschlicher Ansiedlung oder des blühenden Handels der Vergangenheit.

In all diesen Fällen ist es unerheblich, ob das Zeichen absichtlich oder von einem menschlichen Sender produziert wird. Jedes Naturereignis kann Zeichen sein. Morris behauptete: »... etwas ist nur dann Zeichen, wenn es von einem Interpreten als Zeichen von etwas angesehen wird ... Die Semiotik beschäftigt sich daher nicht mit einem speziellen Gegenstandsbereich, sondern mit allen Gegenständen, insoweit (und nur insoweit) sie an einer Semiose beteiligt sind« (1938: 20 [dt. 1979: 21]). Diese erste Zeichenkategorie scheint nun allerdings dadurch charakterisiert zu sein, daß die ›Stehen-Für-Relation‹ auf einem Schlußfolgerungsmechanismus basiert: *wenn* der Mai kalt und naß ist, *dann* füllt er dem Bauern Scheuer und Faß. Es ist der Philonische Implikationsmechanismus: $p \supset q$. An diese Kategorie von Zeichen dachten die Stoiker, als sie behaupteten, ein Zeichen sei »ein Urteil, das von einer gültigen und die Konsequenz enthül-
[15] lenden Verbindung gebildet wird« (Sextus Empiricus, *Adv. Math.*, 7: 245). Dieselbe Zeichenkategorie lag Hobbes' und Wolffs Definitionen zugrunde. Nach Hobbes ist ein Zeichen das offensichtliche Antezedenz einer Konsequenz oder die Konsequenz eines Antezedenz, wenn ähnliche Konsequenzen zuvor beobachtet wurden (*Leviathan*, 1.3). Für Wolff ist ein Zeichen eine Entität, »aus der die Gegenwart oder die vergangene oder die zukünftige Existenz eines anderen Wesens geschlossen wird« (*Ontologia*, § 952).

1.2.2.

Die Alltagssprache verweist jedoch auf eine zweite Kategorie von Zeichen. Danach ist das Zeichen eine *Geste* mit *Kommunikationsabsicht*, das heißt, einem anderen Wesen soll dadurch die eigene Vorstellung oder ein innerer Zustand vermittelt werden. Die Existenz einer bestimmten Regel (oder eines Codes), die sowohl den Sender als auch den Empfänger befähigt, die Äußerung auf dieselbe Weise zu verstehen, muß natürlich vorausgesetzt werden, soll die Übermittlung erfolgreich sein. In diesem Sinne werden Marineflaggen, Verkehrszeichen, Aushängeschilder, Markenzeichen, Etiketten, Embleme, Wappen und Buchstaben als Zeichen angesehen. Die Wörterbücher und die gebildete Sprache müssen hier auch Wörter als Zeichen anerkennen, das heißt: die Elemente der verbalen Sprache. In allen hier untersuchten Fällen scheint die Beziehung zwischen dem *aliquid* und dem, wofür es steht, weniger abenteuerlich als bei der ersten Kategorie. Diese Zeichen scheinen eher durch eine Äquivalenz-Relation ausgedrückt zu werden als durch eine Inferenz-Relation: $p \equiv q$. /Frau/ ≡ »*femme* oder *donna*«; oder /Frau/ ≡ »Tier, menschlich, weiblich, erwachsen«. Darüber hinaus scheinen diese Zeichen von willkürlichen Entscheidungen abzuhängen.

1.2.3.

Die klare Opposition zwischen den beiden obengenannten Kategorien wird jedoch wieder durcheinandergebracht durch die Verwendung des Wortes *Zeichen* für jene sogenannten Symbole, die abstrakte Objekte und Beziehungen darstellen, wie logische, chemische, algebraische Formeln und Diagramme. Sie scheinen genauso willkürlich wie die Zeichen der ersten Kategorie, und doch modifizieren die Operationen, die ich am Ausdruck vornehme, durch eine strukturelle Formel oder ein Diagramm den Inhalt. Wenn diese Operationen nach bestimmten Regeln ausgeführt werden, liefert mir das Ergebnis neue Informationen über den Inhalt. Indem ich die Linien einer Landkarte verändere, kann ich die potentiellen Ordnungen des entsprechenden Territoriums bestimmen; indem ich Dreiecke in einen Kreis zeichne, entdecke ich neue Merkmale des Kreises. Dieses geschieht, weil bei solchen Zeichen Eins-zu-Eins-Korrespondenzen zwischen Inhalt und Ausdruck bestehen. Deshalb sind sie für gewöhnlich willkürlich und enthalten dennoch Elemente der *Motivation*. Folglich scheinen die Zeichen der dritten Kategorie dem gleichen Modell zu folgen wie die Zeichen der ersten Kategorie: $p \supset q$, auch wenn sie von Menschen zum Zwecke der Kommunikation ausgesendet werden, also nicht natürlich sind. Sie werden ikonisch oder analogisch genannt. [16]

1.2.4.

Ähnlich wird jedes visuelle Vorgehen als ikonisches Zeichen angesehen, das konkrete Objekte mit der Absicht wiedergibt, das korrespondierende Objekt und Konzept mitzuteilen, z. B. die Zeichnung eines Tieres. Was haben Zeichnungen und Diagramme gemeinsam? Die Tatsache, daß ich an ihnen bestimmte Operationen vornehmen kann: wenn ich auf ein Bild von mir einen Schnurrbart male, weiß ich, wie ich aussehe, wenn ich mir einen Schnurrbart wachsen lasse. Was unterscheidet sie? Die scheinbare Tatsache, daß das Diagramm äußerst codifizierten und genauen Herstellungsregeln folgt, während die Zeichnung spontaner erscheint. Außerdem gibt das Diagramm ein abstraktes Objekt wieder, während die Zeichnung ein konkretes Objekt wiedergibt. Aber das stimmt nicht in jedem Fall: die Einhörner des britischen königlichen Wappens stehen für eine Abstraktion, ein fiktives Objekt, höchstens stehen sie für eine (imaginäre) Klasse von Tieren. Andererseits diskutiert Goodman (1968) ausführlich den problematischen Unterschied zwischen dem Bild des Menschen und dem Bild eines bestimmten Menschen. Welches ist der Unterschied zwischen den beiden? Ist er auf die intensionalen Eigenschaften des Inhalts bezogen, den die Zeichnung wiedergibt, oder auf den extensionalen Gebrauch, den wir von der Zeichnung machen wollen? Das Problem taucht bereits in Platons *Kratylos* auf (wo es natürlich nicht völlig gelöst wird).

1.2.5.

Der allgemeine Sprachgebrauch hält allerdings auch solche Zeichnungen für Zeichen, die etwas in stilisierter Form wiedergeben, so daß es nicht in erster Linie darum geht, das dargestellte Objekt zu erkennen. Vielmehr soll ein ›anderer‹ Inhalt erkannt werden, für den das dargestellte Objekt steht. Das Kreuz, der Halbmond, Hammer und Sichel stehen für das Christentum, den Islam respektive den Kommunismus. Diese Zeichen sind ikonisch, weil sie – wie Diagramme und Zeichnungen – Manipulationen des Ausdrucks unterworfen werden können, die den

Inhalt beeinflussen. Gleichzeitig sind sie willkürlich, denn inzwischen befinden sie sich in einem Zustand der Katachrese. Für gewöhnlich nennt man sie Symbole, aber in einem dem für Formeln und Diagramme verwendeten entgegengesetzten Sinn. Diese letzteren sind nämlich ganz und gar leer, offen für jede Bedeutung, während die ersteren ganz und gar voll sind, angefüllt mit vielfältigen, aber bestimmten Bedeutungen.

1.2.6.

Schließlich haben bestimmte Sprachen – z. B. das Italienische – Ausdrücke wie *colpire nel segno* (ins Ziel treffen, den wunden Punkt aufspüren), *mettere a segno* (treffen wie bei einem Aufwärtshaken), *fare un segno dove si deve tagliare* (ein Schnittmuster anfertigen), *passare il segno* (den Punkt überschreiten): Zeichen als Ziele, *termini ad quos*, als Markierungen benutzt, um auf geradem Wege zu gehen *(per filo e per segno)*. Das *aliquid* steht in diesem Fall nicht so sehr *für* etwas, sondern steht dort, *wohin* eine bestimmte Operation gerichtet werden soll. Es ist [17]
eher *Instruktion* als Substitution. In diesem Sinne ist z. B. der Polarstern für den Seemann ein Zeichen. Die Struktur der Verbindung ist schlußfolgernd, allerdings gibt es einige Komplikationen: *wenn* jetzt *p* und wenn du deshalb *z* tust, *dann* wirst du *q* erlangen.

1.3. *Intension und Extension*

Zu viele Dinge sind Zeichen, und sie unterscheiden sich zu sehr voneinander. Der homonymische Wirrwarr wird noch komplizierter. Ist das Zeichen nun *»res, praeter speciem quam ingerit sensibus, aliud aliquid ex se faciens in cogitationem venire«* (Augustinus, *De Doctrina Christiana*, 2.1.1) oder ist das Zeichen, wie derselbe Augustinus anderswo vorschlägt, etwas, durch das wir Objekte und Zustände der Welt anzeigen? Ist das Zeichen ein intensionales oder ein extensionales Mittel? Wir wollen versuchen, einen typischen semiotischen Irrgarten zu untersuchen. Eine rote Fahne mit einem Hammer und einer Sichel ist gleichbedeutend mit dem Kommunismus *($p \equiv q$)*. Wenn aber jemand eine rote Fahne mit einem Hammer und einer Sichel trägt, dann ist diese Person vermutlich ein Kommunist *($p \supset q$)*. Welches ist das Zeichen, wenn wir eine Behauptung nehmen wie *zuhause habe ich zehn Katzen*? Ist es das Wort *Katzen* (felis catus), ist es der globale Inhalt des Satzes (in meinem Haus halte ich zehn Katzen der Art *felis catus*), ist es der Bezug auf die Tatsache, daß es zufällig innerhalb der Welt unserer tatsächlichen Erfahrung ein bestimmtes Haus gibt, wo zehn bestimmte Katzen leben? Oder ist es folgende Tatsache: *wenn* ich zehn Katzen zuhause habe, *dann* muß ich auch genug Platz für sie haben, *dann* kann ich vermutlich keinen Hund halten und *dann* bin ich vermutlich auch tierlieb? Was konstituiert in allen diesen Fällen das Zeichen? Ist es das konkrete Vorkommen oder der abstrakte Typ? Ist es die phonetische Äußerung [katsə] oder das phonologische und lexikalische Modell /Katze/? Ist es die Tatsache, daß ich *hic et nunc* zehn Katzen zuhause habe (mit all den möglichen Schlüssen, die man daraus ziehen kann) oder ist es die Klasse aller Tatsachen dieser Art, so daß jeder, der zufällig zehn Katzen zuhause hat, sich als tierlieber Mensch erweist, der vermutlich keinen Hund halten kann?

1.4. *Ausweichende Lösungen*

Einige Leute behaupten, daß das Wort *Zeichen* nur auf sprachliche Größen angewendet werden kann. Malmberg zum Beispiel beschließt, jegliches Element, das etwas anderes darstellt, Symbol zu nennen und den Begriff ›Zeichen‹ der Bezeichnung »jener Einheiten« vorzubehalten, »die wie die sprachlichen Zeichen eine doppelte Gliederung haben und ihre Existenz einem Akt der Signifikation verdanken« (wobei Signifikation absichtliche Kommunikation bedeutet; 1977: 21). Jedes Zeichen ist ein Symbol, aber nicht jedes Symbol ist ein Zeichen. Diese an sich gemäßigte Entscheidung legt jedoch folgendes nicht fest: (a) wie

weit Zeichen auf Symbole beziehbar sind und (b) welche Wissenschaft Symbole untersuchen soll und welche Kategorien angewendet werden sollen. Darüber hinaus wird der Unterschied zwischen Extension und Intension nicht geklärt, auch [18]
wenn angenommen wird, daß die Untersuchung von Zeichen sich auf die Intension bezieht.

Diese Unterscheidung zwischen Gebieten wird zuweilen auf der Grundlage radikalerer epistemologischer Intentionen vorgeschlagen. Harman zum Beispiel argumentiert folgendermaßen:

> »Rauch bedeutet [means] Feuer, und das Wort *Brand* bedeutet Feuer, aber nicht im selben Sinne von *bedeutet*. Das Wort *bedeutet* ist zweideutig. Zu sagen, daß Rauch Feuer bedeutet, heißt, daß Rauch ein Symptom ist, ein Zeichen, ein Indiz oder ein Beweis für Feuer. Zu sagen, daß das Wort *Brand* Feuer bedeutet, heißt, daß die Menschen das Wort benutzen, um Feuer zu bedeuten. Darüber hinaus gibt es keinen gewöhnlichen Sinn des Wortes *bedeuten*, in dem das Bild eines Mannes einen Mann bedeutet oder diesen Mann bedeutet. Das legt nahe, daß Peirces Zeichentheorie zumindest drei ziemlich unterschiedliche Subjekte umfaßt: eine Theorie der beabsichtigten Bedeutung [intended meaning], eine Theorie des Beweises und eine Theorie der bildlichen Darstellung. Es gibt keinen Grund zu der Annahme, daß diese Theorien gemeinsame Prinzipien enthalten müssen« (1977: 23).

Harmans Argumentation kollidiert zunächst einmal mit dem Sprachgebrauch. Warum haben denn die Menschen mehr als zweitausend Jahre lang das Wort *Zeichen* benutzt, um Phänomene zu definieren, die eigentlich in drei verschiedene Kategorien unterteilt werden müßten? Und zweitens widerspricht Harmans Einwand dem *consensus gentium* der philosophischen Tradition. Von den Stoikern bis ins Mittelalter, von Locke zu Peirce, von Husserl zu Wittgenstein ist beständig der Versuch unternommen worden, eine gemeinsame Basis für die Theorie der sprachlichen Bedeutung und für die Theorie der bildlichen Darstellung zu finden, ebenso wie für die Theorie der Bedeutung und die Theorie des Schließens.

Schließlich steht der Einwand im Widerspruch zu einem philosophischen Instinkt, der von Aristoteles mit dem Begriff des ›Sich Wunderns‹, das einen Menschen zum Philosophieren bringt, sehr angemessen zusammengefaßt wird. Was ist die

›Bedeutung‹ des Ausdrucks *zuhause habe ich zehn Katzen*? Ist es sein propositionaler Gehalt oder das, was aus der Tatsache geschlossen werden kann, daß ich zehn Katzen habe? Man könnte erwidern, daß das zweite Phänomen nichts mit sprachlicher Bedeutung zu tun hat, denn es gehört zu dem Universum der Beweise, welches durch die Verwendung der Tatsachen, die die Propositionen darstellen, artikuliert werden kann. Ist aber das von der Sprache evozierte Antezedenz überhaupt so leicht von der Sprache zu trennen, die es darstellte? Bei der Untersuchung des Problems des stoischen *sēmeîon* (σημεῖον) werden wir sehen, wie zweideutig und verworren die Beziehung zwischen einer Tatsache, der Proposition, die sie darstellt, und dem Satz, der diese Proposition ausdrückt, ist. *Aliquid stat pro aliquo*, das trifft auf beide Fälle zu, und genau das macht die beiden Probleme so schwer trennbar. Die Art und Weise des Stehens-für kann variieren, und doch sehen wir uns in beiden Fällen einer sonderbaren Dialektik von Gegenwart und Abwesenheit gegenüber. Ist das nicht Grund genug, sich zu fragen, ob beide Phänomene vielleicht einem gemeinsamen Mechanismus unterliegen, wie
[19] verdeckt er auch immer sein mag?

Ein Mann trägt ein Abzeichen mit Hammer und Sichel im Knopfloch. Ist das nun ein Fall von ›beabsichtigter Bedeutung‹ (intended meaning; der Mann will damit sagen, daß er Kommunist ist), ein Fall von bildlicher Darstellung (das Abzeichen gibt ›symbolisch‹ die Einheit von Arbeitern und Bauern wieder) oder ein Fall von schlußfolgerndem Beweis (wenn er das Abzeichen trägt, dann muß er auch Kommunist sein)? Ein- und dasselbe Ereignis fällt in die Bandbreite dessen, was Harman als drei verschiedene Kategorien ansieht. Es ist wahr, daß dasselbe Phänomen zum Objekt ganz verschiedener Theorien werden kann: das Abzeichen kann von der anorganischen Chemie unter dem Aspekt untersucht werden, aus welchem Material es besteht, von der Physik unter dem Aspekt, daß es den Gravitationsgesetzen unterworfen ist, von der Ökonomie unter dem Aspekt, daß es ein Industrieprodukt ist, das gekauft und verkauft wird. In unserem Fall aber ist das Abzeichen Objekt der drei (mutmaßlichen) Theorien der Bedeutung, der Darstellung und des Beweises nur insofern, als *es nicht für sich selbst steht*. Es steht nicht für seine molekulare Zusammensetzung, seine Tendenz, zu Boden zu fallen, seine Eignung dafür, verpackt und transportiert zu werden. Es steht für etwas, das außerhalb seiner selbst ist. In diesem Sinne gibt es Anlaß zur Verwunderung, und genau das macht es zum abstrakten Objekt ein- und derselben theoretischen Frage.

1.5. *Die Dekonstruktion des sprachlichen Zeichens*

Die im folgenden betrachteten kritischen Einwände haben bestimmte Charakteristika gemeinsam: erstens, sie verweisen auf die Struktur des sprachlichen Zeichens, wenn sie allgemein von Zeichen sprechen und andere Zeichenarten betrachten. Zweitens tendieren sie dazu, das Zeichen in Einheiten von größerer oder kleinerer Tragweite aufzulösen.

1.5.1. Zeichen *versus* Figur

Das Zeichen ist eine zu weite Einheit. Die Arbeit der Phonologie an den sprachlichen Signifikanten, die als Resultat der Artikulation kleinerer phonologischer Einheiten gesehen werden, beginnt mit der stoischen Entdeckung der *stoicheîa* (στοιχεῖα), erreicht die Reife mit Hjelmslevs Postulat der Existenz von *Figuren* und wird von Jakobsons Theorie der unterscheidenden Züge gekrönt. Diese theoretische Errungenschaft stellt an sich die Vorstellung des sprachlichen Zeichens nicht in Frage, aber mit Hjelmslev entsteht die Möglichkeit, auf der Inhaltsebene *Figuren* zu identifizieren:

> »Führt z. B. eine mechanische Inventarisierung auf einer gegebenen Stufe der Prozedur zur Registrierung der Größen: ›Bulle‹, ›Kuh‹, ›Mann‹, ›Frau‹, ›Junge‹, ›Mädchen‹, ›Hengst‹, ›Stute‹, ›Rind‹, ›Mensch‹, ›Kind‹, ›Pferd‹, ›er‹ und ›sie‹, sollen ›Bulle‹, ›Kuh‹, ›Mann‹, ›Frau‹, ›Junge‹, ›Mädchen‹, ›Hengst‹ und ›Stute‹ aus dem Elementeninventar ausgeschieden werden, wenn sie sich eindeutig als relationsetablierte Einheiten erklären lassen, die ausschließlich auf der einen Seite ›er‹ oder ›sie‹ und auf der anderen Seite jeweils ›Rind‹, ›Mensch‹, ›Kind‹, ›Pferd‹ enthalten« (1943: 70 [dt. 1974: 70]).

Die Entdeckung einer Gliederung des Inhalts führt zu Hjelmslevs Behauptung, daß Sprachen nicht als reine Zeichensysteme beschrieben werden können:

> »Nach dem ihnen zugeschriebenen Zweck sind sie in erster Linie Zeichensysteme; aber nach ihrer internen Struktur sind sie in erster Linie etwas anderes, nämlich Systeme von Figuren, die zur Zeichenbildung benutzt werden können. Die Definition der Sprache als ein Zeichensystem hat sich also nach näherer Analyse als unzulänglich erwiesen. Sie zielt nur ab auf die externen Funktionen der Sprache, das Verhältnis der Sprache zu nichtsprachlichen Faktoren, die sie umgeben, aber nicht auf die eigenen, internen Funktionen der
> [20] Sprache« (*ibid.*, 47 [dt. 50]).

Das Zeichen (oder die Zeichenfunktion) erscheint deshalb als das sichtbare und erkennbare Ende eines Netzes von Zusammenfügungen und Desintegrationen, das beständig für weitere Kombinationen offen ist. Das sprachliche Zeichen ist keine Einheit des Signifikationssystems, sondern eine im Kommunikationsprozeß auffindbare Einheit.

Trotz seines unschätzbaren Wertes für die gesamte Entwicklung der strukturellen Semantik kann Hjelmslevs Vorschlag andere Arten von Zeichen nicht erklären, bei denen die beiden Funktive anscheinend nicht weiter in *Figuren* analysierbar sind. Will man die Wolken, die einen Sturm ankündigen, und das Porträt der Mona Lisa als Zeichen nehmen, so muß es Zeichen ohne *Ausdrucksfiguren* geben und vielleicht auch ohne *Inhaltsfiguren*. Prieto (1966) hat das Feld der Zeichenanalyse entschieden erweitert, indem er die Existenz von Systemen ohne Gliederung sowie solcher Systeme, die nur eine erste Gliederung haben, aufzeigt. Der weiße Stock des Blinden ist eine positive Präsenz, die sich gegenüber der Abwesenheit des Stockes als relevant konstituiert, als Signifikant ohne Gliederungen. Der Stock repräsentiert das Blindsein im allgemeinen, fordert Priorität im Straßenverkehr und erheischt die Rücksichtnahme der anderen Verkehrsteilnehmer. Kurz gesagt, er übermittelt einen *Inhaltsnebel.* Als System ist der Stock ganz einfach (Anwesenheit *vs.* Abwesenheit), aber sein kommunikativer Gebrauch ist sehr komplex. Wenn der Stock, wie Hjelmslev meint, kein Zeichen ist, was ist er denn dann, und wie sollte man ihn dann nennen?

1.5.2. Zeichen *versus* Satz

Hjelmslev kritisierte das Zeichenformat als zu weit. Zur selben Zeit behauptete Buyssens, das Format des Zeichens wäre zu eng. Die semantische Einheit ist nicht das Zeichen, sondern etwas, das dem Satz entspricht und das Buyssens *sème* nennt. Buyssens' Beispiel betrifft Straßenschilder wie auch sprachliche Zeichen. Er behauptet, daß ein Pfeil, der aus dem Kontext Verkehrszeichen herausgelöst ist, die Konkretisierung eines »Bewußtseinszustandes« nicht ermöglicht. Um diese Funktion zu erfüllen, muß er eine bestimmte Farbe haben und in eine bestimmte Richtung weisen, er muß auf einem spezifischen Verkehrszeichen erscheinen, das an einem spezifischen Ort aufgestellt ist. »Dasselbe geschieht mit dem isolierten Wort, zum Beispiel mit [21]
dem Wort *Tisch*. Dieses Wort erscheint als das potentielle Mitglied verschiedener Sätze, in denen über verschiedene Dinge gesprochen wird« (Buyssens, 1943: 38).

Merkwürdige Opposition: Hjelmslev ist nicht interessiert am Zeichen, weil er sich für Sprache als abstraktes System interessiert; Buyssens ist nicht interessiert am Zeichen, weil er sich für Kommunikation als konkrete Handlung interessiert. Offensichtlich steht im Hintergrund dieser Debatte die Opposition Extension *vs.* Intension. Unangenehme Homonymie: Die Komponentensemantik wird Hjelmslevs *Inhaltsfiguren* (kleiner als das Zeichen) ›Seme‹ nennen, während die Tradition, die sich von Buyssens herleitet (Prieto, De Mauro) den Ausdruck ›sème‹ für Äußerungen benutzen wird, die größer als das Zeichen sind.

Auf jeden Fall ist Buyssens' Sem das, was andere einen Satz oder einen vollzogenen Sprechakt nennen werden. Wirklich überraschend ist die Eingangsfeststellung Buyssens', nach der ein Zeichen keine Bedeutung besitzt. *Nominantur singularia sed universalia significantur*; wenn das stimmt, sollte man eher sagen, daß das Wort *Tisch* an sich nicht irgendetwas benennt (es bezieht sich nicht auf etwas), daß es aber eine Bedeutung hat, die Hjelmslev in *Figuren* hätte unterteilen können. Buyssens gibt zu, daß dieses Wort (wie der Pfeil) potentielles Mitglied verschiedener Sätze sein kann. Welches inhaltliche Element von *Tisch* erlaubt es ihm dann, in Ausdrücken wie *das Essen steht auf dem Tisch* oder *der Tisch ist aus Holz* zu erscheinen, aber nicht in

Ausdrücken wie *der Tisch ißt den Fisch* oder *er wusch sich das Gesicht mit dem Tisch*? Daraus folgt also, daß das Wort *Tisch*, gerade weil es in *Inhaltsfiguren* zerlegt werden kann, sowohl atomare Inhaltseinheiten als auch kontextuelle Anweisungen enthalten muß, die seine Fähigkeit bestimmen, in sprachliche Folgen einzutreten, die größer als das Zeichen sind.

Prieto (1975: 27) klärt diese offenbare Unstimmigkeit zwischen Hjelmslev und Buyssens durch die Feststellung, daß das Sem (für Buyssens) eine *funktionale Einheit* ist, während die *Figur* eine *ökonomische Einheit* ist. Hjelmslev hatte das Zeichen als eine funktionale Einheit und die *Figur* als eine ökonomische Einheit angesehen. Es geht darum, nicht nur zwei Ebenen zu identifizieren, sondern drei oder mehr, wobei die untere Ebene immer die ökonomische Einheit der funktionalen Einheit der oberen Ebene ist.

Buyssens' Unterscheidung nimmt in ihrer Konkretheit und Komplexität sicherlich alle Theorien vorweg, die dem Zeichen den Sprechakt gegenüberstellen. Schon Platon und Aristoteles, die Stoiker und die Sophisten haben jedoch über die Unterschiede gesprochen, die zwischen der Bedeutung von Wörtern und der pragmatischen Natur von Frage, Gebet oder Befehl bestehen. Diejenigen, die einer *Semantik der Zeicheneinheiten* eine *Pragmatik des Diskurses* gegenüberstellen, verlagern die Aufmerksamkeit von den Signifikationssystemen auf den Kommunikationsprozeß (Eco, 1976), in Wirklichkeit jedoch ergänzen die beiden Sichtweisen einander. Das Zeichen ist undenkbar ohne irgendeine Charakterisierung durch seine kontextuelle Bestimmung, gleichzeitig ist es schwierig zu erklären, warum ein bestimmter Sprechakt verstanden wird, wenn nicht die Natur
[22] der Zeichen erklärt wird, die er kontextualisiert.

1.5.3. Das Zeichen als Differenz

Die Elemente des Signifikanten werden in ein System von Oppositionen gesetzt, in dem es nur Unterschiede gibt, wie Saussure erklärt. Dasselbe geschieht mit dem Signifikat. In Hjelmslevs berühmten Beispiel (1943: 39 [dt. 1974: 57]) ist der Unterschied des Inhalts zweier scheinbar synonymer Begriffe, /Holz/ und

/bois/, durch die unterschiedliche Segmentierung des Kontinuums gegeben. Das deutsche /Holz/ umfaßt alles, was nicht /Baum/ und nicht /Wald/ ist. Die Korrelation zwischen Ausdrucksebene und Inhaltsebene ist ebenfalls durch einen Unterschied gegeben: die Zeichenfunktion existiert durch eine Dialektik von Anwesenheit und Abwesenheit, als ein gegenseitiger Austausch zwischen zwei Heterogenitäten. Von dieser strukturellen Prämisse ausgehend, kann man das gesamte Zeichensystem in ein Netz von Frakturen auflösen. Die Natur des Zeichens ist in der ›Wunde‹ oder ›Öffnung‹ oder ›Spaltung‹ zu finden, die es konstituiert und gleichzeitig annulliert.

Dieser Gedanke, der durch das poststrukturalistische Denken, insbesondere von Derrida, energisch entwickelt wurde, ist in Wirklichkeit schon viel älter. In dem kurzen Text *De organo sive arte cogitandi* lokalisiert Leibniz auf der Suche nach einer begrenzten Anzahl von Gedanken, aus deren Kombination all die anderen hergeleitet werden können (so wie es bei den Zahlen der Fall ist), die entscheidende kombinatorische Matrix in der Opposition zwischen Gott und Nichts, zwischen Anwesenheit und Abwesenheit. Das binäre Rechensystem ist das wundersame Abbild dieser Dialektik.

Aus einer metaphysischen Perspektive könnte es faszinierend sein, jede oppositionelle Struktur auf einen konstitutiven Unterschied gegründet zu sehen, der die verschiedenen Begriffe auflöst. Um jedoch ein System von Oppositionen überhaupt denken zu können, in dem etwas als abwesend wahrgenommen wird, muß etwas anderes als zumindest potentiell anwesend behauptet werden. *Die Anwesenheit des einen Elementes ist notwendig für die Abwesenheit des anderen.* Alle Beobachtungen, die die Wichtigkeit des abwesenden Elementes betreffen, gelten symmetrisch auch für das anwesende Element. Alle Beobachtungen, die die konstitutive Funktion des Unterschieds betreffen, gelten für beide Pole, aus deren Opposition der Unterschied erzeugt wird. Das Argument beißt sich daher selber in den Schwanz. Zweifellos ist ein Phonem eine abstrakte Position innerhalb eines Systems, und es erwirbt seinen Wert nur wegen der anderen Phoneme, zu denen es in Opposition steht. Und doch muß es, um als ›emische‹ Einheit erkannt zu werden, irgendwie ›etisch‹ formuliert werden. Mit anderen Worten: die

Phonologie errichtet ein System von Oppositionen, um das Funktionieren einer Reihe phonetischer Präsenzen zu erklären, die, wenn sie auch dem System nicht vorhergehen, so doch zumindest mit seinem Geist verbunden sind. Ohne Menschen, die Laute von sich geben, könnte die Phonologie nicht existieren, aber ohne das System, das die Phonologie aufstellt, könnten die Menschen nicht zwischen Lauten unterscheiden. *Typen* werden durch ihre Verwirklichung in konkreten *Vorkommnissen (token)* erkannt. Man kann nicht von einer (Ausdrucks- oder Inhalts-)Form sprechen, ohne eine Materie vorauszusetzen und ohne sie sofort (weder vorher noch nachher) mit einer Substanz
[23] zu verbinden.

1.5.4. Die Vorherrschaft des Signifikanten

Die Antwort, die auf die vorangegangene Frage gegeben wurde, könnte eine weitere Kritik des Zeichenbegriffs bestätigen. Wenn das Zeichen nur durch den Signifikanten erkannt werden kann und wenn das Signifikat nur durch einen Akt der beständigen Substitution des Signifikanten hervortritt, dann scheint die semiotische Kette lediglich eine ›Kette der Signifikanten‹ zu sein. Als solche könnte sie sogar vom Unterbewußtsein manipuliert werden (wenn wir das Unterbewußtsein als sprachlich konstituiert ansehen). Durch die ›Drift‹ *(dérive)* der Signifikanten werden andere Signifikanten produziert. Als mehr oder weniger direkte Konsequenz hiervon würde sich das Universum der Zeichen und sogar der Sätze in den Diskurs als Tätigkeit auflösen. Diese von Lacan stammende Denkweise hat eine Reihe unterschiedlicher, aber im wesentlichen verwandter Positionen hervorgebracht.

Die Grundlage dieser Kritik ist in Wirklichkeit ein Mißverständnis, ein Wortspiel. Nur wenn man für ›Signifikant‹ jedes Mal, wenn der Begriff erscheint, ›Signifikat‹ einsetzt, wird der Diskurs dieser Theoretiker verständlich. Das Mißverständnis entstammt der Tatsache, daß jeder Signifikant nur in einen anderen Signifikanten übersetzt werden kann und daß man nur durch diesen Prozeß der *Interpretation* das ›korrespondierende Signifikat‹ erfassen kann. Es muß jedoch klar sein, daß in all den verschiedenen Verschiebungs- und Verdichtungsprozessen, die von Freud beschrieben werden – wie vielfältig und fast automatisch die generativen und treibenden Mechanismen auch erscheinen mögen – das Zusammenspiel (selbst wenn es auf Assonanzen, Alliterationen, Ähnlichkeiten des Ausdrucks basiert) immer unmittelbar auf die Zusammenfügung der Inhaltseinheiten zurückstrahlt und in Wirklichkeit den Inhalt bestimmt. In dem Freudschen Übergang von /Herr-signore/ zu /Signorelli/ ist eine Reihe von Ausdrucksunterschieden wirksam, die auf Identitäten und fortschreitender Verschiebung des Inhalts basieren. Das Freudsche Beispiel kann in Wirklichkeit nur von jemandem verstanden werden, der sowohl deutsch als auch italienisch spricht, da die Wörter als komplette Zeichenfunktionen betrachtet werden (Ausdruck + Inhalt). Ein Mensch, der kein Chinesisch kann, kann keine Freudschen Fehlleistungen hervorbringen, die chinesisch zu verstehen sind, wenn nicht ein des Chinesischen kundiger Psychoanalytiker demonstriert, daß sein Patient sprachliche Erinnerungen verdrängt und unbewußt mit chinesischen Ausdrücken gespielt hat. Um sinnvoll zu sein, muß die Freudsche Fehlleistung mit *Inhaltsfiguren* spielen; wenn sie nur mit Ausdrucksfiguren spielt, läuft sie auf einen mechanischen (typographischen oder phonetischen) Fehler hinaus. In solche mechanischen Fehler sind Inhaltselemente vermutlich nur in den Augen des Interpreten verwickelt. Und in diesem Fall ist es der Interpret, der analysiert werden muß.

1.5.5. Zeichen *versus* Text

Die sogenannte Signifikantenkette erzeugt Texte, die die Erinnerung an die Intertextualität, die sie nährt, mit sich tragen. Texte erzeugen vielfältige (und schließlich unendliche) Lesarten und Interpretationen, oder sie sind dazu fähig. Der späte Barthes, der [24]
neuere Derrida und Kristeva argumentieren zum Beispiel, daß Signifikation ausschließlich im Text lokalisiert werden kann. Der Text ist der Ort, an dem die Bedeutung produziert wird und an dem sie produktiv wird (Signifikantenpraxis). Innerhalb des Textgewebes treten die Zeichen des Wörterbuchs (als codifizierende Äquivalenzen) nur durch eine Verhärtung und den Tod

jeglichen Sinnes hervor. Diese Kritik nimmt Buyssens' Argument auf (Kommunikation ist nur auf der Ebene des Satzes gegeben), aber sie geht tiefer. Ein Text ist nicht einfach ein kommunikativer Apparat. Er ist ein Mittel, das die vorangegangenen Signifikationssysteme in Frage stellt, sie oft erneuert und manchmal zerstört. *Finnegans Wake* – eine Textmaschine, die dazu geschaffen wurde, Grammatiken und Wörterbücher zu liquidieren – ist in diesem Sinne exemplarisch, aber selbst rhetorische Figuren werden nur auf der Textebene produziert und lebendig. Die Textmaschine leert die Ausdrücke, die das wortgetreue Wörterbuch für so eindeutig und fest umrissen hielt, und füllt sie mit neuen Inhaltsfiguren. Und doch impliziert die Produktion einer Metapher wie *der König des Waldes* (in der den Löwen die Figur ›menschlich‹ zugeordnet wird und in der auf die Klasse der Könige die Eigenschaft ›tierisch‹ zurückstrahlt) die Existenz sowohl von /König/ als auch von /Löwe/ als Funktive zweier zuvor codifizierter Zeichenfunktionen. Wenn Zeichen (Ausdruck und Inhalt) nicht vor dem Text existierten, würde jede Metapher gar nichts anderes sagen, als daß etwas etwas ist. Eine Metapher sagt jedoch, daß *dieses* (sprachliche) Ding gleichzeitig *etwas anderes* ist.

Die Fähigkeit von Textmanifestationen, bereits existierende Zeichenfunktionen zu leeren, zu zerstören oder zu rekonstruieren, hängt von der Anwesenheit einer Reihe von Instruktionen innerhalb der Zeichenfunktion (d. h. in dem Netz von Inhaltsfiguren) ab, die auf die (potentielle) Produktion verschiedener Texte ausgerichtet sind. (Dieses Konzept wird in 1.9 weiter entwickelt werden.) Und in eben diesem Sinne war die Thematisierung der Textualität besonders anregend.

1.5.6. Das Zeichen als Identität

Angeblich ist das Zeichen auf die Kategorien der ›Ähnlichkeit‹ oder ›Identität‹ gegründet. Dieser Trugschluß stellt einen Zusammenhang zwischen dem Zeichen und der ideologischen Vorstellung des Subjekts her. Das Subjekt als eine vorausgesetzte transzendentale Einheit, die sich durch den Akt der Vorstellung der Welt öffnet (oder der sich die Welt öffnet), ebenso wie das

Subjekt, das seine Vorstellungen im Kommunikationsprozeß auf andere Subjekte überträgt, ist vermutlich eine philosophische Fiktion, die die gesamte Philosophiegeschichte beherrscht. Wir wollen jedoch die Diskussion dieses Einwandes verschieben und jetzt vielmehr sehen, in welchem Sinne der Begriff des Zeichens in Übereinstimmung mit dem (nicht mehr lebensfähigen) Begriff des Subjekts gesehen wird:

> »Unter der Maske der Sozialisation und eines mechanistischen Realismus setzt die von der Wissenschaft des Zeichens gefesselte linguistische Ideologie das Zeichen-Subjekt als Mitte, Anfang und Ende
> jeder translinguistischen Aktivität, schließt es ein und versetzt es in [25]
> seine Rede, die der Positivismus als Psychismus auffaßt, der seinen ›Sitz‹ im Gehirn hat« (Kristeva, 1969: 69).

Diese Aussage *impliziert die Gleichsetzung des Zeichens mit dem sprachlichen Zeichen*, wobei das sprachliche Zeichen auf dem Äquivalenzmodell basiert: $p \equiv q$. Tatsächlich definiert Kristeva das Zeichen als »Ähnlichkeit«:

> »Das Zeichen bringt unterschiedene Instanzen (Objekt-Subjekt einerseits, Subjekt-Gesprächspartner andererseits) zu einem Ganzen zusammen (zu einer ›Einheit‹, die sich als Äußerung-Botschaft präsentiert), indem es an die Stelle der Praktiken einen Sinn und an die Stelle der Differenzen eine *Ähnlichkeit* setzt ...
>
> Die vom Zeichen hergestellte Beziehung wäre also ein *Übereinstimmen von Auseinanderklaffendem*, eine *Gleichsetzung von Differenzen*« (*ibid.*, S. 70, S. 84).

Es scheint jedoch, daß eine solche Kritik nur auf einen degenerierten Begriff des sprachlichen Zeichens zutreffen kann, das auf dem Äquivalenzmodell basiert. Das Problem besteht darin, herauszufinden, ob und bis zu welchem Ausmaß ein solcher Begriff je von den am weitesten entwickelten Zeichentheorien gestützt wurde. Zum Beispiel erscheint der Begriff des Zeichens als Ähnlichkeit und Identität nicht bei Peirce: »Ein Zeichen ist etwas, durch dessen Kenntnis wir etwas anderes kennen« (*C. P.*, 8: 332). Das Zeichen ist eine Interpretationsanleitung, ein Mechanismus, der von einem Anfangsstimulus ausgeht und zu all seinen schlußfolgernden Konsequenzen führt. Beim Zeichen beginnend, durchläuft man den gesamten semiotischen Prozeß und erreicht den Punkt, an dem das Zeichen fähig wird, sich selbst zu widersprechen (ansonsten wären jene Textmechanismen, die man ›Literatur‹ nennt, nicht möglich). Für Peirce ist das Zeichen eine potentielle Proposition (wie sogar Kristeva, 1974: 43, bemerkt). Um einen solchen Begriff des Zeichens zu verstehen, müssen wir die Anfangsphase seiner historischen Entwicklung überdenken. Dies erfordert die Eliminierung eines lästigen Begriffes, nämlich den des sprachlichen Zeichens. Da dieser Begriff schließlich nur ein spätes Kulturprodukt ist, werden wir seine Behandlung auch auf später verschieben.

1.6. *Zeichen versus Wörter*

Der Ausdruck, den die westliche philosophische Tradition als *signum* übersetzt hat, war ursprünglich das griechische *sēmeîon* (σημεῖον). Er erschien mit Parmenides und Hippokrates als technisch-philosophischer Terminus im fünften Jahrhundert. Man trifft ihn auch oft als Synonym von *tekmérion* (τεκμήριον: Beweis, Hinweis, Symptom) an. Eine erste Unterscheidung der beiden Begriffe taucht erst in Aristoteles' *Rhetorik* auf.

Hippokrates übernahm den Begriff des Hinweises von den Ärzten, die vor ihm kamen. Alkmaion sagte: »Über das Unsichtbare wie über das Irdische haben Gewißheit die Götter, *uns*
[26] aber als Menschen *ist nur* das Erschließen *gestattet* (τεκμαίρεσθαι)« (*D. K.*, BI). Die knidarischen Ärzte kannten die Bedeutung von Symptomen. Augenscheinlich codifizierten sie sie in Form von Äquivalenzen. Hippokrates behauptete, daß das Symptom zweideutig sei, wenn man es nicht im Kontext untersuche und die Luft, das Wasser, die Umgebung, den allgemeinen Zustand des Körpers und die Lebensweise in Betracht zöge, die diese Situation verändern kann. Ein solches Modell funktioniert, als wolle es sagen: wenn *p*, dann *q*, aber nur wenn die Faktoren *y* und *z* hinzukommen. Ein Code existiert, aber er ist nicht eindeutig.

Hippokrates war an sprachlichen Zeichen nicht interessiert. Überhaupt scheint es, daß zu jener Zeit der Begriff ›Zeichen‹

nicht auf Wörter angewandt wurde. Ein Wort war ein *Name* (*ónoma*, ὄνομα). Parmenides benutzte diesen Unterschied, als er die Wahrheit des das Sein betreffenden Gedankens der trügerischen Natur der Meinungen und der Irrtümlichkeit der Sinneswahrnehmungen gegenüberstellte. Nun, wenn Vorstellungen täuschen, sind Namen nichts anderes als ebenso täuschende Etiketten, die den Objekten, die wir zu kennen glauben, angeheftet wurden. *Onomázein* (ὀνομάζειν) wird von Parmenides immer für das Geben eines willkürlichen Namens benutzt, der für wahr gehalten wird, aber in Wirklichkeit nicht der Wahrheit entspricht. Der Name schafft eine Pseudo-Äquivalenz mit der Wirklichkeit, und dadurch verhüllt er sie. Auf der anderen Seite benutzt Parmenides den Begriff ›Zeichen‹ (*sēmata:* σῆματα), wenn er von *Beweisen*, von einem schlußfolgernden Prinzip spricht: »... IST ist. Auf diesem sind gar viele Merkzeichen ...« (*D. K.*, B 8.2).

Bei Platon und Aristoteles werden Wörter von einem doppelten Gesichtspunkt aus untersucht: (a) dem Unterschied zwischen *Signifikation* und *Referenz*. Signifikation (d. h. Bedeutung) sagt, *was* ein Ding ist, und in diesem Sinne ist sie eine Funktion, die auch von einzelnen Ausdrücken erfüllt wird; im Akt der Referenz sagt man im Gegensatz dazu, *daß* ein Ding ist, und in diesem Sinne ist Referenz eine Funktion, die nur von vollständigen Sätzen ausgeübt wird. In seinem gesamten Werk über Logik und Sprache scheut sich Aristoteles, den Begriff *Zeichen* (sēmeîon) für Wörter zu benutzen.

Auf den ersten Blick scheint die bekannte Seite *De Interpretatione*, 16 *a*, dem zu widersprechen, denn hier scheint gesagt zu werden, daß Wörter Zeichen sind. Aber diese Seite muß sorgfältig interpretiert werden. Zunächst einmal sagt Aristoteles, daß sowohl gesprochene als auch geschriebene Wörter *Symbole* (σύμβολα) der Empfindungen der Seele sind. Dann sagt er, daß gesprochene und geschriebene Wörter nicht für alle Menschen gleich sind, weil sie (wie in 16 *a* 20–30 erneut festgestellt wird) durch Konvention gesetzt sind. In diesem Sinne unterscheiden sich die Wörter von den Lauten, die die Tiere ausstoßen. Wörter sind konventionell und willkürlich, während andere Arten von Lauten natürlich und motiviert sind. Es ist offensichtlich, daß Aristoteles den Ausdruck *Symbol* gesprochenen und geschriebenen Wörtern vorbehält (vgl. auch Di Cesare, 1981; und Lieb, 1981).

Es muß bemerkt werden, daß zu jener Zeit *Symbol* als philosophischer Begriff neutraler war als *Zeichen*. Der Begriff des Zeichens war bereits von der hippokratischen Tradition als
[27] präzise Kategorie eingeführt und diskutiert worden, während *Symbol* im allgemeinen wie »Vorkommnis« oder »Identifikationsmerkmal« benutzt wurde (vgl. Kapitel 4).

Auf derselben Seite (16*a* 5) sagt Aristoteles, daß die Empfindungen der Seele Abbilder oder Kopien der Dinge sind und daß sie als solche nicht in einem logischen (sprachlichen) Rahmen untersucht werden können. Deshalb befaßt er sich mit ihnen in *De anima*. Wo er diesen Unterschied zwischen geistigen Abbildern und Wörtern betont, behauptet er beiläufig, daß gesprochene und geschriebene Wörter Zeichen (sēmeîa) der Seelenempfindungen seien. Auf diese Weise setzt er *prima facie* Zeichen mit Symbolen gleich.

Man könnte einwenden, daß *Zeichen* in diesem Kontext metaphorisch benutzt wird. Ein viel radikalerer Einwand jedoch ist am Platz. Wenn Aristoteles hier das terminologische Kriterium beachtet, dem er auch in der *Rhetorik* folgt, dann bedeutet /Zeichen/ immer noch »Beweis«, »Hinweis«, »Symptom«. Wenn das stimmt, sagt er damit, daß gesprochene oder geschriebene Wörter der *Beweis* sind, daß man etwas im Sinn hat, das ausgedrückt werden soll; gleichzeitig stellt er fest, daß Wörter zwar Symptome geistiger Empfindungen sind, daß das aber nicht bedeutet, daß sie denselben semiotischen und psychologischen Status haben wie diese Empfindungen.

Diese Interpretationshypothese wird durch die Art und Weise gestützt, in der sich Aristoteles (16*b* 19 ff.) fragt, ob Verben wie *sein* oder *nicht sein* Zeichen der Existenz eines Dinges sind. Er meint damit folgendes: (a) außerhalb des Satzes kann kein Verb behaupten, daß etwas wirklich existiert oder tatsächlich etwas tut; (b) Verben können diese Funktion nur in einem vollständigen Behauptungssatz erfüllen; (c) nicht einmal *sein* oder *nicht sein* behaupten die Existenz von etwas, wenn sie isoliert ausgesprochen werden; (d) wenn sie jedoch in einen Satz eingesetzt werden, sind sie Zeichen dafür (oder wie es einige Übersetzer interpretieren »weisen sie auf die Tatsache hin«), daß die Existenz von etwas behauptet wird. Eine solche Interpretation wird durch das bestätigt, was Aristoteles vorher gesagt hat (16 *b* 5 ff.), nämlich, daß ein Verb immer ein Zeichen dafür ist (oder auf die Tatsache hinweist), daß etwas von etwas gesagt oder behauptet wird. Thomas von Aquin analysiert in seinem Kommentar von *De Interpretatione* diese Passage sehr klar. Er schließt allerdings eine Lesart aus, die einem heutigen Zeitgenossen sehr attraktiv erscheinen könnte, nämlich, daß das Verb der Signifikant ist, dessen Signifikat eine Prädikation ist, oder daß der Satz, der das Verb enthält, das Vehikel einer behauptenden Proposition ist. Im Gegenteil, Thomas wählt eine Lesart, die eher dem gesunden Menschenverstand entspricht: die Anwesenheit des Verbs innerhalb eines Satzes ist der *Beweis*, das Symptom dafür, daß dieser Satz die Existenz von etwas behauptet, indem er tatsächlich von etwas etwas aussagt.

Deshalb dürfen wir annehmen, daß Aristoteles ganz einfach betont, daß sogar Wörter als Symptome genommen werden können, wenn er beiläufig den Begriff *Zeichen* für Wörter verwendet. Er setzt sprachliche Symbole nicht mit natürlichen Zeichen gleich. Er sagt lediglich, daß Symbole *manchmal* als Beweise genommen werden können. Aber Symbole unterschei-
den sich von anderen natürlichen Zeichen, weil sie nicht auf dem [28]
Modell des Schlusses basieren, sondern auf dem Äquivalenzmodell, wenn sie primär als Symbole funktionieren (unabhängig von ihrem möglichen Gebrauch als Beweise). In der Tat war Aristoteles der erste, der darauf bestand, daß sprachliche Begriffe ihren Definitionen äquivalent sind und daß Wort und Definition völlig umkehrbar sind (wie wir in Kapitel 2 dieses Buches sehen werden).

Das Zeichen tritt dann in der *Rhetorik* auf, wo von den Enthymemen gesagt wird, daß sie von Wahrscheinlichkeiten (eikóta: εἰκότα) und von Zeichen (sēmeîa) abgeleitet sind. Aber die Zeichen werden in zwei logisch gut differenzierte Kategorien unterteilt. Der erste Zeichentyp hat einen spezifischen Namen, *tekmérion* (τεκμήριον), im Sinne von ›Beweis‹. Wir können ihn als *notwendiges Zeichen* übersetzen; wenn man Fieber hat, ist man krank; wenn eine Frau Milch hat, hat sie ein Kind geboren. Das notwendige Zeichen kann in die universelle Aussage übersetzt werden: ›alle, die Fieber haben, sind krank.‹ Es muß gesagt werden, daß diese Aussage kein Verhältnis der bikonditionalen Äquivalenz schafft. Man kann nämlich krank sein (z. B. ein Magengeschwür haben) und nicht unter Fieber leiden.

Der zweite Zeichentyp, sagt Aristoteles, hat keinen spezifischen Namen. Wir könnten ihn *schwaches Zeichen* nennen: wenn man Schwierigkeiten beim Atmen hat, dann hat man Fieber. Die Folgerung ist ganz offensichtlich nur eine wahrscheinliche, weil die Atemschwierigkeiten auch von übertriebener körperlicher Betätigung herrühren könnten. In eine Prämisse umgewandelt, würde das Zeichen nur eine partikuläre Aussage machen: ›Einige Menschen haben Schwierigkeiten mit der Atmung, und sie haben Fieber‹ (die logische Form ist eher eine der Konjunktion als eine der Implikation). Das schwache Zeichen ist nun eben deshalb schwach, weil das notwendige Zeichen keine Äquivalenz herstellt. Ein schwaches Zeichen kann hergestellt werden, indem man die universale Aussage, in die das notwendige Zeichen übersetzt wurde, in eine partikuläre Aussage umkehrt. Der Untersatz von ›alle, die Fieber haben, sind krank‹ ergibt in Form eines logischen Quadrats, ›es gibt einige Menschen, die krank sind und Fieber haben‹, was in Wirklichkeit ein schwaches Zeichen ist und – höchstens – eine *Induktion* erlaubt.

Tatsächlich fühlt Aristoteles sich mit diesen verschiedenen Zeichentypen nicht wohl. Er kennt den apodiktischen Syllogismus, aber er kennt den hypothetischen Syllogismus nicht – zumindest nicht mit theoretischer Klarheit – d. h., die Form $p \supset q$, die den Stoikern zur Ehre gereichen wird. Aus diesem Grunde spürt Aristoteles zwar argumentative Schemata auf, aber er verweilt nicht bei ihrer logischen Form.

1.7. *Die Stoiker*

Auch die Stoiker scheinen ihre Sprachtheorie und ihre Zeichentheorie nicht deutlich zu verbinden (aus dem, was aus ihrer ziemlich komplexen Semiotik geschlossen werden kann). In der verbalen Sprache unterscheiden sie deutlich zwischen sēmaînon (σημαῖνον: Ausdruck, sēmainómenon (σημαινόμενον: Inhalt) und tynchánon (τυγχάνον: Referent). Sie scheinen die Triade zu reproduzieren, die Platon und Aristoteles vorschlugen, aber sie überarbeiten sie mit einer theoretischen Feinheit, die vielen von denen fehlt, die ein solches semantisches Dreieck heutzutage wiederentdeckt haben.

Die Stoiker untersuchen die vielfältige Artikulation des Ausdrucks und unterscheiden den einfachen *Laut*, der vom Kehlkopf und den Artikulationsmuskeln ausgestoßen wird (ein noch-nicht-artikulierter Laut) vom *artikulierten sprachlichen Element* und vom tatsächlichen *Wort*, das nur insoweit existiert, als es auf einen Inhalt bezogen oder beziehbar ist. Ein solches Modell funktioniert, als wollte es mit Saussure sagen, daß das sprachliche Zeichen eine zweifache Größe sei. Augustinus wird in der Nachfolge der Stoiker *dictio* das *verbum vocis* nennen, welches *foris sonat*, das gleichzeitig wahrgenommen und erkannt wird, weil es auf ein *verbum mentis* oder *cordis* bezogen ist. Die Stoiker glaubten, die Barbaren wären zwar fähig, den physischen Laut wahrzunehmen, aber unfähig, ihn als Wort zu identifizieren. Dies geschehe nicht, weil es den Barbaren an dem entsprechenden geistigen Bild mangele, sondern weil sie die korrelationale Regel nicht kannten. In dieser Hinsicht gehen die Stoiker viel weiter als ihre Vorgänger und entdecken die provisorische und labile Natur der Zeichenfunktion (derselbe Inhalt kann mit einem Ausdruck aus einer anderen Sprache ein Wort bilden). [29]

Bei den Stoikern ist der Inhalt keine Empfindung der Seele, kein geistiges Bild, keine Wahrnehmung, kein Gedanke oder keine Idee mehr, wie er es bei ihren Vorgängern war. Er ist weder eine Idee im platonischen Sinne, denn die Stoiker haben eine materialistische Metaphysik, noch eine Idee im psychologischen Sinne, da selbst in diesem Fall der Inhalt ein Körper wäre, eine physische Tatsache, eine Veränderung der Seele (die ebenfalls ein Körper ist), ein Siegel, das dem Geist aufgedrückt wird. Stattdessen schlagen die Stoiker vor, daß der Inhalt etwas Unkörperliches sei.

Die Leere, der Ort und die Zeit sind unkörperlich, und ebenso räumliche Beziehungen, chronologische Abfolgen, Handlungen und Geschehnisse. Was unkörperlich ist, ist kein Ding, es ist

Zustand, Weise des Seins. Geometrische Oberflächen und der dünnste Kegelschnitt sind unkörperlich. Unkörperliches ist *entia rationis*, insofern als jedes *ens rationis* eine Beziehung ist, eine Art, die Dinge zu betrachten. Unter das Unkörperliche ordnen die Stoiker das *lektón* (λεκτόν) ein, das als ›ausdrückbar‹, *dictum* oder *dicible* übersetzt worden ist. Das *lektón* ist eine semiotische Kategorie. Die Tatsache, daß Dion läuft, ist im Moment ihres Ausdrucks ein *lektón*.

Das erste Problem ist die Beziehung zwischen dem *sēmainómenon* und dem *lektón*. Wenn ›Dion läuft‹ eine Proposition ist (und daher unkörperlich), sind dann ›Dion‹ und ›läuft‹ ebenfalls unkörperlich? Sextus Empiricus verwendet *sēmainómenon* und *lektón* synonym (*Adv. Math.*, 8: 12); die Lösung scheint jedoch komplexer zu sein. Die Stoiker sprechen von vollständigen und unvollständigen *lektá*. Das vollständige *lektón* ist eine Proposition, während die unvollständigen *lektá* Teile sind, Stücke von Propositionen, die durch eine Reihe von syntaktischen Verbindungen zu einer Proposition zusammengesetzt werden. Subjekt und Prädikat werden unter den unvollständigen *lektá* aufgeführt. Sie scheinen grammatikalische und lexikalische Kategorien zu sein und deshalb Kategorien des Ausdrucks, tatsächlich
[30] jedoch sind sie Kategorien des Inhalts. Das *Subjekt* (was die übliche Übersetzung des Wortes *ptôsis*, πτῶσις, ist) ist das deutlichste Beispiel für den Kasus, weil die Aufmerksamkeit, die man Behauptungssätzen geschenkt hatte, dazu führte, das Subjekt als den Kasus par excellence anzusehen. Aber der Kasus ist nicht die Flexionsform (eine grammatische Kategorie, die den Fall *ausdrückt*). Vielmehr ist er der ausgedrückte oder ausdrückbare Inhalt. Heute würden wir sagen, daß er eine rein *aktantielle Position* ist. In diesem Sinne ist das Subjekt, Hauptbeispiel des unvollständigen *lektón*, unkörperlich. Die Stoiker hatten somit die Semantik bereits entpsychologisiert, so daß wir *sēmainómenon* als »Inhalt« im Hjelmslevschen Sinne übersetzen können, d. h. als Position innerhalb eines Systems, als Ergebnis einer abstrakten Segmentierung des noetischen Feldes, als kulturelle Einheit (statt als geistiges Bild, als Gedanke oder Engram).

Wenn die Stoiker von den Zeichen (sēmeîa) sprechen, scheinen sie sich auf etwas unmittelbar Evidentes zu beziehen, das zu einigen Schlußfolgerungen über die Existenz von etwas nicht unmittelbar Evidentem führt. Das Zeichen kann *erinnernd* sein: in diesem Fall rührt es von einer Verbindung zweier Ereignisse her, die von vorangegangener Erfahrung bestätigt wird. Auf der Grundlage vorangegangener Erfahrung weiß ich, daß ein Feuer da sein muß, wenn es Rauch gibt. Aber das Zeichen kann auch *anzeigend* sein. In diesem Fall weist es auf etwas hin, das nie evident war und wahrscheinlich niemals sein wird, z. B. die Bewegungen des Körpers, die die Bewegungen der Seele bedeuten, oder die Körpersäfte, die aus der Haut austreten und damit anzeigen, daß es wahrnehmbare (aber nicht wahrgenommene) Poren gibt. In all diesen Fällen scheinen die Zeichen physikalische Ereignisse zu sein: der Rauch, die Anwesenheit von Milch, die eine Geburt enthüllt, das Licht, das den Tag enthüllt, und so fort. Und doch sollte uns die Tatsache, daß Ereignisse, daß der vorübergehende Zustand von Körpern unkörperlich genannt wird, zu denken geben. Tatsächlich erkennt Sextus Empiricus an, daß das Zeichen, aus dem der Schluß abgeleitet wird, nicht das physikalische Ereignis ist, sondern die Proposition, die es ausdrückt. Das Zeichen ist die »vorangehende Proposition innerhalb einer gültigen und größeren hypothetischen Prämisse, die den Zweck hat, die Konsequenz zu enthüllen« (*Adv. Math.*, 7: 245) oder »ein Urteil, das in einer richtigen Implikation vorangehe und den Nachsatz enthülle« (*Hyp. Pyrrh.*, 2: 104).

Daher nimmt das stoische Zeichenmodell die Form des Schlusses an $(p \supset q)$, bei dem die Variablen weder physikalische Realitäten noch Ereignisse sind, sondern die Propositionen, die die Ereignisse ausdrücken. Eine Rauchsäule ist kein Zeichen, wenn nicht der Interpret das Ereignis als wahrhaftes Antezedens einer hypothetischen Argumentation sieht (*wenn* es Rauch gibt ...), die durch den Schluß (mehr oder weniger notwendig) auf ihre Konsequenz bezogen ist (... *dann* gibt es Feuer). Aus diesem Grunde können die Stoiker sagen – und das tun sie auch – daß das Zeichen ein *lektón* und damit unkörperlich ist. Das Zeichen kümmert sich nicht um *diesen* Rauch und *dieses* Feuer, sondern um die Möglichkeit einer Beziehung zwischen Antezedens und Konsequenz, die jegliches Auftreten des Rauches reguliert (und des Feuers). Das Zeichen ist *Typ*, nicht *Vorkommnis*.

Inzwischen ist klar, wie sich in der Semiotik der Stoiker die

Sprachtheorie rechtmäßig mit der Zeichentheorie verbindet. Um Zeichen zu haben, müssen Propositionen formuliert werden,
[31] und die Propositionen müssen nach einer logischen Syntax organisiert werden, die von der sprachlichen Syntax widergespiegelt und ermöglicht wird (vgl. Frede, 1978). Zeichen treten nur hervor, wenn sie durch die Elemente der Sprache rational ausdrückbar sind. Sprache ist insofern artikuliert, als sie bedeutungsvolle Ereignisse ausdrückt. Es muß betont werden, daß die Stoiker immer noch nicht sagen, Wörter seien Zeichen (höchstens sagen sie, daß Wörter als Vehikel für Zeichen*typen* dienen). Der lexikalische Unterschied zwischen dem Paar sēmaînon/sēmainómenon und dem sēmaîon bleibt. Aber die gemeinsame und offenbare etymologische Wurzel ist ein Hinweis auf ihre Bezogenheit. Wir könnten die Stoiker sagen lassen, wie es Lotman tut, daß Sprache ein primäres, modellierendes System ist, durch das die anderen Systeme ausgedrückt werden.

Wenn wir noch einmal auf gegenwärtige Theorien Bezug nehmen (vgl. auch Todorov, 1977), könnten wir sagen, daß der sprachliche Ausdruck und das natürliche Zeichen durch eine doppelte Signifikationsbeziehung konstituiert werden, die in das doppelt geschichtete Hjelmslevsche Modell der Konnotation übersetzbar ist (in der Diagrammform, die Barthes bekannt gemacht hat, siehe Abb. 1.1).

Das Wort /Rauch/ bezieht sich auf einen Abschnitt der Inhaltssegmentation, den wir konventionellerweise als »Rauch« bezeichnen. An diesem Punkt haben wir drei intensionale oder extensionale Alternativen: (a) »Rauch« konnotiert »Feuer« auf der Basis einer enzyklopädieartigen Darstellung, die metonymische Ursache-Wirkungs-Beziehungen in Betracht zieht (eine Kasusgrammatik, die ›Aktanten‹ wie Ursache oder Agent erklärt, kann diese Art von Bedeutungspostulat recht gut darstellen); (b) der Satz /da ist Rauch/ drückt als seinen Inhalt die Proposition »da ist Rauch« aus, die – immer kraft einer zugrundeliegenden enzyklopädischen Darstellung, die Rahmen (frames) oder Skripten (scripts) einschließt (vgl. Kap. 3.2) – als einen vernünftigen Schluß »da ist Feuer« vorschlägt (N. B. wir befinden uns immer noch auf einer intensionalen Ebene, da die Möglichkeit dieses Schlusses unter den Eigenschaften von Rauch codiert ist, unabhängig von irgendeiner tatsächlichen Welterfahrung); (c) in einem Referenzvorgang auf Zustände der tatsächlichen Welt führt die Proposition »da ist Rauch« aufgrund der zuvor erwähnten Bedeutungspostulate zu der indexikalischen Proposition »deshalb ist *hier* auch Feuer«, der ein Wahrheitswert zugeordnet werden kann.

Wenn ich eine Wolke oder eine Rauchsäule als bloße physikalische Ereignisse wahrnehme, unterscheiden sie sich nicht von irgendeinem Laut, den ich wahrnehmen kann, ohne ihm semantische Relevanz zuzuschreiben (wie es der Barbare tut). Wenn ich aber auf der Grundlage einer vorher bestehenden Regel weiß, daß sich Rauch im allgemeinen auf Feuer bezieht, dann ordne ich das Ereignis als den einzelnen Ausdruck eines allgemeineren Inhalts ein, und der Rauch, den ich wahrnahm, wird zu dem perzeptiven Inhalt »Rauch«. Diese erste Bewegung von der Empfindung zur Wahrnehmung, der Bedeutung unterlegt wird, ist so unmittelbar, daß wir dazu neigen, sie als semiotisch irrelevant zu betrachten. Die Gnoseologie hat gerade immer diese angenommene Unmittelbarkeit der Empfindung und der Wahrnehmung in Frage gestellt. [32]

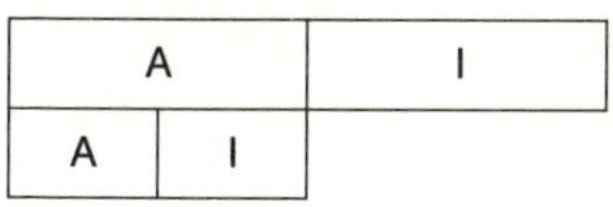

Abb. 1.1

Selbst aus der mittelalterlichen Sichtweise erlaubt es die *simplex apprehensio*, d. h. die erste Verstandesoperation, das Ding in seiner Essenz durch das Phantasma zu fassen; aber nur durch die Handlung des *Urteils*, d. h. durch die zweite Verstandesoperation, wird die Sache erkannt und als relevant für weitere Prädikationen angesehen. Nicht zufällig spricht die Gnoseologie von der perzeptiven Bedeutung, und der Begriff ›Bedeutung‹ erscheint sofort als semantische Kategorie und als Kategorie der Phänomenologie der Wahrnehmung. Tatsächlich muß ich, um aus einer Reihe sensorischer Daten die Form ›Rauch‹ fassen zu können, bereits von dem Glauben geleitet sein, daß Rauch für das Ziehen weiterer Schlüsse relevant ist. Andernfalls bleibt der Rauch, der mir von der Empfindung übermittelt wird, eine potentielle Wahrnehmung, die ich noch nicht als Rauch identifiziert habe, sondern vielmehr als Nebel, Miasma oder irgendeine Ausdünstung, die nicht durch einen Brand verursacht wird. Nur wenn ich die allgemeine Regel bereits kenne, die besagt ›wenn Rauch, dann Feuer‹ kann ich das Sinnesdatum als *bedeutungsvoll* vermerken, wenn ich es als den Rauch ansehe, der Feuer enthüllen kann.

1.8. *Vereinigung der Theorien und Vorherrschaft der Linguistik*

Einige Jahrhunderte später wird Augustinus in *De Magistro* die Theorie der Zeichen und die Theorie der Sprache endgültig zusammenbringen. Fünfzehn Jahrhunderte vor Saussure ist er derjenige, der die *Gattung* Zeichen erkennt, zu der sprachliche Zeichen als *Art* gehören wie auch Insignien, Gesten, ostensive Zeichen. Aber damit hinterläßt Augustinus der nachfolgenden Tradition ein Problem, das nicht einmal die Stoiker klar gelöst hatten. Augustinus bietet zwar selbst eine Lösung an, betont sie aber nicht genug, als daß sie allgemein akzeptiert worden wäre. Die Stoiker hatten das Problem des Unterschiedes zwischen der Beziehung des sprachlichen Ausdrucks zum Inhalt auf der einen Seite (was Hjelmslev Denotation nennen wird) und der Beziehung der Zeichen-Proposition zu der aus ihr folgenden Bedeutung auf der anderen Seite offen gelassen. Man hat den Verdacht, daß die erste Ebene immer noch auf Äquivalenz gegründet sein könnte, während die zweite zweifellos auf dem Schluß basiert (Abb. 1.2).

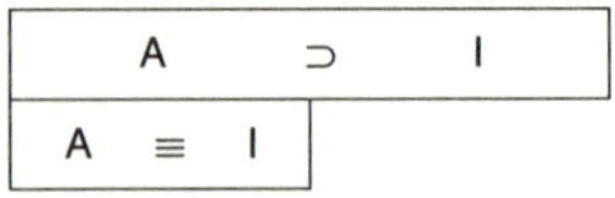

Abb. 1.2

Wir müssen uns jedoch fragen, ob dieser Unterschied auf einer merkwürdigen ›optischen Täuschung‹ beruht oder nicht. Von dem Augenblick an, da Augustinus die Sprache zu den Zeichen zählt, befindet sie sich in einer merkwürdigen Situation. Da sie zu stark, zu fein artikuliert und deshalb wissenschaftlich analy- [33] sierbar ist (hier muß man die Arbeit der hellenistischen Grammatiker im Auge behalten), konnte die Sprache kaum Objekt einer Zeichentheorie sein, die entstanden war, um die Beziehung zwischen außerordentlich flüchtigen und generischen natürlichen Ereignissen zu beschreiben (und wir werden sehen, wie sehr die stoische Inferenz epistemologisch offen war gegenüber einem Kontinuum von Notwendigkeits- und Schwächebeziehungen). Da die Sprache immer stärker für das semiotische System gehalten wurde, das mit dem größten Gewinn erforscht werden konnte (eine sorgfältige Untersuchung dieses Aspektes der Geschichte der Semiotik wäre sehr lohnend), und für das System, das als Modell für alle anderen Systeme dienen könnte (da sie jede andere Semiotik in ihre Inhaltsebene übersetzen kann), wurde das Modell des sprachlichen Zeichens nach und nach als das semiotische Modell schlechthin angesehen.

Als man bei dieser Schlußfolgerung angekommen war (ihre endgültige Sanktionierung erfolgte durch Saussure), hatte sich das sprachliche Modell in seiner ›flachsten‹ Form herauskristallisiert, die von den Wörterbüchern und unglücklicherweise auch von einem Großteil der formalen Logik begünstigt wurde, die ihre leeren Symbole nur um der Exemplifikation willen füllen muß. Folglich begann sich die Vorstellung von *Bedeutung als Synonymie* und als wesentliche Definition zu entwickeln.

/Mensch/ entspricht in bestimmten Kontexten »vernunftbegabtem Tier«, aber nicht in dem Ausdruck /Mama, da ist ein Mensch, der ein Paket abliefern will/, wo der Inhalt »Mensch« im Hinblick auf viele Eigenschaften analysiert werden kann (männlich, unbekannt, menschliches Wesen, Person mit niedrigem Sozialstatus, sogar fremde Präsenz oder Bedrohung), aber bestimmt nicht als vernunftbegabtes Lebewesen. Aristoteles überlieferte uns das Prinzip der (bikonditionalen) Äquivalenz zwischen Begriff und Definition durch Gattung und Art, denn er arbeitete nur mit *kategorematischen* Ausdrücken, die in Behauptungssätze eingesetzt werden. Die Stoiker andererseits (vgl. Frede, 1978; Graeser, 1978) glaubten, daß *jede syntaktische Kategorie ihr semantisches Gegenstück* hätte, *synkategoremati-*

sche Ausdrücke eingeschlossen. Wenn die vollständigen *lektá* aus der Kombination von unvollständigen stammten, mußten sie Konjunktionen, Artikel und Pronomen einschließen. Augustinus zeigt später, daß sogar Präpositionen Bedeutung haben.

1.9. *Das Instruktionsmodell*

In *De Magistro*, 2, untersucht Augustinus mit Adeodatus Vergils Vers *»Si nihil ex tanta superis placet urbi relinqui«* und definiert die acht Wörter als *»octo signa«*. Er beginnt dann mit der
[34] Untersuchung der Bedeutung von /*si*/ und weist darauf hin, daß dieser Ausdruck eine Bedeutung des »Zweifels« vermittelt. Und da er weiß, daß *non esse signum nisi aliquid significet*, ist er gezwungen, auch die Bedeutung (bestimmt nicht den Referenten!) von /*nihil*/ zu definieren. Da es unmöglich ist, Zeichen zu produzieren, die nichts sagen, und da die Bedeutung von /nichts/weder ein Objekt noch ein Zustand der Welt zu sein scheint, schließt Augustinus, daß dieser Begriff eine Empfindung der Seele ausdrückt, d. h. jenen Geisteszustand, der, wenn er nicht irgendetwas erkennt, so doch zumindest die Abwesenheit von irgendetwas erkennt.

Augustinus fragt dann, was /*ex*/ bedeutet. Er weigert sich, die synonymische Antwort zu akzeptieren, nach der /*ex*/ »de« bedeuten würde. Dieses Synonym ist eine Interpretation, die ihrerseits interpretiert werden muß. Die Folgerung ist, daß /*ex*/ eine Art Trennung von dem *(secretionem quandam)* bedeutet, zu dem etwas gehört hat. Augustinus fügt eine weitere Instruktion zum kontextuellen Decodieren hinzu: das Wort kann Trennung von etwas ausdrücken, das aufgehört hat zu bestehen, wenn z. B. die in Vergils Vers angeführte Stadt verschwunden ist, oder es kann Trennung von etwas ausdrücken, das immer noch besteht, wenn man z. B. sagt, daß einige Kaufleute aus *(ex)* Rom kommen.

Die Bedeutung eines synkategorematischen Ausdrucks ist deshalb eine Menge (eine Reihe, ein System) von Instruktionen für seine möglichen Einfügungen in Kontexte und für seine unterschiedlichen semantischen Outputs in verschiedenen Kontexten, die alle vom Code registriert werden.

Gilt diese Lösung auch für kategorematische Begriffe? Das ist in der Tat die Lösung, die die kontextorientierte Komponentensemantik in zunehmendem Maße favorisiert. Vorläufer dieser Art von Instruktionssemantik waren Peirces Relationslogik (*C. P.*, 2: 379, 3: 66; vgl. auch Eco, 1979), die verschiedenen Kasusgrammatiken (Fillmore, 1968; Bierwisch, 1970, 1971), die semantischen Modelle, die auf Kontext- und Umfeldselektionen basieren (Eco, 1976: 2.11), und ihre Neuformulierung für die Disambiguierung der Metapher (siehe Kap. 2 und 3). *Der semantische Typ ist die Beschreibung der Kontexte, in denen man das Vorkommen des Ausdrucks erwarten kann.*

Wenn das der Fall ist, dann ist die konnotierte Bedeutung möglich, weil schon auf der ersten Ebene der Signifikation (wo das sprachliche Zeichen in erster Linie wirksam ist), ein Schluß vorliegt und keine bloße Äquivalenz. Ein sprachlicher Ausdruck scheint nur deswegen auf reiner Äquivalenz zu beruhen, weil wir die in ihm ›schlafende‹ Inferenz nicht entdecken.

Der Prozeß des Erkennens von natürlichen Ereignissen, der Zeichen-Propositionen erzeugt, findet auf dieselbe Weise statt. Die Wahrnehmung ist immer fragend und konditional und basiert unweigerlich (selbst wenn wir das nicht erkennen) auf einer Wette. Wenn bestimmte Wahrnehmungsdaten vorhanden sind, dann (gibt es) vielleicht Rauch, solange wie mir andere Elemente des Kontextes zu denken erlauben, daß meine Wahrnehmungsinterpretation angemessen ist. Peirce war sich der Tatsache bewußt, daß Wahrnehmung immer Indizienbeweis ist, eine Quelle potentieller Semiose. Die Tatsache, daß Wahrnehmung ohne Anstrengung stattfindet, hebt ihren inferentiellen Mechanismus nicht auf (vgl. *C. P.*, 5: 266–68). [35]

Es bleibt uns aber noch das Problem der sogenannten Substitutionstabellen, das heißt minimaler Chiffren, bei denen die Inhaltsebene die Ausdrucksebene eines anderen semiotischen Systems ist. Im Morsecode zum Beispiel ist /.-/ ≡ »a« und umgekehrt, die Reziprozität ist vollständig. Eine Substitutionstabelle könnte als degradiertes semiotisches System angesehen werden, tatsächlich aber ist die Äquivalenz auch hier ein ›schlafender‹ Schluß.

Es gibt daher keinen Unterschied in der semiotischen Struktur der Signifikation auf erster und zweiter Ebene (wir benutzen hier diese Unterscheidung, weil das Paar Denotation/Konnotation zweideutig ist, da ›Denotation‹ von extensionalen semantischen Theorien zur Bezeichnung von Wahrheitswerten verwendet wird). Das schwankende Objekt, das allgemein in so vielen verschiedenen Fällen ›Zeichen‹ genannt wird, existiert als wissenschaftlich vereinheitlichtes Objekt, indem es von der Disziplin, die es untersucht, durch die Subsumtion verschiedener Phänomene unter dasselbe formale Schema $p \supset q$ *konstruiert* wird.

Was je nach den Phänomenen variiert, ist die Beweiskraft dieses Schlusses. Wenn das erste (da ist), dann (ist da) das zweite. Was aber ist der epistemologische Status von *wenn* und *dann*?

1.10. *Starke Codes und schwache Codes*

Der stoische Schluß war der philonische, die materiale Implikation der modernen Logik. Als solcher beschäftigte er sich nicht mit dem epistemologischen Wert der Verbindung zwischen Antezedens und Konsequenz. Die Stoiker gaben verschiedene Beispiele: ›Wenn es Tag ist, dann ist es hell‹ ist eine Äquivalenz (bikonditional). ›Wenn es Tag ist, dann läuft Dion‹ ist ein Beispiel für eine materiale Implikation ohne epistemologischen Wert. ›Wenn sie Milch hat, dann hat sie geboren‹ ist ein Schluß von der Wirkung auf die Ursache, der sich auf vorangegangene Induktionen gründet. ›Wenn eine Fackel zu sehen ist, dann nähert sich der Feind‹ scheint eine sehr vage Annahme zu sein, weil die Fackel ebensogut von Freunden getragen werden könnte. In der Annahme, daß es auf der Grundlage einer vorhergehenden Übereinkunft erkannt wird, interpretiert Sextus dieses Zeichen als konventionelles Zeichen, d. h. der epistemologische Wert würde eher von gesellschaftlichen Gesetzen abhängen als von Naturgesetzen. Zusammen mit diesem Beispiel reiht Sextus alle erinnernden Zeichen unter jene ein, die auf einer willkürlichen Korrelation gründen, und erkennt somit die schlußfolgernde Natur konventioneller Zeichen an. In diesem Fall entspricht der epistemologische Wert des *wenn-dann* dem Wesen von Gesetzesnormen juristischer Codes.

Aristoteles, der daran interessiert war, Argumente zu finden, die die notwendigen Verbindungen zwischen Fakten erklären konnten, postulierte eine Reihe von epistemologischen Unterschieden zwischen notwendigen Zeichen und schwachen Zeichen. Die Stoiker, die nur an den formalen Mechanismen des Schlusses interessiert waren, mieden das Problem. Nur Quintilian (*Institutio oratoria*, 5.9), der an den Reaktionen eines foren- [36]
sischen Publikums interessiert war, versuchte, alle Arten persuasiver Zeichen nach einer epistemologischen Hierarchie zu erklären.

Quintilian widerspricht Aristoteles' Klassifikation in der *Rhetorik* nicht, aber er weist darauf hin, daß notwendige Zeichen von der Vergangenheit handeln können (wenn sie geboren hat, dann muß sie mit einem Mann zusammengewesen sein), von der Gegenwart (wenn es auf dem Meer einen starken Wind gibt, dann muß es notwendigerweise Wellen geben) und von der Zukunft (wenn man ins Herz gestochen wurde, dann wird man notwendigerweise sterben).

Offensichtlich jedoch sind diese vermeintlichen Zeit-Beziehungen in Wirklichkeit verschiedene Kombinationen von Ursache-Wirkungs-Beziehungen. Die Beziehung zwischen Gebären und Geschlechtsverkehr (*diagnostisches* Zeichen) geht von der Wirkung zur Ursache zurück, während die Beziehung zwischen Wunde und Tod (*prognostisches* Zeichen) von der Ursache zu den möglichen Wirkungen geht. Jedoch ist diese Unterscheidung nicht gleichwertig mit der Unterscheidung zwischen notwendigen Zeichen und schwachen Zeichen. Nicht jede Ursache verweist notwendigerweise nach vorn auf all ihre möglichen Wirkungen (schwaches prognostisches Zeichen) und nicht alle Wirkungen verweisen notwendigerweise zurück auf dieselbe Ursache (schwaches diagnostisches Zeichen). Wer trägt die Fakkel, der Feind oder die Verbündeten? Man sollte also ebenfalls eine Unterscheidung zwischen *notwendigen Ursachen* und *hinreichenden Ursachen* machen. Sauerstoff ist eine notwendige Ursache für einen Brand (also: wenn da ein Brand ist, dann ist da Sauerstoff), aber das Anzünden eines Streichholzes ist nur eine hinreichende Ursache für einen Brand (zusammen mit anderen möglichen Ursachen). Man könnte dann sagen, daß Aristoteles' schwaches Zeichen von der Wirkung zur hinreichenden Ursache geht (wenn man Schwierigkeiten mit der Atmung hat, dann hat man Fieber); wenn man es aber genauer betrachtet, beweist auch das schwache Zeichen einen gewissen Grad von ›Notwendigkeit‹ – nur daß sich dieses Zeichen auf eine Klasse von Ursachen bezieht, nicht auf eine einzige Ursache; wenn da eine Fackel ist, dann muß *jemand* sie entzündet haben und muß sie tragen. Wenn es Schwierigkeiten mit der Atmung gibt, bedeutet das notwendigerweise eine Veränderung des Herzrhythmus (eine Klasse von Ereignissen, die *auch* Fieber einschließt). Diese Zeichentypen hätten also eine notwendige Konsequenz, aber diese ist immer noch zu weit und muß (um von der Klasse zu einem Mitglied der Klasse überzugehen) auf der Grundlage anderer kontextueller Schlüsse eingegrenzt werden (wie Hippokrates sehr wohl wußte).

In der verbalen Sprache findet ein ähnlicher Prozeß statt, da ich eine Größe durch Synekdoche von der Gattung zur Art benennen kann. Anstelle von ›Mensch‹ kann ich ›Sterblicher‹ sagen.

Auch das prognostische Zeichen von der Ursache auf die Wirkung schließt eine Anzahl von Problemen ein. Thomas von Aquin sagt (*Summa Theologiae,* 1.70.2–2; 3.62), daß die instrumentale Ursache Zeichen ihrer möglichen Wirkung sein kann: wenn Hammer, dann die Operationen, deren Durchführung man von ihm erwarten kann. Auf diese Weise arbeitet die Polizei. Wenn in einer Wohnung Waffen gefunden werden, wird ihr möglicher krimineller Gebrauch deduziert. Dieser Zeichentyp ist offensichtlich offen für kontextuelle Inferenzen. Die Natur des Anhaltspunktes ändert sich je nach dem, ob die
[37] Waffen im Haus eines mutmaßlichen Terroristen, eines Polizeibeamten oder eines Waffenschmiedes gefunden werden. Und warum erwähnt Thomas zum Beispiel nicht die effiziente Ursache? Kann die Anwesenheit eines wohlbekannten Mörders in der Stadt nicht Zeichen seiner kriminellen Absichten sein? Was die finale Ursache betrifft, ist sie nicht Grundlage für den *cui prodest*-Argumentationstyp?

Es sieht also so aus, als wären alle prognostischen Zeichen

wegen der epistemologischen Natur des Schlusses (die Verbindung ist keine notwendige) schwach, während alle diagnostischen Zeichen wegen der Generalität des Implicatum (die Klasse der Konsequenzen ist zu groß) schwach sein können. Heutzutage können die Epistemologie, die induktive Logik und die Wahrscheinlichkeitstheorie die verschiedenen Grade von Erkenntniskraft messen. Man könnte vielleicht fragen, warum Aristoteles und vor allem Quintilian nicht zögerten, jeden Zeichentyp als möglichen Beweis aufzulisten, obwohl sie sich ihrer unterschiedlichen Erkenntniskraft bewußt waren. Auf der rhetorischen Ebene jedoch gründen sich die Verbindungen zumeist auf Konventionen und allgemeine Meinungen. Quintilian zitiert folgende Argumentation als wahrscheinlich: wenn Atlanta mit den Jungen im Wald spazierengeht, dann ist sie wahrscheinlich keine Jungfrau mehr. In bestimmten Gemeinschaften kann diese Wahrscheinlichkeit so überzeugend sein wie ein notwendiges Zeichen. Das hängt von den Codes und von den Skripten ab (*cf.* Eco, 1979), die die Gemeinschaft als ›gut‹ registriert hat.

Die Kluft zwischen ›wissenschaftlicher‹ Gewißheit und ›gesellschaftlicher‹ Gewißheit konstituiert den Unterschied zwischen wissenschaftlichen Hypothesen und Gesetzen auf der einen Seite und semiotischen Codes auf der anderen. Die Notwendigkeit wissenschaftlicher Beweise hat wenig gemein mit der Notwendigkeit semiotischer Beweise. Für die Wissenschaft ist der Wal ein Säugetier, in der Kompetenz vieler Menschen jedoch ist er eben der Wal*fisch*. Wissenschaftlich gesehen ist eine Zitrone notwendigerweise eine Zitrusfrucht, aber nicht notwendigerweise gelb. Für einen Leser von Gedichten jedoch (Montale: »Le trombe d'oro della solarità«) ist die Zitrone eine gelbe Frucht, und daß sie eine Zitrusfrucht ist, ist ganz und gar irrelevant.

Deshalb sind auf der semiotischen Ebene *die Bedingungen der Notwendigkeit eines Zeichens gesellschaftlich bestimmt*, entweder aufgrund schwacher Codes oder aufgrund starker Codes. Auf diese Weise kann ein Ereignis ein sicheres Zeichen sein, selbst wenn es das wissenschaftlich nicht ist. Diese Hierarchie semiotischer Notwendigkeit unterstützt die korrelativen Verbindungen zwischen Antezedentien und Konsequenzen und macht sie so stark wie die Korrelationen zwischen Ausdruck und Inhalt.

Eine Typologie der verschiedenen Codierungsebenen findet sich bei Eco (1976, Kapitel 3) zusammen mit einer Theorie der Modi der Zeichenproduktion. Dieser Überblick über die Möglichkeiten der Zeichenproduktion zeigt, daß es ein semiosisches Kontinuum gibt, das von der strengsten Art der Codierung zur offensten und unbestimmtesten reicht. Die Aufgabe einer *Allgemeinen Semiotik* ist es, eine einzige formale Struktur aufzuspüren, die all diesen Phänomenen zugrundeliegt; diese Struktur ist die des Schlusses, der Interpretation erzeugt.

Die Aufgabe einer spezifischen Semiotik andererseits wird es [38] sein, je nach dem untersuchten Zeichensystem die Regeln größerer oder kleinerer semiotischer Notwendigkeit für Schlüsse (Institutionalisierungsregeln) aufzustellen.

Wenn dann – semiotisch gesprochen – die Klasse der Konsequenzen sehr ungenau ist, haben wir ein Zeichen, das entweder noch nicht codiert ist, vage codiert ist (das ›Symbol‹) oder sich im Prozeß der Codierung befindet (vgl. Eco, 1979, Kapitel 3 zum Prozeß der Code-Erfindung; und Kapitel 4 dieses Buches). Normalerweise hat die Code-Erfindung die Form des gewagtesten aller Schlüsse, nämlich die der *Abduktion oder Hypothese*.

1.11. *Die Abduktion und die inferentielle Natur von Zeichen*

Der Vergleich der Abduktion mit der Deduktion und der Induktion führt zu drei verschiedenen Schlußfolgerungsschemata (Abb. 1.3), bei denen die Kästchen mit durchgezogenen Linien Propositionen bezeichnen, die bereits verifiziert sind, und die Kästchen mit gestrichelten Linien versuchsweise Propositionen anzeigen, die im Argumentationsprozeß gefunden werden.

Wenn Zeichen in bloßer Äquivalenz wurzelten, wäre Zeichenverstehen ein einfacher Fall von *modus ponens*: jedes Mal, wenn man /Mensch/ ausspricht, meint man »vernunftbegabtes, sterbliches Tier«. Man sprach /Mensch/ aus; deshalb meinte man »vernunftbegabtes, sterbliches Tier«. Das ist in Wirklichkeit der absolut deduktive Prozeß, der abläuft, wenn wir es mit Substitutionstabellen zu tun haben, wie bei den Punkten und Strichen des Morsealphabets. Anders scheinen wir allerdings mit allen anderen Zeichen zu verfahren; wenn wir es also nicht mit dem Erkennen der konventionellen Äquivalenz zwischen zwei Ausdrücken zu tun haben, die zwei verschiedenen semiotischen Systemen angehören, sondern wenn wir stattdessen entscheiden müssen, welcher Inhalt einem gegebenen Ausdruck zugeordnet werden soll.

Wenn wir die Bedeutung eines Zeichens nicht kennen würden und sie durch wiederholte Erfahrung rekonstruieren müßten, so wäre der zu entwickelnde korrekte Prozeß wohl vom induktiven Typ. Offensichtlich funktionieren ostensive Definitionen auf diese Weise. Jedes Mal, wenn ein muttersprachlicher Sprecher einer uns unbekannten Sprache den Ausdruck /*x*/ benutzt, zeigt er entweder auf das Objekt ›*y*‹ oder es gibt eine Wiederholung der Erfahrung ›*y*‹. Aus diesem Grunde kann dieses Wort vernünftigerweise als Bedeutung dieser Klasse von Objekten oder Handlungen interpretiert werden. Augustinus zeigt in *De Magistro*, daß die Induktion durch ostensive Interpretation sehr prekär ist. Als Augustinus Adeodatus fragt, wie er die Bedeutung des Verbs /gehen/ erklären würde, antwortet Adeodatus, daß er anfangen würde zu gehen. Und als Augustinus fragt, was er tun würde, wenn man ihm die Frage stellte, während er bereits geht, antwortet Adeodatus, daß er anfangen würde, schneller zu gehen. Augustinus erwidert, daß man diese Antwort so verstehen könnte, als wäre die Bedeutung von /gehen/ »sich beeilen«. Ganz offensichtlich klärt die Anhäufung ostensiver Zeichen nicht die Bedeutung eines Ausdrucks durch einfache Induktion. Ein Bezugsrahmen ist vonnöten, eine metasprachliche – oder [39]

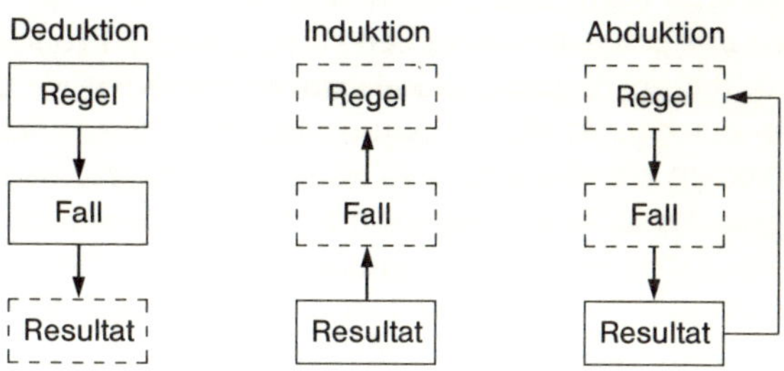

Abb. 1.3

vielmehr metasemiotische – Regel, die irgendwie ausgedrückt wird und vorschreibt, welche Regel angewandt werden sollte, um die Ostension zu verstehen. An diesem Punkt jedoch sind wir bereits bei dem Abduktionsmechanismus angelangt. Nur wenn ich die Hypothese aufstelle, daß Adeodatus' Verhalten (in welchem sein Sich-Beeilen als ein metasemiotischer Mechanismus wirkt, der den Akt des Gehens veranschaulichen soll) die Interpretation des sprachlichen Ausdrucks darstellt, kann ich annehmen, daß das, worauf er meine Aufmerksamkeit richtet (Resultat), ein Fall der hypothetisch aufgestellten Regel ist. Diese Prozedur wird ebenfalls bei der Decodierung bekannter sprachlicher Ausdrücke angewandt, wenn man sich nicht sicher ist, welcher Sprache die Ausdrücke angehören. Wenn mir jemand mit erregter Stimme /cane!/ sagt, muß ich eine Hypothese über *eine* Sprache als Bezugsrahmen aufstellen, um zu verstehen, ob es ein lateinischer Imperativ (»Singe!«) oder ein italienischer holophrastischer indexikalischer Ausdruck (»Hund!«) ist. Die Tatsache, daß es in der Umgebung und im Kontext Hinweise gibt, die mir die Richtung zur Bestimmung der Regel weisen, ändert die Struktur des Interpretationsprozesses im Prinzip nicht.

Die Abduktion ist daher das versuchsweise und risikoreiche Aufspüren eines Systems von Signifikationsregeln, die es dem Zeichen erlauben, seine Bedeutung zu erlangen.

Die Abduktion tritt bei jenen natürlichen Zeichen auf, die die Stoiker anzeigend nannten und die man für Zeichen hält, ohne jedoch zu wissen, was sie bezeichnen. Kepler stellte fest, daß die Umlaufbahn des Mars durch die Punkte *x* und *y* geht (dieses Beispiel stammt von Peirce, *C. P.*, 2: 96): dies war das Resultat, aber man wußte noch nicht, von welcher Regel es ein Fall war (deshalb waren die Konsequenzen dieses Antezedens gleichermaßen unbekannt). Die Punkte *x* und *y* hätten unter anderen möglichen geometrischen Figuren Punkte einer Ellipse sein können. Kepler stellte eine Hypothese bezüglich der Regel auf (und das war eine kühne, imaginative Handlung): *x* und *y* sind Punkte einer Ellipse. Wenn also die Umlaufbahn des Mars tatsächlich elliptisch war, dann war die Tatsache, daß er die Punkte *x* und *y* durchkreuzte (Resultat), ein Fall dieser Regel. Die Abduktion mußte natürlich verifiziert werden. Im Lichte

der hypothetischen Regel waren *x* und *y* ›Zeichen‹ des weiteren Fortgangs von Mars durch die Punkte *z* und *k*. Natürlich war es notwendig, an dem Punkt auf Mars zu warten, an dem das erste [40]
›Zeichen‹ sein Erscheinen erwarten ließ. Nachdem die Hypothese einmal verifiziert worden war, mußte die Abduktion ausgeweitet (und verifiziert) werden: hypothetisch wurde angenommen, daß alle anderen Planeten sich ebenso verhalten wie Mars. Das Verhalten eines Planeten wurde so zum Zeichen für das allgemeine Verhalten von Planeten.

Die Abduktion ist eine sehr komplexe Art des Schlusses, und vermutlich gibt es viele Abduktionstypen, die von den einfachsten und leichtesten bis zu den komplexeren und gewagteren reichen. Thagard (1978) hat im Zusammenhang mit der Unterscheidung zwischen Übercodierung und Untercodierung (Eco, 1976: 2.14) zwischen Hypothese und Abduktion unterschieden; Bonfantini und Proni (1983) haben drei Typen der Abduktion umrissen, und ich habe diesen Vorschlag ausgearbeitet (Eco, 1983). Die drei Abduktionstypen, die ich hier umreißen werde, repräsentieren eine typologische Abstraktion, eine Art grober Segmentierung eines genauer segmentierbaren Kontinuums. Mit anderen Worten: man könnte konkrete Beispiele der Abduktion finden, die Zwischenpositionen zwischen dem ersten und dem zweiten oder zwischen dem zweiten und dem dritten Typ abdecken, sowie komplexe Prozesse, die diese verschiedenen Typen kombinieren.

(a) Eine *Hypothese* oder *übercodierte Abduktion* liegt vor, wenn das Gesetz automatisch oder quasi-automatisch gegeben ist. Dieses ›quasi‹ muß sehr ernst genommen werden. Nehmen wir an, daß eine verbale Sprache ein System absoluter Äquivalenzen repräsentiert und daß in dieser Sprache /Mensch/ für »vernunftbegabtes sterbliches Tier« steht. Wenn jemand /Mensch/ ausspricht, muß ich zunächst einmal annehmen, daß diese Äußerung Vorkommnis *(token)* eines deutschen Worttyps ist. Normalerweise verrichten wir diese Interpretationsarbeit anscheinend automatisch, aber es genügt, in einem internationalen Milieu zu leben und zu wissen, daß die Menschen hier verschiedene Sprachen sprechen, und wir erkennen, daß unsere Wahl nicht vollkommen automatisch ist. Ein gegebenes Phänomen als

Vorkommnis eines gegebenen Typs zu erkennen, setzt eine Hypothese bezüglich der Umstände der Äußerung, der Natur des Sprechers und des diskursiven Ko-Textes voraus. Thagard meint, diese Art Hypothese korrespondiere mit meiner Vorstellung von *Übercodierung*, und sagt, da die Regel bereits gegeben sei, beträfe der Schluß nur die Entscheidung, das Resultat als den Fall dieser Regel anzusehen. Ich stimme zu, aber ich bestehe auf der Tatsache, daß der Prozeß niemals ganz automatisch ist, weil man *entscheiden* muß, diese Regel mit diesem Resultat zu verbinden, und zwar durch die Vermittlung des Falles.

Abduktionen dieses Typs werden auch in der ko-textuellen Interpretation ausgeführt. Das Beispiel, das Augustinus bei seinen Überlegungen zu *ex* gibt (siehe 1.9) stellt einen interessanten Fall eines solchen schlußfolgernden Prozesses dar. Augustinus wußte, daß /ex/ die Trennung zweier Dinge voneinander bedeutet; er mußte immer noch entscheiden, wie er innerhalb des Ko-Textes, den er interpretierte, die beiden Begriffe dieser Beziehung identifizieren sollte. Seine Entscheidung war quasiautomatisch, und doch mußte er eine Hypothese aufstellen –
[41] selbst wenn es eine kaum anfechtbare war.

(b) Eine *untercodierte Abduktion* liegt vor, wenn die Regel aus einer Reihe gleich wahrscheinlicher Alternativen gewählt werden muß. In Kapitel 2 dieses Buches wird behauptet, daß unsere semantischen Repräsentationen nicht dem Modell eines Wörterbuchs folgen, sondern dem einer Enzyklopädie. Deshalb gibt es auch keine Garantie dafür, daß die Bedeutung von /Mensch/ notwendigerweise und in jedem Kontext »vernunftbegabtes, sterbliches Tier« ist. Aufgrund verschiedener Selektionen des Kontexts und des Umfeldes (vgl. Eco, 1976: 2.11) kann ein Mensch auch eine sehr humane Person, eine Person in aller menschlichen Unzulänglichkeit, eine zweifüßige Kreatur usw. bedeuten. Wenn also geäußert wird /dies ist ein Mensch/, müssen wir entscheiden, ob gesagt wird, daß es sich um ein vernunftbegabtes Tier, eine sterbliche Kreatur oder um ein schönes Beispiel von Humanität handelt usw. Gleicherweise kann /dies ist kein Mensch/ entweder bedeuten »dies ist nicht vernunftbegabt« oder »dies ist nicht sterblich«, und zwar unabhängig davon, ob der Satz von einem Monstrum erzählt, das Doktor

Frankenstein hergestellt hat, oder von einem Engel spricht. Die Entscheidung darüber, ob bestimmte Eigenschaften (die zur Bedeutung eines Ausdrucks gehören) vergrößert oder narkotisiert werden müssen (vgl. Eco, 1979; und Kapitel 2 das vorliegende Buches) ist ein guter Fall untercodierter Abduktion. Thagard nennt diese Art des Schließens eine Abduktion *stricto sensu:* die gewählte Regel kann in einem gegebenen Ko-Text die plausibelste sein, aber es ist nicht sicher, ob sie die korrekteste oder die einzig korrekte ist. Das heißt also, daß die Erklärung *erwogen* und weiterhin überprüft werden wird.

Ein Fall untercodierter Abduktion, der für nicht-sprachliche Zeichen funktioniert, ist Keplers obengenannte Entdeckung. Kepler stieß auf eine erstaunliche Tatsache, dann mußte er zwischen alternativen Erklärungen wählen: es gab viele geometrische Kurven, die möglicherweise die Bewegung des Mars hätten erklären können. Ihre Zahl war nicht unendlich, und einige vorangegangene Annahmen über die Regelmäßigkeit des Universums legten Kepler nahe, daß er nur nach geschlossenen, nicht transzendenten Kurven suchen mußte, und aus diesem Grund erschienen Ellipsen plausibler als Spiralen oder Sinuskurven. Und trotz dieser Hierarchie der Plausibilitäten kam es letztendlich auf Keplers *Versuch* an.

(c) Schließlich gibt es Fälle *kreativer Abduktion*, bei denen die Regel, die als Erklärung agiert, *ex novo* erfunden werden muß. Dies könnte bei Kopernikus der Fall gewesen sein, als er in *De revolutionibus orbium coelestium* die Intuition des Heliozentrismus hatte. Kopernikus empfand das ptolemäische System als unelegant, unharmonisch, wie ein Gemälde, auf dem der Maler alle Körperteile abbildet, ohne sie zu dem Ganzen eines Körpers zusammenzufügen. Dann entschied er, daß die Sonne im Zentrum des Universums sein müßte, weil die geschaffene Welt nur so eine bewundernswerte Symmetrie aufweisen würde. Er stellte sich eine mögliche Welt vor, deren einzige Gewähr es war, gut strukturiert zu sein, von eleganter ›Gestalt‹. Wie in jedem Fall kreativer Abduktion brauchte man für eine solche Art des Schließens eine Art Meta-Abduktion, die in der Entscheidung bestand, ob das mögliche Universum (oder der Zustand der Dinge), die die kreative Abduktion umrissen hatte, dasselbe war

wie das ›wirkliche‹ Universum. Bei über- und untercodierten
[42] Abduktionen ist diese Metaebene des Schlusses nicht unerläßlich, weil es vorher bestehende Erklärungen derselben Art gibt, die sich in anderen Fällen bereits als plausibel erwiesen haben. Mit anderen Worten, bei über- und untercodierten Abduktionen benutzt man Erklärungen, die bereits bei verschiedenen Resultaten überprüft wurden. Bei kreativen Abduktionen ist man nicht sicher, ob die Erklärung, die man gewählt hat, ›vernünftig‹ ist.

Wir wenden kreative Abduktionen an, wenn wir es mit poetischen Texten zu tun haben und ebenso bei der Lösung von Kriminalfällen. An vielen interpretativen Entscheidungen, die Symbole betreffen (siehe Kapitel 4), sind kreative Abduktionen beteiligt. Viele Fälle, in denen die Sprache nicht zur Bestätigung, sondern zur Herausforderung einer gegebenen Weltsicht oder eines wissenschaftlichen Paradigmas benutzt wird und um zu entscheiden, daß bestimmte Eigenschaften nicht mehr zu der Bedeutung eines gegebenen Ausdrucks gehören können (siehe Kapitel 2), erfordern eine interpretative Kooperation, die viele Charakteristika einer kreativen Abduktion aufweist.

So weit also sind Schlüsse auf jeder Ebene der Semiose am Werk, in der verbalen Sprache genauso wie beim Verstehen sogenannter natürlicher Zeichen. In diesem Sinne besteht eine Verbindung zwischen der Theorie der Bedeutung und der Theorie der Beweise, die nach Harman (siehe oben, 1.4.) sorgfältig unterschieden werden müssen. Wenn es einen Unterschied gibt, besteht er nicht zwischen sprachlichen und natürlichen Zeichen oder zwischen Wörtern und Symptomen, sondern vielmehr zwischen *semiotischem* und *wissenschaftlichem* Schließen oder zwischen zwei Arten der Gewißheit.

Die semiotische Plausibilität gründet sich auf gesellschaftliche Gewohnheiten, während die wissenschaftliche Plausibilität auf andere Kriterien der Verifizierbarkeit gegründet wird. Dieser Unterschied ist in der Tat in vieler Hinsicht von allergrößter Bedeutung. Aber er sollte jene andere Evidenz nicht verwischen: daß wir nämlich sowohl mit der Sprache als auch mit jeder anderen Art von Zeichen umgehen, indem wir inferentielle Prozesse ausführen. Diese Prozesse können als interpretative

Prozesse definiert werden. Das Verständnis von Zeichen ist nicht eine bloße Frage des Erkennens (einer stabilen Äquivalenz), es ist eine Frage der *Interpretation.*

1.12. *Das Kriterium der Interpretierbarkeit*

Deshalb ist die Substitution *(aliquid stat pro aliquo)* nicht die einzig notwendige Bedingung für ein Zeichen: die Möglichkeit der *Interpretation* ist ebenfalls notwendig. Mit Interpretation (Kriterium der Interpretierbarkeit) meinen wir das Konzept, das Peirce ausgearbeitet hat, demzufolge jeder *Interpretant* (entweder ein Zeichen oder ein Ausdruck oder eine Sequenz von Ausdrücken, die einen vorangegangenen Ausdruck übersetzen), über das Übersetzen des unmittelbaren Objekts oder des Zeicheninhalts hinaus auch unser Verständnis von ihm erweitert. Das Kriterium der Interpretierbarkeit erlaubt uns, bei einem Zeichen zu beginnen, um Schritt für Schritt den gesamten Kreis der Semiose abzudecken. Peirce behauptete, daß ein Ausdruck eine rudimentäre Proposition sei und daß eine Proposition eine rudimentäre Argumentation sei (*C. P.*, 2: 342–44). Wenn ich *Vater* sage, habe ich bereits ein Prädikat von zwei Argumenten
produziert: wenn Vater, dann jemand, der ein Kind dieses [43]
Vaters ist. Der interpretierte Inhalt erlaubt es mir, über das ursprüngliche Zeichen hinauszugehen, und läßt mich die Notwendigkeit eines zukünftigen kontextuellen Vorkommens eines anderen Zeichens erkennen. Von der Proposition ›jeder Vater hat ein Kind oder hat eines gehabt‹ kann man zur Analyse ganzer argumentativer Themen weitergehen, während der intensionale Mechanismus in die Richtung von Propositionen weist, die extensional analysiert werden müssen.

Es ist nun klar, daß das Todesurteil, das wegen der Anklage der Gleichheit, Ähnlichkeit und Verminderung von Unterschieden über das Zeichen verhängt wurde, ein absolutes Fehlurteil war. Es gründete sich auf die Erpressung eines ›flachen‹ sprachlichen Zeichens, das als Korrelation gesehen wurde, die auf einer Sackgassen-Äquivalenz basiert, auf der Substitution des Gleichen. In Wahrheit schließt das Zeichen immer etwas Neues auf. Kein Interpretant, der nicht durch die Adjustierung des interpretierten Zeichens bis zu einem gewissen Grad die Grenzen des Zeichens ändert.

Ein Zeichen zu interpretieren, bedeutet, den Abschnitt des Kontinuums abzugrenzen, der ihm als Vehikel in seiner Beziehung zu den anderen Abschnitten des Kontinuums dient, die aus seiner globalen Segmentation durch den Inhalt hergeleitet werden. Es bedeutet, einen Abschnitt durch den Gebrauch anderer Abschnitte einzugrenzen, die von anderen Ausdrücken übermittelt werden. Wenn die Interpretation bis ins Extrem getrieben wird, ist es möglich, den anfänglich bestimmten Inhalt in Zweifel zu ziehen, ja selbst das globale Kriterium der Segmentation. Das impliziert, daß wir die Art, in welcher die Inhaltsform das Kontinuum segmentiert hat, in Zweifel ziehen müssen.

Hjelmslev läßt uns die Existenz zweier getrennter Kontinua annehmen, eines für den Ausdruck und eines für den Inhalt. Aber das Zeichenfunktionsmodell sollte im Lichte der Peirceschen Semiotik neu formuliert werden. Die *Materie*, das *Kontinuum*, über das und durch das Zeichen sprechen, ist immer dieselbe. Sie ist das Dynamische Objekt, von dem Peirce sprach, das das Zeichen motiviert, obgleich das Zeichen es nicht unmittelbar wiedergibt, da sein Ausdruck lediglich ein Unmittelbares Objekt (den *Inhalt*) vermittelt. Eine bestimmte Zivilisation organisiert den Inhalt in Form von Feldern, Achsen, Subsystemen und Teilsystemen, die oft untereinander nicht verbunden sind. Sie werden nach einer bestimmten kontextuellen Perspektive gegliedert (und der Kontext kann ebensogut die Kultur eines Jahrtausends sein wie ein Gedicht oder ein Diagramm). Diese Inhalts-Segmente können mit physikalischen Größen korrespondieren (Frau, Hund, Haus), mit abstrakten Konzepten (Gut, Böse), mit Handlungen (laufen, essen), Gattungen und Arten (Tier, ebene Figur) und genausogut mit Richtungen und Beziehungen (über, vor, hin, wenn und dann, oder). Diese Abschnitte werden aufgrund schlußfolgernder Verbindungen in größere Sequenzen gegliedert. Um sie auszudrücken, muß man formalisierte oder formalisierbare Abschnitte des Kontinuums wählen, die *dasselbe sind* wie das, worüber gesprochen wird, d. h. dasselbe Kontinuum, das durch den Inhalt segmentiert wird. Manchmal verwerten die materiellen Elemente, die zu ihrem Ausdruck gewählt wurden, Teile des Kontinuums, die sich vom ausgedrückten Kontinuum unterscheiden (Laute können benutzt werden, um räumliche Beziehungen auszudrük- [44] ken). Ein andermal wird derselbe Abschnitt des Kontinuums als Material sowohl für den Ausdruck als auch für den Inhalt benutzt (räumliche Beziehungen in einem Diagramm, die benutzt werden, um räumliche Beziehungen auf einer dreidimensionalen Oberfläche auszudrücken).

Abb. 1.4

Die Materie, die segmentiert wird, um etwas auszudrücken, drückt andere Segmentationen dieser Materie aus. Durch dieses Wechselspiel von Zeichen zu Zeichen wird die Welt (das Kontinuum, die Pulpa der Materie, die durch die Semiose manipuliert wird) in Frage gestellt. Die Form, die wir dem Dynamischen Objekt zuschreiben, wird kontinuierlich durch die Formulierung Unmittelbarer Objekte und ihre konstante Neudefinierung durch aufeinander folgende Interpretanten geändert.

1.13. *Zeichen und Subjekt*

Von dem Begriff des Zeichens als Ausdruck der Gleichheit und Identität konnte zu Recht behauptet werden, daß er eine verhärtete (und ideologische) Vorstellung des Subjekts unterstützt. Das Zeichen als beständig in Frage gestellter Ort des semiosischen Prozesses konstituiert andererseits das Instrument, durch welches das Subjekt beständig geschaffen und zerstört wird. Das Subjekt macht eine ihm zuträgliche Krise durch, weil es an der historischen (und konstitutiven) Krise des Zeichens teilnimmt. Das Subjekt wird beständig neu geformt durch die endlose Re-Segmentierung des Inhalts. Auf diese Weise (selbst wenn der Prozeß der Re-Segmentierung durch *jemanden* in Gang gesetzt werden muß, der vermutlich die Kollektivität der Subjekte ist) wird das Subjekt von (verbaler und nicht-verbaler) Sprache gesprochen, von der Dynamik der Zeichenfunktion eher als von der Kette der Signifikanten. Als Subjekte sind wir das, was die von Zeichen produzierte Form der Welt uns werden läßt.

Vielleicht sind wir irgendwo der tiefe Trieb, der die Semiose erzeugt. Und doch erkennen wir uns nur als Semiose im Fortgang, als Signifikationssysteme und Kommunikationsprozesse. Die Landkarte der Semiose, wie sie zu einem gegebenen Stadium der historischen Entwicklung festgelegt wird (mit all dem Abfall, der von vorangegangener Semiose mitgeschleppt wird), sagt
[45] uns, wer wir sind und was (oder wie) wir denken.

Wörterbuch *versus* Enzyklopädie

2.1. *Porphyrios schlägt zurück*

2.1.1. Ist eine Definition eine Interpretation?

Das Ziel dieses Kapitels ist es, die Unhaltbarkeit jenes Modells der Definition zu beweisen, das von Genera, Spezies und Differentiae strukturiert wird, als Porphyrischer Baum bekannt ist und von Boethius angefangen durch das ganze Mittelalter hindurch als Interpretation der *Eisagoge* ausgearbeitet wurde, die der Phönizier Porphyrios im dritten Jahrhundert nach Christi schrieb. Es wäre albern, eine so ehrwürdige und überholte Theorie kritisieren zu wollen. Aber jede Überprüfung der Geschichte der Zeichen ist fruchtbar, weil sie hilft, die fernen Ursprünge einiger zeitgenössischer theoretischer ›Krämpfe‹ zu entdecken. In vielen semantischen Theorien lebt Porphyrios immer noch.

Ein Zeichen ist nicht nur etwas, das für etwas anderes steht; es ist auch etwas, das interpretiert werden kann und muß. Das Kriterium der Interpretierbarkeit erlaubt es uns, bei einem gegebenen Zeichen anzufangen, um Schritt für Schritt das ganze Universum der Semiose abzudecken.

Dieses Kriterium (wie wir im ersten Kapitel gezeigt haben) traf auf die klassische Vorstellung von natürlichen Zeichen zu, die auf einem schlußfolgernden Modell $(p \supset q)$ basiert, es sollte sich jedoch auch für sprachliche Zeichen als gültig erweisen, selbst wenn sie durch lange historische Tradition auf dem Äquivalenzmodell $(p \equiv q)$ gründeten. Diese letztere Idee vom Zeichen als Identität ist der Überzeugung zuzuschreiben, daß die Bedeutung oder der Inhalt eines gegebenen sprachlichen Ausdrucks entweder ein synonymer Ausdruck oder seine Definition wäre. Ob die Definition nun mit Hilfe von Genus und Differentia geleistet wird (/man/ ≡ »vernunftbegabtes, sterbliches Tier«) oder mit Hilfe einer Reihe semantischer Komponenten und Merkmale (/man/ ≡ »menschlich + männlich + erwach-

sen«), es sollte eine bikonditionale Verbindung zwischen *definiens* und *definiendum* geben. Man kann sagen, daß nicht einmal
[46] dieses Modell einen interpretativen Prozeß ausschließt: Zweifellos sagt »vernunftbegabtes, sterbliches Tier« etwas mehr als die verbale Äußerung /man/, besonders wenn ›sterblich‹, ›vernunftbegabt‹ und ›Tier‹ ihrerseits interpretiert werden. Jede Entscheidung in dieser Frage betrifft jedoch die Wahl zwischen einem *Wörterbuch* und einer *Enzyklopädie*, eine entscheidende Frage, die im Verlauf der letzten Jahrzehnte ausgiebig diskutiert wurde (siehe z. B. Wilson, 1976; Katz, 1972; Putnam, 1975; Rey-Dubove, 1971; und für den überzeugendsten und vollständigsten Überblick über das Problem: Haiman, 1980). Natürlich muß man zwischen der Opposition Wörterbuch/Enzyklopädie unterscheiden, wie sie in der Verlagswelt verstanden wird, und derselben Opposition, wie sie in semiotischen oder philosophischen Begriffen aufgefaßt wird. Es genügt, einige der Analysen der gegenwärtigen Wörterbücher und Enzyklopädien zu lesen (siehe z. B. Weinreich, 1980; Rey-Dubove, 1971), um zu erkennen, daß sogenannte Enzyklopädien in gewisser Weise enzyklopädisch, sogenannte Wörterbücher dagegen eher verarmte Enzyklopädien sind.

Wenn man die Ausgabe des Merriam-Webster-Wörterbuchs von 1974 konsultiert, stellt man fest, daß /bull/ als »adult male bovine animal« definiert wird (eine Definition, die jeden Fan eines semiotischen Wörterbuches angenehm erregen würde), /tiger/ dagegen wird definiert als »a large tawny black striped Asiatic flesh-eating mammal related to cat«, und diese Definition wirkt nun geradewegs, als wäre sie erfunden worden, um Putnams Idee von ›Stereotypen‹ zu stützen.

2.1.2. Die Idee eines Wörterbuchs

Der erste Semiotiker, der die Idee eines Wörterbuchs umriß, war wahrscheinlich Hjelmslev. Nachdem er Ausdrücke in kleinere Elemente oder *Figuren* zerlegt hatte, so daß »unbegrenzte Inventare von begrenzten abgelöst werden« (1943: 71 [dt. 1974: 71]), versuchte er, dasselbe für die Inhaltsebene zu tun. Wenn die Analyse der Ausdrucksebene darin besteht, »daß Größen, die in unbegrenzte Inventare eingehen (z. B. Wortausdrücke), in Größen aufgelöst werden, die in begrenzte eingehen, und daß diese Auflösung [solange] fortgesetzt wird, bis die meistbegrenzten Inventare allein übrig bleiben« *(ibid.)*, muß für die Inhaltsebene dieselbe Prozedur angewandt werden:

> »Während das Inventar von Wortinhalten unbegrenzt ist, werden in Sprachen von gewohnter Struktur bereits die Minimalzeichen sich (auf der Grundlage von Relationsunterschieden) auf einige (selektierte) Inventare verteilen, die unbegrenzt sind (z. B. Inventare von Wurzel-Inhalten), und andere (selektierende) Inventare, die begrenzt sind (z. B. Inventare, die Inhalte von Ableitungs- und Flexionselementen umfassen, also von Derivaten und Morphemen). Der Prozeß besteht dann in der Praxis darin, die in die unbegrenzten Inventare eingehenden Größen zu suchen, die in lauter in die begrenzten Inventare eingehende Größen analysiert sind« *(ibid.)*.

Hjelmslevs Beispiel betrifft eine Reihe von Wort-Inhalten, die mit den Substantiven *ram, ewe, man, woman, boy, girl, stallion,* [47]
mare, sheep, human being, child und *horse* und mit den Pronomen *he* und *she* korrespondieren. Hjelmslev reduziert das Inventar auf eine Weise, die durch das Diagramm in Abb. 2.1 wiedergegeben werden kann. Er glaubte, daß die Wort-Inhalte der Ausdrücke *horse, sheep, human being* und *child* zu unbegrenzten Inventaren gehören, während *she* und *he* zu einer Kategorie »mit einer begrenzten Anzahl von Mitgliedern« gehören.

	SHEEP	HUMAN	CHILD	HORSE
SHE	ewe	woman	girl	mare
HE	ram	man	boy	stallion

Abb. 2.1

Hjelmslevs Vorschlag scheint einige sprachliche Phänomene zu erklären, die der weiteren semantischen Literatur zufolge von einem Wörterbuch geklärt werden sollten. Wenn ein Wörterbuch lediglich unser sprachliches Wissen betrifft und keine Anweisungen gibt, wie sprachliche Begriffe zu gebrauchen sind, um Dinge oder Weltzustände zu benennen, erklärt Hjelmslevs Wörterbuch zweifellos, warum Sätze wie *a ewe is a female sheep* und *if x is a ewe then x is not a stallion* semantisch gut geformt sind, selbst wenn der Sprachbenutzer nie eine direkte Bekanntschaft mit einem Schaf oder einem Hengst hatte. Tatsächlich bieten andere Wörterbuchtheorien eine andere Art von Information für Referenzinstruktionen – siehe zum Beispiel die Idee der ›Distinguishers‹ bei Katz und Fodor (1963) und die Neuformulierung dieses Prinzips in Katz's ›neoklassischer Theorie der Referenz‹ (1979).

Hjelmslevs Wörterbuch scheint (wie man das normalerweise von einem Wörterbuch auch erwartet) zumindest die folgenden Phänomene zu erklären: (a) Synonymie und Paraphrase (ein *ewe* ist ein *female sheep*); (b) Gleichheit und Unterschied (*ram/stallion*, *ewe/mare* und *stallion/mare* haben eine gemeinsame semantische Komponente, aber in anderer Hinsicht unterscheidet sich ein stallion von einer mare, und eine mare unterscheidet sich von einem ewe); (c) Antonymie *(girl/boy)*; (d) Hyperonymie und Hyponymie *(horse/stallion)*; (e) Bedeutungshaltigkeit und semantische Anomalie (*stallions are male* ergibt Sinn, wohingegen *a female stallion* anomal ist); (f) semantische Doppeldeutigkeit (ein vollständiges Wörterbuch sollte die mögliche Ambiguität zwischen *ram* als einem männlichen Schaf und *ram* als einem Kriegsschiff erklären); (g) Redundanz (unglücklicherweise fällt in einem solch begrenzten Wörterbuch Redundanz mit Bedeutungshaltigkeit zusammen: *a male ram* ist sowohl bedeutungshaltig als auch redundant); (h) analytische Wahrheit (aus demselben Grund wie oben ist *rams are male* zugleich bedeutungshaltig, redundant und analytisch wahr, da die Bedeutung des Subjekts die Bedeutung des Prädikats beinhaltet); (i) Widersprüchlichkeit *(rams are female)*; (j) Synthetizität (das Wörterbuch erkennt, daß Ausdrücke wie *sheep provide wool*
[48] von der Weltkenntnis abhängen); (k) Inkonsistenz (*this is a ram* und *this is a ewe* können nicht gleichzeitig wahr sein, wenn sie sich auf dasselbe Individuum beziehen); (l) Enthaltensein und semantische Impliziertheit: diese beiden Phänomene sind streng voneinander abhängig, da kraft des Wörterbuchs jeder Begriff bestimmte Eigenheiten enthalten soll; auf der Grundlage dieser semantischen Regeln (und unabhängig von jedem anderen logischen Gesetz) impliziert der Satz *this is a ram* den Satz *this is a sheep*, der Satz *this is not a sheep* impliziert *this is not a ram*, und

der Satz *this is not a ram* läßt offen, ob es sich um ein Schaf handelt oder nicht.

Ich habe meine Liste von Forderungen, die ein Wörterbuch erfüllen muß, streng begrenzt (andere Autoren führen umstrittenere Forderungen ein; siehe z. B. Katz, 1972: 5–6). Wie dem auch sei, Hjelmslevs Vorschlag für ein Wörterbuch läßt zwei wichtige Fragen ungelöst: wie ist die Bedeutung der Komponenten oder Figuren zu bestimmen (mit anderen Worten: was bedeutet *sheep*, wenn *ram* männliches Schaf bedeutet?) und wie kommt man zu einem endlichen oder unbegrenzten Inventar?

Wir wollen zunächst das zweite Problem überdenken. Die rigorosesten Verfechter eines theoretischen Wörterbuchs behaupten, daß die Bedeutung sprachlicher Ausdrücke durch eine *endliche* Anzahl semantischer *Primitiva* wiedergegeben werden sollte (Komponenten, Merkmale, Eigenschaften, universelle Konzepte).

Streng genommen ist es nicht notwendig, eine endliche Menge von *definienda* vorauszusetzen. Natürlich ist es eine ideale Bedingung für ein Wörterbuch, wenn dieses Wörterbuch »die Rekonstruktion eines Aspektes der semantischen Kompetenz des Sprechers« ist, das deshalb »nur endlich viele Informationsbits über eine bestimmte lexikalische Einheit« speichert, das »eine endliche Liste von Eintragungen« sein soll, so daß »jede Eintragung aus einer endlichen Anzahl lexikalischer Lesarten besteht, und daß jede lexikalische Lesart eine endliche Anzahl semantischer Marker enthält« (Katz, 1972: 59–60). Theoretisch ist es jedoch möglich, eine konsistente Anzahl von Primitiva zu erdenken, deren Kombination die Beschreibung einer offenen Anzahl von *definienda* erlaubt.

An diesem Punkt stehen wir vor folgenden Problemen: (a) wie sind die Primitiva zu bestimmen und (b) wie ist ihre endliche Anzahl zu gewährleisten? Soweit die Bestimmung der Primitiva betroffen ist, ist die Diskussion noch offen. Haiman (1980) bemerkt, daß diese Primitiva (nach der gegenwärtigen philosophischen und semiotischen Literatur) nur auf drei Arten identifiziert werden können:

(a) Primitiva sind ›einfache‹ (oder die ›einfachsten‹) Konzepte. Es ist jedoch sehr schwer zu entscheiden, was ein ›einfaches‹

Konzept ist. Der Intuition des Sprechers zufolge ist ›menschlich‹ einfacher als ›säugetierartig‹ (da jeder Sprecher fähig ist zu sagen, ob etwas oder jemand ein Mensch ist oder nicht, während es schwerer ist zu bestimmen, ob ein Delphin mehr ›Säugetier‹ als ›Schnabeltier‹ ist). Es muß klar sein, daß in diesem Falle ›einfacher‹ oder ›am einfachsten‹ nicht allgemeiner bedeutet; deshalb
[49] besteht die Gefahr, daß ›einfachste‹ Konzepte zahlreicher sind als ›komplizierte‹. Es stimmt, daß die Primitiva nicht notwendigerweise weniger sein müssen als die *definienda*: »Eine Analyse phonologischer Züge würde nicht durch die Entdeckung entwertet, daß es in einer Sprache mehr Merkmale als Phoneme gibt« (Dean Fodor, 1977: 147). Diese Bemerkung ist jedoch auf die Phonemik zugeschnitten, da eine Sprache eine endliche Anzahl von Phonemen hat. Wenn eine Sprache jedoch eine potentiell offene Anzahl von zu definierenden Ausdrücken hat, ist es dann überhaupt akzeptabel, diese offene Serie von einer Serie von Primitiva definieren zu lassen, die ebenfalls unbestimmt offen ist? Darüber hinaus führt die Suche von ›einfachen‹ Konzepten zur zweiten Bestimmungsart, und die kritischen Bemerkungen gelten für beide Arten.

(b) Primitiva sind in unserer Welterfahrung verwurzelt, d. h. sie sind ›Objektwörter‹ (im Sinne von Russell, 1940). Die Bedeutung des Objektwortes ist durch direkte Ostension eines Zustandes der Welt gegeben, d. h. von Dingen, auf die wir im Verlaufe unserer Erfahrungen stoßen. Durch Ostension lernt ein Kind, was *rot* bedeutet. Im Gegensatz dazu gibt es ›Wörterbuch-Wörter‹, die durch andere Wörterbuch-Wörter definiert werden müssen. Es ist jedoch schwer, festzustellen, ob ein Wort ein ›Objekt‹- oder ein ›Wörterbuch‹-Wort ist; wie Russell bemerkt, ist *Pentagramm* für die meisten Menschen ein Wörterbuchwort, für ein Kind jedoch, das in einem mit Fünfecken bemalten Haus aufgewachsen ist, könnte es ein Objektwort sein (1940: 70). Wierzbicka (1972: 21) zählt folgende Objektwörter auf: *Meer, Fluß, Feld, Wald, Wolke, Berg, Wind, Tisch, Haus, Buch, Papier, Vogel, Fisch, Insekt, Pflanze, Tier, Katze, Apfel, Rose, Birke, Gold, Salz* usw. – eine in der Tat sehr ›offene‹ Serie, die einen an die offene Liste ›natürlicher Arten‹ erinnert, die von den Theorien der ›starren Designation‹ herbeigezaubert wurde (Kripke,

1972; Putnam, 1975). Wenn man sich einmal entschieden hat, in dieser Richtung weiterzugehen, kann die Liste der Primitiva nicht endlich sein. Darüber hinaus wurde die Idee einer Liste semantischer Primitiva geschaffen, um eine Wörterbuch-gleiche Kompetenz zu konzipieren, die frei von aller Verpflichtung zu Weltwissen ist. Wenn man aber die Option (b) nimmt, ist die Wörterbuch-Kompetenz völlig abhängig von Weltwissen.

(c) Die Primitiva sind platonische Ideen. Diese Position ist philosophisch makellos, aber es gibt einen historischen (und daher empirischen) Haken: nicht einmal Platon gelang es, das System dieser universellen und eingeborenen Ideen auf befriedigende Weise zu begrenzen. Entweder gibt es eine Idee für jede ›natürliche‹ Art, dann ist das Wörterbuch nicht endlich, oder es gibt wenige, sehr allgemeine Ideen (Ein, Gut, Vielfalt usw.), und dann ist es unmöglich, die Bedeutung eines einzelnen Ausdrucks zu unterscheiden.

Man kann sich jedoch einen vierten und mehr theoretischen Weg denken. Angenommen, es besteht die Möglichkeit, ein System von Primitiva so festzulegen, daß diese kraft ihrer systematischen Beziehungen endlich an Zahl sein müssen. Wenn es dem Geist gelänge, das zu tun, könnte es als Beweis dafür genommen werden, daß eine solche systematische Anordnung in gewisser Weise die Struktur des menschlichen Geistes (und wahrscheinlich auch die Struktur der Welt) ›spiegelt‹.

Glücklicherweise gibt es ein gutes Beispiel für ein solches [50]
System: es ist ein rein lexikalisches System von Hyponymen und Hyperonymen, das in Form eines Baumes strukturiert ist, so daß jeder *n*-tupel von Hyponymen ein einziges Hyperonym postuliert und jeder *n*-tupel von Hyperonymen zu einem *n*-tupel von Hyponymen eines höheren einzelnen Hyperonyms wird usw., bis zu dem Punkt, an dem der Baum ungeachtet der Anzahl der Hyponyme, die in den unteren Reihen klassifiziert werden müssen, notwendigerweise an einem einzigen höchsten Knoten *spitz zuläuft*. Abb. 2.2 stellt einen Baum dieser Art dar, indem hier einfach die Begriffe reorganisiert werden, die Hjelmslev zur Verfügung stellt. Man kann sagen, daß *ewe* ›sheep‹ enthält oder einschließt und (durch eine transitive Eigenschaft dieser Klassifikation) ›animal‹ enthält oder einschließt.

Man kann ebenfalls sagen, daß dieser Baum ein System von *Bedeutungspostulaten* im Sinne Carnaps (1974) repräsentiert. Wenn die Form eines Bedeutungspostulats

$$(x) \quad (Sx \supset Ax)$$

ist, postuliert die Tatsache, daß *x ein Schaf ist* die Tatsache, daß *x ein Tier ist*, und *dies ist ein Schaf* impliziert *dies ist ein Tier.*

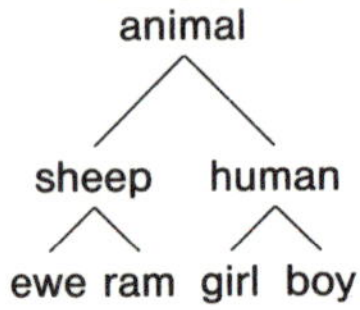

Abb. 2.2

Eine Menge von Bedeutungspostulaten unterscheidet sich jedoch von dem System in Abb. 2.2. Carnaps Formel ist sogar gültig, wenn *S* für *Rabe* steht und *A* für schwarz. Diesem Bedeutungspostulat zufolge ist *wenn dies ein Rabe ist, ist dies schwarz* ein Beispiel analytischer Wahrheit, und wenn es kein Bedeutungspostulat gäbe, das festsetzt, daß Schafe Tiere sind, wäre *dieses Schaf ist ein Tier* ein Beispiel synthetischer oder faktischer Wahrheit. Eine Menge von Bedeutungspostulaten wird auf ›pragmatischer‹ Grundlage festgesetzt (vgl. Lyons, 1977: 204) und unterscheidet nicht zwischen Enzyklopädie und Wörterbuch (siehe Carnap, 1966).

Das System der Abb. 2.2 repräsentiert im Gegenteil eine *geordnete* Menge von Bedeutungspostulaten, weil es *hierarchisch strukturiert* ist; und aus diesem Grunde *muß* es endlich sein. Man könnte den Grund hierfür darin sehen, daß das Lexikon einer natürlichen Sprache Beziehungen von Hypo/Hyperonymie so festlegt, daß einige (noch geheime) Strukturen des menschlichen Geistes reproduziert werden. Glücklicherweise kann man eine solch gewaltige Frage außer acht lassen. Auf jeden Fall ist das System der Abb. 2.2 (selbst wenn es ›wahr‹ oder ›natürlich‹ oder ›universell‹ wäre) *nicht* Beispiel eines ›mächtigen‹ Wörterbuchs. Es hat nämlich folgende Nachteile: (a) es sagt nicht, was *sheep* oder *animal* bedeuten (es erklärt auch wiederum nicht die Bedeutung von *Figuren*); (b) es hilft nicht bei der [51] Unterscheidung eines ram von einem ewe, weil beides Schafe sind und beides Tiere; (c) es erklärt solche Phänomene wie Hyperonymie, Hyponymie, Bedeutungshaltigkeit und Anomalie, Redundanz, analytische Wahrheit, Widersprüchlichkeit, Inkonsistenz, Enthaltensein und Impliziertheit, aber es *erklärt nicht* Phänomene wie Synonymie, Paraphrase und semantischen Unterschied.

Um abzuschließen: der Baum der Abb. 2.2 gibt keine Mittel an die Hand, um Definitionen zu erstellen. Um das Wesen von etwas zu bestimmen, wählt man bei einer guten Definition die Attribute so, daß zwar jedes einzelne eine breitere Extension als das Subjekt hat, *alle zusammen* jedoch nicht, wie Aristoteles sehr genau wußte (*An. post.*, 2; 96 *a* 35). Zwischen *definiens* und *definiendum* muß volle Austauschbarkeit bestehen.

Angenommen, daß /ram/ als einziges »gehörntes männliches Schaf« definiert werden kann, dann beinhaltet *this is a ram* nicht nur *this is a horned male sheep*, sondern *this is a horned male sheep* beinhaltet ebenfalls *this is a ram*, genauso wie *this is not a ram this is not a horned male sheep* beinhaltet und umgekehrt. *Definiens* und *definiendum* können in *jedem* Kontext ausgetauscht werden.

Das kann mit dem Baum der Abb. 2.2 nicht geschehen. Nicht nur impliziert *this is an animal sheep* nicht *this is a ram*, sondern *x is my preferite ram* impliziert auch nicht *this is my preferite animal*, *all rams are horned* impliziert nicht *all animals are horned*, und wenn man das Hyponym streicht, streicht man nicht notwendigerweise das Hyperonym.

Also müssen wir uns jetzt ein anderes System ausdenken, das zwar dieselben ›guten‹ Charakteristika wie der Baum der Abb. 2.2 aufweist, aber auch in der Lage ist, die ungelösten Phänomene zu erklären. Wir wollen uns an einem zweiten Baum versuchen (Abb. 2.3), der auf gewisse Weise das Verfahren reproduziert, das von Zoologen zur Klassifizierung von Tierarten benutzt wird.

Es ist sicherlich unbedacht, sprachliche Inventare mit naturwissenschaftlichen Taxonomien gleichzusetzen: Dupré (1981) hat nicht nur demonstriert, daß der Entomologe dort, wo der Laie *eine* Art identifiziert (z. B.: Käfer), etwas in der Größenordnung von 290 000 Arten identifiziert, sondern auch, daß das lexikalische System einer natürlichen Sprache und wissenschaftliche Taxonomien sich auf sehr verschwommene Weise überscheiden. Wir nennen sowohl eine Ulme als auch eine Kiefer Baum, während der Botaniker die erstere ›Angiosperme‹ nennen würde und die letztere nicht. In der wissenschaftlichen Taxonomie gibt es kein Äquivalent für *Baum* und in der allgemeinen Sprache kein Äquivalent für *Angiosperme*.

Hjelmslevs Vorschlag erlaubt uns jedoch, uns eine Art taxonomischen Baumes (Abb. 2.3) vorzustellen, der dazu dient, ohne Ambiguität und mit der größten Ökonomie eine Reihe von Wörtern zu definieren, nämlich: *Hund, Wolf, Fuchs, Katze, Tiger, Luchs, Seehund, Pferd, Ochse, Bison, Schaf, Mufflon, Elefant* und *Echidna*. In einem solchen sprachlichen (und natürlichen) Universum soll man nicht ein Pferd von einem Esel oder einen Elefanten von einem Rhinozeros unterscheiden, und das
[52] erklärt, warum nur bestimmte untere Trennungen notwendig werden. In diesem Sinne überschneidet sich unser Baum nur teilweise mit einer gängigen wissenschaftlichen Taxonomie.

Der Baum (Abb. 2.3) bietet das Bild eines sehr begrenzten Universums, das aus natürlichen Arten besteht (wobei die kursiv gedruckten Wörter in der unteren Reihe *Namen* angeben). Um unseres Experiments willen sind wir gezwungen, dieses Universum als begrenzt zu betrachten: dieses Universum gleicht kaum dem unserer tatsächlichen Erfahrung, aber wenn man von Wörterbüchern spricht, muß man sich nicht nur sehr künstliche Sprachen vorstellen, sondern auch sehr künstliche Welten. Zum Beispiel berücksichtigt dieses Universum weder ›künstliche‹ Arten (wie Haus oder Stuhl) noch Prädikate noch Handlungen noch soziale Rollen (wie ›König‹, ›Junggeselle‹, ›Pilot‹). Es ist bemerkt worden, wie schwer es ist, alle diese Probleme gleichzeitig zu berücksichtigen (siehe Schwartz, 1977: 37–41). Aristoteles und Porphyrios befaßten sich im Baum der Substanzen mit natürlichen Arten und gaben zu, daß alle anderen Phänomene in einem der möglichen Bäume für die anderen neun Kategorien abgehandelt werden müßten (siehe 2.2.1). Was künstliche Arten betrifft, war Aristoteles davon überzeugt, daß man mit ihnen nach einem analogen Verfahren so umgehen kann, als *wären* sie Substanzen (siehe *Metaphysik*, 1043 *b* 21, 1070 *a–b*).

Es ist nicht notwendig zu entscheiden, ob die sprachlichen Ausdrücke an jedem Knoten des Baumes *Klassen* benennen, die in größeren Klassen enthalten sind, oder *Eigenschaften*, die auf irgendeine Weise in den kursiven Ausdrücken der unteren Reihe, welche die natürlichen Arten benennen, enthalten sind oder von ihnen postuliert werden. Man kann sagen, daß jeder Name einer Subklasse seine Klasse postuliert oder daß jeder Name von natürlichen Arten eine hierarchische Serie von Eigenschaften postuliert. Wenn die Bedeutung eines Wortes in die Bedeutung eines anderen eingeschlossen ist, ist es in lexikographischen Darstellungen eines Systems von Hypo/Hyperonymen üblich anzunehmen, daß dann »jede ›eingeschlossene‹ Bedeutung alle Züge der ›einschließenden‹ Bedeutung hat ... plus mindestens einen weiteren Zug, der dazu dient, das begrenztere Gebiet zu unterscheiden« (Nida, 1975: 16).

Auf jeden Fall ist das gesamte System der Abb. 2.3 ein *endliches* System, das auch *Synonymie, Paraphrase* und *semantischen Unterschied* erklärt und die Produktion von *Definitionen* erlaubt. Nur eine Katze ist »felis catus, felis, katzenartig, Spaltfüßer, Fleischfresser, Plazentatier«, und wenn etwas nicht *alle* diese Eigenschaften gleichzeitig hat, kann es keine Katze sein.

Dieser Baum berücksichtigt alle Phänomene, die ein gutes Wörterbuch erklären soll. Es ist ein flexibles Werkzeug. Angenommen, man hätte auch die Bedeutung von /Heilbutt/ zu erklären: Es genügt dann, unter dem Knoten ›Tier‹ die Disjunktion ›Fisch/Säugetier‹ einzusetzen. Trotzdem würde sich der Baum wie vorher zu einem letzten Knoten verengen. Mit weiteren Verästelungen könnte man auch die berühmte Unterscheidung von /bachelor/ als Robbe und /bachelor/ als Mensch treffen. Der Baum ist immer endlich.

Der Baum bietet nicht die Möglichkeit, zwischen männlich [53]
und weiblich, erwachsen und jung zu unterscheiden. Das ist schade; wir werden beim Porphyrischen Baum (in 2.1.3.) sehen, wie peinlich solche ›Unfälle‹ sind. Aber bevor wir diesen gewaltigen Fragen zu Leibe rücken, müssen wir uns einer dringlicheren Kritik zuwenden.

2.1.3. Die Interpretation der Merkmale

Der Baum erklärt unzweideutig, daß eine Katze nichts anderes ist als ›felis catus‹. Aber im Lateinischen (wenn auch in zwei verschiedenen historischen Stadien dieser Sprache) sind sowohl /*felis*/ als auch /*catus*/ (oder *cattus*) synonym mit dem deutschen Wort /*Katze*/. Auf diese Weise sind *definiens* und *definiendum* nun ganz bestimmt austauschbar, aber nur, weil sie absolut und redundant synonym sind: eine Katze ist eine Katze ist eine Katze. Wenn man nach *felis catus* fragt, lautet die Antwort felis, und das genügt nicht, um eine Katze von einem Tiger zu unterscheiden.

Wenn jedoch ein Zoologe für das, was wir Katze nennen, ›*Felis catus*‹ sagt, spielt er nicht bloß mit Worten. Er benutzt *Felis* als Namen einer Gattung und *catus* als Namen für eine Differentia, und durch diese verkürzten Ausdrücke will er andere biologische Eigenschaften bezeichnen. *Catus* zu sein, bedeutet, die Eigenschaften p_1, p_2 ... p_n zu haben, und *Felis* zu sein, bedeutet, die Eigenschaften p_1, p_2 ... p_n zu haben (usw. für die oberen Knoten).

Die Taxonomie des Zoologen will keine Analyse-Methode der Bedeutung des Wortes /Katze/ sein; sie stellt eine bloße *Klassifizierung* natürlicher Arten dar, die zufällig bestimmte Namen tragen (die sich von natürlicher Sprache zu natürlicher Sprache ändern). Ein Zoologe ist daran interessiert, die tatsächlichen Eigenschaften der Art zu bestimmen, die er klassifiziert, und doch sind diese Eigenschaften lediglich in den Ausdrücken, die er als taxonomische Etiketten benutzt, *enthalten* oder werden von ihnen *gemeint*.

Wenn man einem Zoologen erzählt, daß *Gorillas in Irland vorkommen*, kann er auf zwei Arten reagieren. Entweder versteht er den Satz in dem Sinne, daß *einige* Gorillas in Irland geboren werden, und in diesem Falle wird er ohne Schwierigkeiten einräumen, daß so etwas in Zoologischen Gärten vorkommt. Oder er versteht den Satz so, daß er eine ›ewige‹ Behauptung vermittelt (alle Tiere, die zu dieser Art gehören, kommen in Irland vor), und dann würde er sagen, daß die Behauptung *analytisch* falsch ist, weil sie einer Information widerspricht, die zu seiner Definition von Gorillas gehört. Gleichermaßen würde

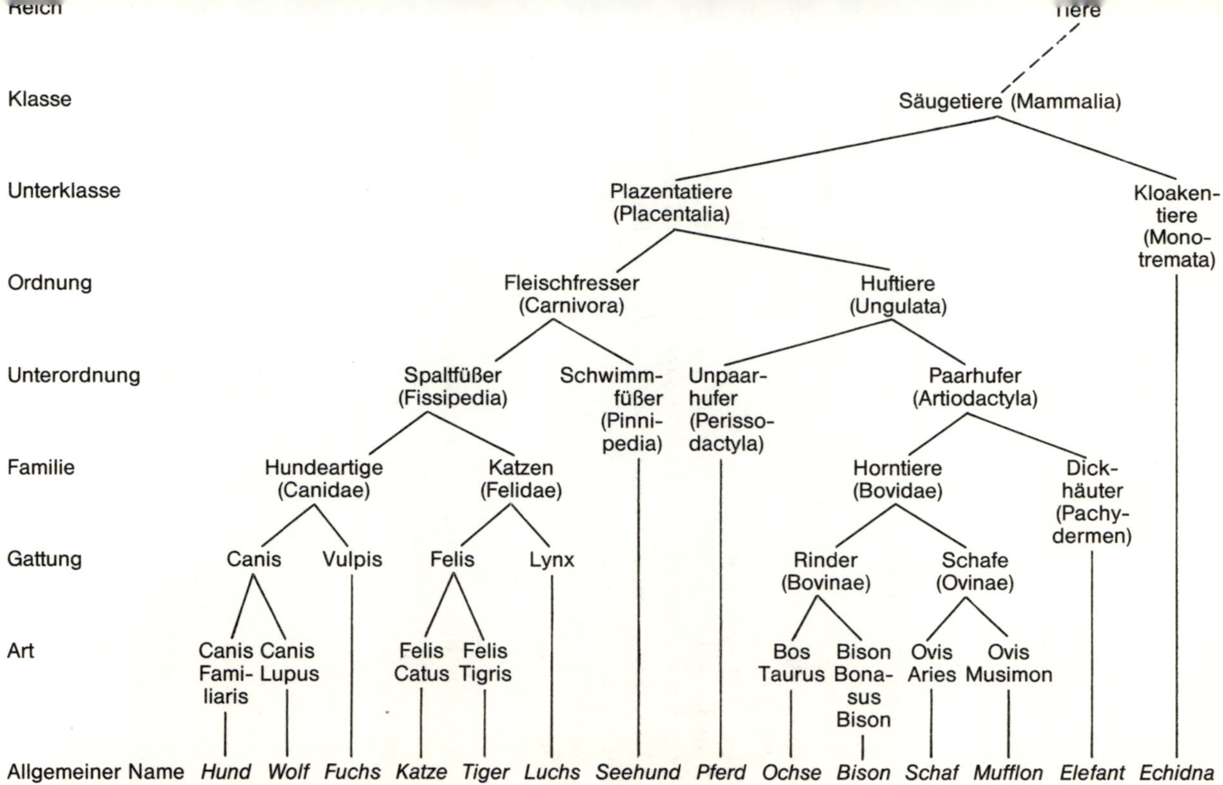
Reich
Tiere
Klasse
Säugetiere (Mammalia)
Unterklasse
Plazentatiere (Placentalia)
Kloakentiere (Monotremata)
Ordnung
Fleischfresser (Carnivora)
Huftiere (Ungulata)
Unterordnung
Spaltfüßer (Fissipedia)
Schwimmfüßer (Pinnipedia)
Unpaarhufer (Perissodactyla)
Paarhufer (Artiodactyla)
Familie
Hundeartige (Canidae)
Katzen (Felidae)
Horntiere (Bovidae)
Dickhäuter (Pachydermen)
Gattung
Canis
Vulpis
Felis
Lynx
Rinder (Bovinae)
Schafe (Ovinae)
Art
Canis Familiaris
Canis Lupus
Felis Catus
Felis Tigris
Bos Taurus
Bison Bonasus Bison
Ovis Aries
Ovis Musimon
Allgemeiner Name
Hund
Wolf
Fuchs
Katze
Tiger
Luchs
Seehund
Pferd
Ochse
Bison
Schaf
Mufflon
Elefant
Echidna

Abb. 2.3 [55]

er die Behauptung *dieses Schaf hat drei Füße* nicht in Frage stellen, weil er weiß, daß es behinderte Schafe geben kann, aber er würde die Behauptung *Schafe sind keine Vierfüßler* nicht akzeptieren, da es in seiner Definition von Schaf ein Merkmal gibt (vermutlich ›Huftiere‹), das als Vierfüßigkeit *interpretiert* werden muß. Vielleicht würde der Zoologe nicht sagen, daß Schafe *notwendigerweise* oder *analytisch* vierfüßig sind, aber er würde sagen, daß die Eigenschaft der Vierfüßigkeit in einem starken Sinne von /gehören/ zu Schafen gehört.

[54] Zoologen wissen, daß ihre klassifikatorischen Merkmale *interpretierbar* und keine metasprachlichen Konstrukte sind, sondern *Wörter* ihrer spezifischen Objektsprache. Zoologisch gesprochen ist ›Säugetier‹ nicht nur ein metasprachliches Konstrukt, das die semantische Anomalie von solchen Behauptungen wie *ein Stein ist ein Säugetier* gewährleistet: /Säugetier/ bedeutet mehr oder weniger »Tier, das seine Jungen mit Milch aus Brustdrüsen nährt«. Sprecher natürlicher Sprachen tun offensichtlich dasselbe: wenn sie sagen, ein Land sei reich an Mineralien, meinen sie nicht nur, daß das Land reich an nichtlebenden natürlichen Objekten sei, sondern sie meinen gleichzeitig viele andere interessante Eigenschaften. In der natürlichen Sprache benutzen wir Ausdrücke wie ›Tier‹, ›Objekt‹ oder ›pflanzlich‹ genauso häufig, wie wir von ›Katzen‹ oder ›Wölfen‹ sprechen, und vielleicht sogar öfter. Das bedeutet entweder, daß wir viele Begriffe einer Metasprache als Teile einer natürlichen Sprache benutzen oder daß es einen Unterschied zwischen ›Tier‹ als semantischem Merkmal und /Tier/ als sprachlichem Ausdruck gibt. Aber das ist in Wirklichkeit ein bloßes Wortspiel; tatsächlich nehmen Lexikographen oder Sprachphilosophen, wenn sie das semantische Merkmal ›Tier‹ benutzen, ein Wort ihrer natürlichen Sprache, um eine Metasprache aufzubauen. Man kann sagen, daß ein natürlicher Ausdruck nicht weiter interpretiert werden sollte, sobald er zu einem metasprachlichen Begriff geworden ist; eine so rigorose Entscheidung ist in der Tat möglich und der Baum der Abb. 2.1 beweist es. Wenn jedoch diese Entscheidung einmal getroffen ist, ist es nicht nur schwierig zu wissen, was ein Schaf und ein Mufflon sind, sondern auch, was /Schaf/ und /Mufflon/ bedeuten.

Es würde ausreichen zu sagen, daß ein Wörterbuch nur die

Funktion hat, einen Computer zu befähigen, Sätze zu zergliedern, um herauszufinden, ob sie semantisch konsistent, redundant oder analytisch wahr sind, und nicht die Funktion, jemandem die Bedeutung der Wörter der Sätze zu erklären, der mit irgendeinem korrespondierenden Zustand der Welt nicht vertraut ist. Doch selbst die rigorosesten Theorien einer Wörterbuchkompetenz versuchen, diesem Schicksal zu entgehen, und zwar auf zwei Wegen: von einem praktischen Gesichtspunkt aus, indem sie eine Darstellung der Bedeutung mit einigen Instruktionen für die Identifizierung der Referenten verbinden (siehe Katz, 1979, zur »neoklassischen« Theorie der Bedeutung), und von einem theoretischen Gesichtspunkt aus, *indem sie sogar die analytischen Merkmale definieren.* Katz analysiert das Lexem /Stuhl/ als

(Objekt) (Körperlich) (Nicht lebend) (Artefakt) (Möbel) (tragbar) (Etwas mit Beinen) (Etwas mit einer Rückenlehne) (Etwas mit einem Sitz) (Sitz für eine Person)

und vermischt damit analytische Eigenschaften und Teile von Weltwissen; gleichzeitig jedoch sagt er, daß jedes der Konzepte, das von den semantischen Merkmalen repräsentiert wird, »selbst wieder in Komponenten aufgebrochen werden kann. Zum Beispiel könnte das Konzept eines Objektes, das von ›(Objekt)‹ repräsentiert wird, als *eine Organisation von Teilen, die raumzeitlich zusammenhängen, die ein festes Ganzes bilden, das eine Orientierung im Raum hat* analysiert werden« (1972: 40).

Wenn das so ist, sollte der Baum der Abb. 2.3 weitere [56]
Merkmale beherbergen, z. B. ›Organisation‹, ›Teil‹, ›Orientierung‹, ›Raum‹, ›zusammenhängend‹ usw. Selbst wenn man davon ausgeht, daß all diese Merkmale in einen zweidimensionalen Baum eingesetzt werden könnten (und sich nicht fragt, was geschieht, wenn man im Verein mit ›Objekt‹ auch ›lebend‹ oder ›Möbel‹ analysieren möchte, vom Rest ganz zu schweigen), sind wir nicht sicher, daß Merkmale wie ›zusammenhängend‹ von der gleichen Art sind wie ›Raum‹ oder ›Tier‹.

Um darüber hinaus die Merkmale interpretierbar zu machen, kann eine Theorie die Hierarchie der Merkmale normalerweise nicht aufrechterhalten und muß sie als ungeordnete Menge betrachten, d. h. sie muß ein kreuz-klassifikatorisches Kriterium anwenden (*cf.* die Bemerkungen von Dean Fodor, 1977: 153). Und wenn der Baum nicht hierarchisch organisiert ist, hat man keine Gewähr mehr dafür, daß man es mit einer endlichen Anzahl von Merkmalen zu tun hat, wie wir demonstrierten.

Also können die Primitiva entweder nicht interpretiert werden und man kann die Bedeutung eines Begriffes nicht erklären, oder sie können und müssen interpretiert werden und man kann ihre Anzahl nicht begrenzen. Letzteres ist beim Porphyrischen Baum der Fall, bei dem die Vorstellung von *differentia specifica* genau deshalb postuliert wird, um eine minimale, aber ausreichende Interpretation für *jedes* Merkmal zu liefern. Unglücklicherweise verliert ein Porphyrischer Baum, wie wir sehen werden, die Eigenschaften eines Wörterbuchs und wird zu einer Enzyklopädie, sobald die Differentiae eingeführt werden.

2.2. *Kritik des Porphyrischen Baumes*

2.2.1. Aristoteles zur Definition

Aristoteles sagt, die Definition »geht ja auf das Wesen und besagt, was das Ding ist« (*Analytica posteriora*, 2; 90 *b* 30). Eine Substanz zu definieren, bedeutet, unter verschiedenen akzidentiellen Attributen die wesentlichen festzulegen, und insbesondere jenes, das die Substanz veranlaßt zu sein, wie sie ist – ihre substantielle Form. Das Problem ist dann, die richtigen Attribute »aufzuspüren«, die als Elemente der Definition prädiziert werden müssen (96 *a* 15). Aristoteles gibt als Beispiel verschiedene Attribute, die auf die Zahl 3 zutreffen können: ein Attribut wie ›sein‹ trifft unzweifelhaft auf 3 zu, aber auch auf andere Dinge, die nicht Zahlen sind. Dagegen trifft ›ungerade‹ auf jede 3 zu, und wenngleich es einen größeren Anwendungsbereich hat (es trifft auch auf 5 zu), geht es doch über die Gattung ›Zahl‹ nicht hinaus. »Solche Eigenschaften sind zusammenzustellen, bis man zuerst soviele beisammen hat, daß zwar jede einzeln über den Gegenstand hinausgreift, alle zusammen jedoch nicht: das muß dann das Wesen des Gegenstandes sein.« (96 *a* 35)

Wenn man den Menschen als vernunftbegabtes, sterbliches Tier definiert, meint Aristoteles, daß jedes dieser Attribute für sich genommen auch auf andere Größen zutrifft (z. B. sind Pferde Tiere, Hunde sterblich, Engel sind vernunftbegabt), als Ganzes genommen jedoch, als Definitionsbündel, treffen diese Attribute nur auf den Menschen zu (auf diese Weise sind *definiens* und *definiendum* konvertierbar oder bikonditional verbunden: $p \equiv q$). [57]

Eine Definition ist jedoch keine Demonstration: das Wesen eines Dinges zu zeigen, ist nicht dasselbe wie eine Behauptung über ein Ding zu beweisen; eine Definition enthüllt, was ein Objekt ist, während eine Demonstration beweist, *daß* etwas von einem gegebenen Subjekt gesagt werden kann (91 *a* 1). In einer Definition setzen wir voraus, was wir mit einer Demonstration beweisen müssen (91 *a* 35), und wer definiert, beweist nicht, daß etwas existiert (92 *b* 20). Eine Definition erklärt die Bedeutung des Namens (93 *b* 30).

Bei seinem Versuch, eine richtige Methode zum Erschließen befriedigender Definitionen zu finden, entwickelt Aristoteles die Theorie der *Prädikabilien*, d. h. der Arten, auf die die Kategorien auf ein Subjekt angewandt werden können. In der *Topik* (1; 101 *b* 17–24) zählt Aristoteles nur vier Prädikabilien auf, nämlich Genus, Eigenschaft *(proprium)*, Definition und Akzidens. Da Porphyrios ganz entschieden fünf Prädikabilien aufzählen wird (Gattung, Art, Differentia, Eigenschaft und Akzidens) hat diese Diskrepanz viele Diskussionen hervorgerufen. Es gab einen schwerwiegenden Grund dafür, daß Aristoteles die Differentia nicht unter die Prädikabilien aufnahm: die Differentia ist »als gattungsmäßig zur Gattung zu rechnen« (*Topik*, 1; 101 *b* 20), und die Definition besteht darin, das Subjekt seiner Gattung zuzuordnen und dann die Differentiae hinzuzufügen (*Topik*, 6; 139 *a* 30). Man kann also sagen, daß die Differentia gewissermaßen automatisch (per Gattung und Definition) in der Liste enthalten ist. Was die Art betrifft, so erwähnt Aristoteles sie nicht, weil die Art von nichts prädiziert werden kann, da sie das letzte Subjekt jeder Prädikation ist. Da jedoch die Art von der Definition ausgedrückt wird, erklärt dieser Umstand vermutlich, warum Porphyrios bei seiner Liste Definition durch Art ersetzt.

2.2.2. Der Porphyrische Baum

In einer langen Diskussion in den *Analytica posteriora* (2; 96 *b* 25–97 *b* 15) umreißt Aristoteles eine Reihe von Regeln zu Entwicklung richtiger Unterscheidungen von den allgemeinsten Genera bis zu den *infimae species*, indem man bei jedem Schritt die richtigen Differentiae isoliert.

Das ist die Methode, die Porphyrios in seiner *Eisagoge* ausführt. Die Tatsache, daß Porphyrios eine Theorie der Unterscheidung entwickelt, indem er Aristoteles' *Kategorien* kommentiert (wo das Problem von Differentia und Gattung nur erwähnt wird), erfordert eine ernsthafte Diskussion (siehe Moody, 1935), aber sie ist für das Ziel der gegenwärtigen Analyse nicht relevant. Gleichfalls außer acht lassen können wir die Diskussion über die Natur der Universalien, die durch Boethius' Kommentar der *Eisagoge* entfacht wurde. Porphyrios sagt, er beabsichtige, »die Erforschung bestimmter tiefer Fragen« beiseitezulassen, nämlich, ob Gattungen oder Arten in sich selbst existieren oder nur in reinen Begriffen wohnen. Tatsächlich ist er der erste, der Aristoteles' Vorschlag zur Definition in die Form eines Baumes umsetzt, und man kann sich nur schwer des Verdachts erwehren, daß er (ziemlich ikonisch) eine neuplatonische Kette von Wesen darstellt. Wir können jedoch die Metaphysik, die hinter dem Porphyrischen Baum steckt, außer acht
[58] lassen, weil wir an der Tatsache interessiert sind, daß dieser Baum unabhängig von seiner angenommenen metaphysischen Basis und unabhängig davon, daß er als Darstellung bloßer *logischer* Beziehungen erdacht wurde, alle folgenden Diskussionen über die Methode der Definition beeinflußt hat. Wir sind nicht interessiert an der metaphysischen Perspektive, nach der Porphyrios einen *einzigen* Baum von Substanzen skizziert, und es steht zu bezweifeln, ob Aristoteles genauso dachte oder vielleicht flexibler darauf bedacht war, sich entsprechend dem definitorischen Problem, das er zu lösen hatte, unterschiedliche und unterschiedlich strukturierte Bäume vorzustellen. Aristoteles geht vorsichtig mit dieser Methode der Unterscheidung um, und wenn er sie in den *Analytica posteriora* auch zu schätzen scheint, ist er in *De partibus animalium* (642 *b* ff.) skeptischer. Nichtsdestotrotz entwarf Porphyrios einen *einzigen* Baum für

Substanzen, und von diesem Modell rührt jede folgende Idee einer Wörterbuch-artigen Darstellung her.

Porphyrios zählt fünf Prädikabilien auf: Gattung, Art, Differentia, Eigenschaft und Akzidens. Die fünf Prädikabilien legen die Definitionsarten für alle zehn Kategorien (Substanz plus neun Akzidentien) fest. Es ist deshalb möglich, sich zehn Porphyrische Bäume vorzustellen: einen für Substanzen, der zum Beispiel die Definition des Menschen als vernunftbegabtes, sterbliches Tier erlaubt, und einen für die anderen neun Kategorien; zum Beispiel erlaubt ein Baum der Qualitäten die Definition von Purpur als einer Art der Gattung ›Rot‹. Aristoteles sagt, daß sogar Akzidentien definiert werden können, obgleich man sagen kann, daß ein Akzidens Wesen nur in bezug auf Substanzen hat (*Metaphysik*, 8; 1028 *a* 10–1031 *a* 10). Es gibt also zehn mögliche Bäume, aber es gibt keinen Baum der zehn Bäume, weil das Sein kein *summum genus* ist.

Zweifellos soll der Substanz-Baum, den Porphyrios vorschlägt, als *endliche* Menge von Gattungen und Arten angesehen werden (wir werden sehen, in welchem Sinne diese Annahme unhaltbar ist); es wird nicht gesagt, ob die anderen neun möglichen Bäume endlich sein sollen oder nicht, Porphyrios weicht dieser Frage aus.

Porphyrios' Definition von Gattung ist rein *formal*: eine Gattung ist das, dem die Art untergeordnet ist. Ebenso ist die Art das, was einer Gattung untergeordnet ist. Also sind Gattung und Art aufeinander bezogen, d. h. gegenseitig definierbar. Jede Gattung an einem gegebenen Knoten des Baumes umfaßt ihre abhängigen Arten, aber jede Art wird ihrerseits zur Gattung einer anderen darunterliegenden Art usw. bis zur letzten Reihe des Baumes, wo die *species specialissimae* oder zweiten Substanzen lokalisiert sind. Am oberen Knoten des Baumes befindet sich der *genus generalissimus* (repräsentiert vom Namen der Kategorie), und diese Gattung kann nicht Art von etwas anderem sein.

Also postuliert jede Art ihre höhere Gattung, während das Gegenteil nicht wahr ist. Eine Gattung kann von ihren Arten ›prädiziert‹ werden, während Arten zu ihrer Gattung ›gehören‹. Allerdings kann ein Porphyrischer Baum nicht nur aus Gattungen und Arten zusammengesetzt sein, sonst würde er das For-

mat annehmen, das in Abb. 2.4 dargestellt ist. (Beiläufig gesagt,
[59] werden Götter in der neoplatonischen Tradition unter Körpern und Tieren aufgezählt, weil sie vermittelnde natürliche Kräfte sind und nicht mit dem unerreichbaren und immateriellen Einen zu identifizieren sind. Die christliche mittelalterliche Tradition übernimmt dieses Beispiel als konventionelle Annahme, auf ähnliche Art wie moderne Logiker annehmen, daß der Morgenstern mit dem Abendstern identisch ist.)

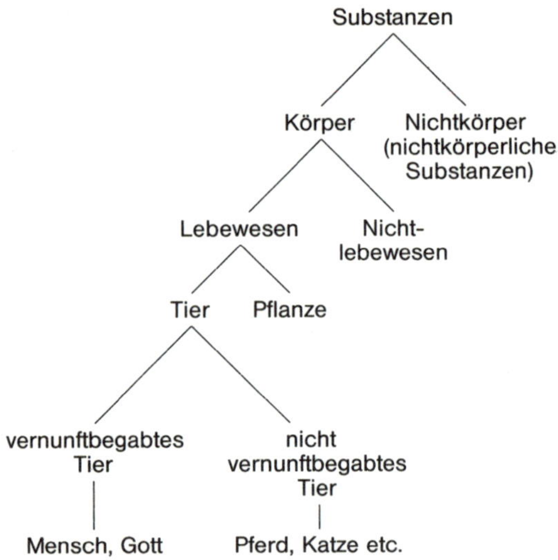

Abb. 2.4

In einem solchen Baum konnten Mensch und Gott sowie Pferd und Katze nicht voneinander unterschieden werden. Der Mensch unterscheidet sich vom Gott, weil er sterblich ist und der Gott nicht. Die Sterblichkeit des Menschen repräsentiert seine *differentia*. Nun, der Baum der Abb. 2.4 erklärt *differentiae* nicht.

Um die Natur der *differentia* besser zu verstehen, muß man sorgfältig unterscheiden zwischen Akzidens, *differentia* und *proprium*. Das ist ein entscheidender Punkt, da Akzidentien für eine Definition nicht benötigt werden, und die ›Eigenschaft‹ *(proprium)* hat einen merkwürdigen Status: sie gehört zu der

Art, wird aber nicht benötigt, um die Definition aufzubauen. Es gibt verschiedene Typen von Propria: (a) in einer Art vorkommend, wenn auch nicht in jedem Mitglied (wie die Fähigkeit zum Heilen beim Menschen); (b) in der ganzen Art vorkommend, aber nicht nur in einer einzigen Art allein (wie Zweifüßigkeit); (c) in der ganzen Art vorkommend, aber nur zu einer bestimmten Zeit und in einer einzigen Art (wie im Alter grau zu werden); (d) in einer ganzen Art vorkommend, aber nur in einer einzelnen, und zu jeder Zeit (wie die Fähigkeit zum Lachen beim Menschen). Dieser letzte Fall wird in der klassischen Literatur am häufigsten zitiert und hat einen interessanten Zug: er ist bikonditional äquivalent mit seinem Subjekt (nur Menschen sind lachende Wesen und umgekehrt). Die Natur des Proprium bleibt sowohl bei Aristoteles als auch bei Porphyrios geheimnisvoll, da es wie etwas in der Mitte zwischen einer wesentlichen und analytischen Eigenschaft und einer enzyklopädischen und synthetischen Eigenschaft Stehendes wirkt.

Wir wollen zu den Differentiae zurückkehren. Differentiae [60]
können vom Subjekt *trennbar* sein (wie Heiß-Sein, in Bewegung-Sein, Krank-Sein), und in diesem Sinne sind sie bloße Akzidentien. Aber sie können auch *untrennbar* sein: einige von ihnen sind untrennbar und trotzdem akzidentiell, z. B. Hakennasig-Sein. Aber es gibt Differentiae, die *per se wesentlich* zum Subjekt gehören, wie Vernunftbegabt-, Sterblich- und Wissensfähig-Sein. Dieses sind die *differentiae specificae*, die der Gattung hinzugefügt werden, um die Definition der Art zu bilden.

Differentiae können sowohl *trennend* als auch *konstitutiv* sein. Zum Beispiel ist die Gattung ›Lebende Wesen‹ potentiell trennbar in die Differentiae ›empfindend/nicht empfindend‹, aber die Differentia ›empfindend‹ kann mit der Gattung ›Lebewesen‹ zusammengesetzt werden, um die Gattung ›Tier‹ zu konstituieren. Die Gattung ›Tier‹ ist trennbar in ›vernunftbegabt/ nicht vernunftbegabt‹, aber der Unterschied ›vernunftbegabt‹ ist konstitutiv (zusammen mit der Gattung, die er abtrennt) für die Art ›vernunftbegabtes Tier‹. Also teilen die Differentiae eine Gattung ein (die Gattung enthält *potentiell* diese Gegensätze) und werden gewählt, um eine untere Gattung zu konstituieren.

Die *Eisagoge* spricht nur von einem Baum, aber die mittelalterliche Tradition hat ihn aufgebaut wie in Abb. 2.5. Im Baum der Abb. 2.5 markieren die gepunkteten Linien die *trennenden* Differentiae, während die durchgezogenen Linien dieselben Differentiae markieren, insofern sie als *konstitutiv* angesehen werden.

2.2.3. Ein Baum, der kein Baum ist

Es scheint, als zeige der Baum von Abb. 2.5 den Unterschied zwischen Mensch und Gott, aber nicht den Unterschied zwischen Mensch und Pferd. Tatsächlich zielen alle Beispiele eines Porphyrischen Baumes einem allgemeinen Standard folgend darauf ab zu zeigen, wie der Mensch definiert werden kann und sind deshalb unvollständig. Um das Wesen von Pferden herauszustellen, müßte das Diagramm auf der rechten Seite eine andere Reihe von Disjunktionen aufweisen, um (zusammen mit einem vernunftbegabten Tier) ein nicht vernunftbegabtes (und sterbliches) herauszustellen. Selbst in diesem Fall könnte ein Pferd noch nicht von einem Hund unterschieden werden, man sollte deshalb eine Komplikation auf der rechten Seite des Baumes einfügen, um in das Diagramm eine Vielzahl von weiteren Disjunktionen einzusetzen. Aristoteles hätte ernsthafte Probleme dabei gehabt: in *De partibus animalium* kritisiert er die Methode der Unterscheidung und bietet sozusagen viele mögliche kleine Bäume an, je nach dem spezifischen Problem, das er zu lösen hat.

Wie dem auch sei, der Baum der Abb. 2.5 ruft einen noch strengeren Einwand hervor. Was Gott vom Menschen unterscheidet, ist der Unterschied ›sterblich/unsterblich‹, aber auch ein Pferd ist sterblich und wird vom Menschen durch die Differentia ›vernunftbegabt/nicht vernunftbegabt‹ unterschieden. Deshalb hat man eine der folgenden Alternativen zu wählen: (a) die Differentia ›sterblich/unsterblich‹ ist nicht trennend für die Gattung ›vernunftbegabtes Tier‹, sondern vielmehr für die Gattung ›Tier‹ (in diesem ersten Fall jedoch wäre es unmöglich, Mensch und Gott zu unterscheiden); die Differentia ›sterblich/unsterblich‹ erscheint zweimal, einmal unter ›vernunftbegabtes
[61] Tier‹ und einmal unter ›nicht vernunftbegabtes Tier‹.

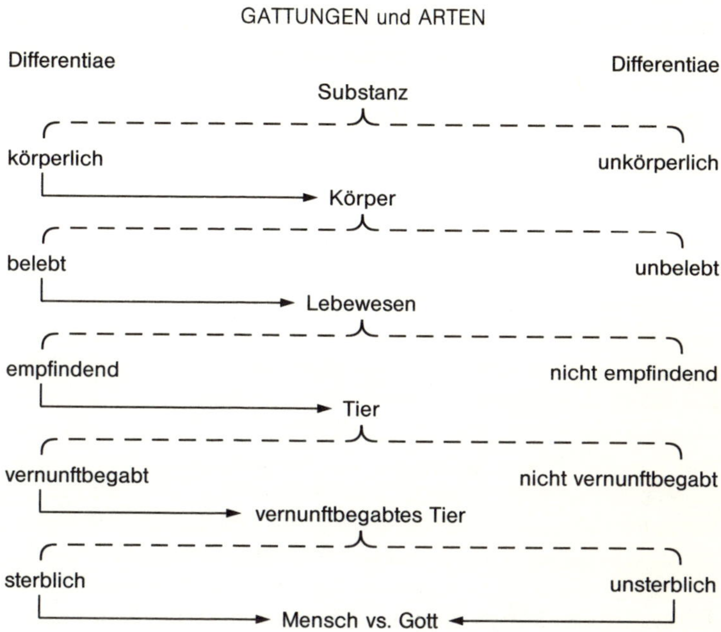

Abb. 2.5

Porphyrios hätte die zweite Entscheidung nicht abgelehnt; er sagt, daß eine Differentia »oft in vielen Arten beobachtet wird, wie Vierfüßigkeit bei vielen Tieren, die sich von der Art her unterscheiden« (18.20). Das ist eine sehr wichtige Bemerkung. Und auch Aristoteles sagt: wenn zwei oder mehr Gattungen einer oberen Gattung *untergeordnet* sind (wie es bei Mensch und Pferd insofern der Fall ist, als sie beide Tiere sind), hält sie nichts davon ab, dieselben Differentiae zu haben (*Kat.*, 1 *b* 15 ff.; *Topik*, 4; 164 *b* 10).

In *Analytica posteriora* (2; 90 *b* ff.) zeigt Aristoteles, wie man zu einer unzweideutigen Definition der Zahl 3 gelangt. Wenn man daran denkt, daß für die Griechen 1 keine Zahl war (sondern vielmehr Quelle und Maß aller nachfolgenden Zahlen), kann die Zahl 3 als jene ungerade Zahl definiert werden, die Primzahl im doppelten Sinne ist, da sie weder durch Zahlen teilbar (Produkt) noch aus Zahlen zusammengesetzt (Summe) ist. Diese Definition ist bikonditional äquivalent mit dem Ausdruck *drei*. Aber es ist interessant darzustellen, wie Aristoteles durch sorgfältiges Abtrennen zu diesem Schluß kommt.

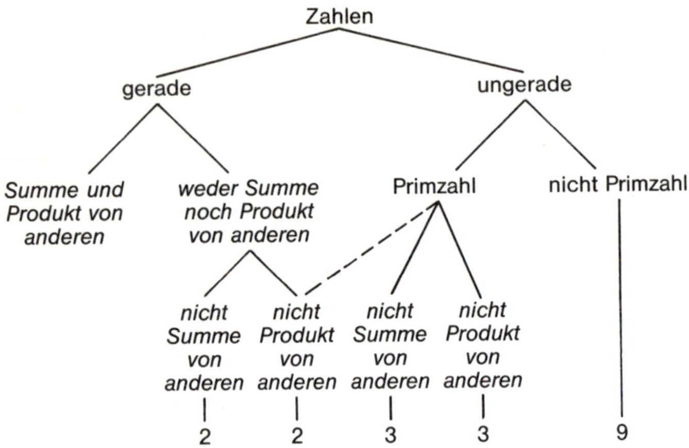

Abb. 2.6

Diese Art der Abtrennung weist zwei interessante Konsequenzen auf: (a) die Eigenschaften, die kursiv wiedergegeben werden, sind nicht exklusiv für einen gegebenen Knoten, sondern können unter mehreren Knoten auftreten; und (b) eine gegebene Art (2, 3, 9) kann durch die Verbindung mehrerer oberer Eigenschaften definiert werden. Tatsächlich sind diese Eigen-
[62] schaften Differentiae. Auf diese Weise zeigt Aristoteles durch ein klares Beispiel nicht nur, daß viele Differentiae derselben Art zugeordnet werden können, sondern auch, daß *dasselbe Paar von Differentiae unter verschiedenen Gattungen auftreten kann*. Wenn ein gegebener Unterschied einmal dazu gedient hat, eine gegebene Art eindeutig zu definieren, zeigt Aristoteles darüber hinaus, daß man nicht verpflichtet ist, alle anderen Subjekte zu berücksichtigen, auf die er ebenfalls zutrifft: Mit anderen Worten, wenn ein oder mehr Differentiae einmal dazu gedient haben, ohne Zweideutigkeiten die Zahl 3 zu definieren, ist es irrelevant, daß sie ebenfalls dazu dienen können, die Zahl 2 zu definieren. (Für eine klare Aussage in diesem Punkt siehe *An. post.*, 2; 97 *a* 15–25)

An diesem Punkt können wir einen weiteren Schritt wagen.

Da also gegebene untergeordnete Gattungen durchaus dieselben Differentiae haben können und da der Baum der Substanzen gänzlich aus Gattungen besteht, die insgesamt der Gattung an der Spitze untergeordnet sind, ist es schwer zu sagen, wie viele Male dasselbe Paar Differentiae auftreten kann. In der *Topik* (1; 106 *a* ff.) sagt Aristoteles, daß wir sowohl einen Laut als auch eine materielle Substanz ›scharf‹ nennen können. Aber ›scharf‹ ist nicht in beiden Fällen dieselbe Differentia, da es im ersten Fall in Opposition zu ›dumpf‹ steht und im zweiten zu ›stumpf‹ (derselbe Name wird also doppeldeutig für zwei verschiedene Differentiae benutzt). Wenn man von Farben oder Lauten spricht, tritt dagegen eine einzige Opposition ›hell/dunkel‹ auf. Aristoteles ist davon überzeugt, daß diese Doppeldeutigkeit lediglich lexikalischer Natur ist, weil dasselbe Gegensatzpaar auf zwei verschiedene Fälle von Sinneswahrnehmung (Sehen und Hören) bezogen wird. Diese Doppeldeutigkeit gleicht allerdings dem nicht eindeutigen Gebrauch von *sein* in den beiden Behauptungen *Menschen sind Tiere* (was eine Frage des substantiellen Seins ist) und *diese Menschen sind weiß* (was eine Frage des Akzidens ist): ein Fall, von dem Aristoteles sagt: »Vom Seienden sprechen wir zwar in vielerlei Sinn, beziehen uns aber immer auf einen gewissen Kern« (πρὸς ἕν : *Metaphysik,* 2; 1003 *a* 33). Dieser Bezug auf einen Kern wird (von mittelalterlichen Philosophen) als Analogie, als Proportion und nicht als bloße Doppeldeutigkeit übersetzt werden.

In der *Topik* (1; 107 *b* 30) wird Aristoteles ebenfalls sagen, daß [63] das Paar ›hell/dunkel‹, wenn es auf einen Körper bezogen ist, eine Art der Farbe ist, aber eine *differentia*, wenn es auf einen Laut bezogen ist (denn eine Note unterscheidet sich von der anderen dadurch, daß sie mehr oder weniger hell oder klar ist). Die ganze Geschichte ist sehr komplex, und man wird den Verdacht nicht los, daß das gesamte Universum der Differentiae von metaphorischen Doppeldeutigkeiten verunreinigt ist (seien sie nun von bloßer Zweideutigkeit oder von Analogie verursacht). Ist ›Zweifüßigkeit‹ auf den Menschen bezogen dasselbe wie ›Zweifüßigkeit‹ auf einen Vogel bezogen? Ist ›vernunftbegabt‹, wie es auf den Menschen angewandt wird, dasselbe wie ›vernunftbegabt‹ auf Gott angewandt?

2.2.4. Der Baum ist ganz und gar aus Differentiae gemacht

Viele mittelalterliche Kommentatoren der *Eisagoge* scheinen unseren Verdacht zu fördern. Boethius (*In Isagogen, C.S.E.L.*, 256.10–12, 266.13–15) schreibt, daß ›sterblich‹ für ›nicht vernunftbegabtes Tier‹ eine Differentia sein kann und daß die Art ›Pferd‹ von der Differentia ›nicht vernunftbegabt und sterblich‹ konstituiert wird. Er schlägt ebenfalls vor, daß ›unsterblich‹ eine Differentia für himmlische Körper sein kann, die unbelebt und unsterblich sind: »In diesem Fall wird die Differentia *unsterblich* von Arten geteilt, die sich nicht nur in ihrer nächsten Gattung unterscheiden, sondern auch in all ihren Gattungen bis hoch zu der untergeordneten Gattung, die im Baum die zweite von oben ist« (Stump, 1978: 257).

Stump zufolge ist der Verdacht, den Boethius entstehen läßt, »erstaunlich« und »beunruhigend«; in Wirklichkeit ist er nur vernünftig. Aristoteles und Porphyrios sagen, daß eine Differentia größer ist (mehr umfaßt) als ihr Subjekt, und das wäre nicht der Fall, wenn *allein* Menschen sterblich wären und *allein* Götter unsterblich. Um ein solches Ergebnis zu erzielen, muß ›sterblich/unsterblich‹ unter mehr als einer Gattung erscheinen, ebenso die anderen Differentiae. Sonst wäre es unverständlich, warum (nach *Topik*, 4; 144 *a* 25) die Art den Unterschied impliziert, aber der Unterschied *nicht* die Art: ›sterblich‹ hat eine größere Extension als ›Tier, vernunftbegabt und sterblich‹.

Abälard schlägt in seiner *Editio super Porphyrium* (157 v.15) vor, daß eine gegebene Differentia von mehreren und unterschiedlichen Arten prädiziert wird: »falsum est quod omnis differentia sequens ponit superiores, quia ubi sunt permixtae differentiae, fallit.« Wenn also (a) dieselbe Differentia mehrere Arten umfassen kann, (b) dasselbe Paar von Differentiae unter mehr als einer Gattung erscheinen kann, (c) verschiedene Paare von Differentiae unter vielen Gattungen repräsentiert sein können, indem sie dieselben Namen benutzen (doppelsinnig oder analog) und (d) die Frage offen ist, wie hoch die allgemeine Gattung im Baum angesiedelt sein kann, in bezug auf die viele *untergeordnete* Gattungen dieselben Differentiae beherbergen können, dann hat man das Recht, den Porphyrischen Baum wie in Abb. 2.7 neu zu erstellen.

Dieser neue Baum weist viele interessante Charakteristika auf: (a) es ist die Darstellung einer möglichen Welt, in der viele neue und noch unbekannte natürliche Arten entdeckt und definiert werden können (z. B. unkörperliche, belebte und nicht vernunftbegabte Substanzen); (b) er zeigt, daß sogenannte Gattungen und Arten lediglich *Namen* sind, mit denen man Bündel von [64] Differentiae etikettiert; (c) diesem Baum zufolge kann man nicht voraussagen: wenn sterblich, dann vernunftbegabt, oder wenn nicht vernunftbegabt, dann körperlich usw.; (d) als Konsequenz aus (c) kann er nach alternativen Hierarchien frei neu organisiert werden.

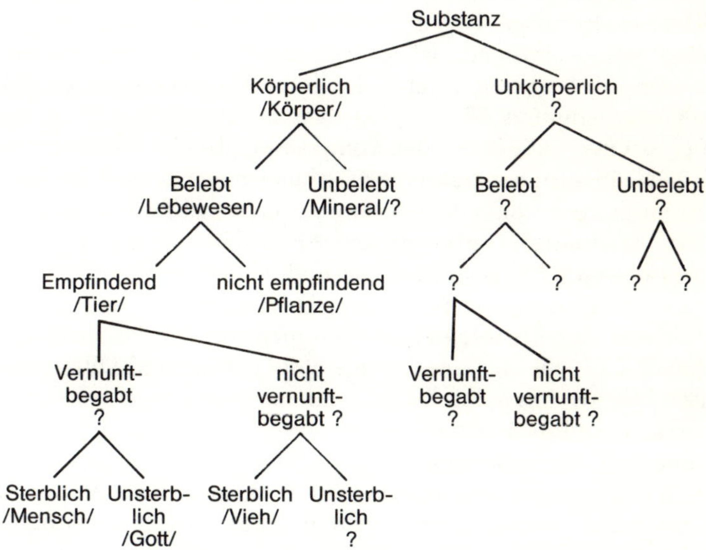

Abb. 2.7

Was das Charakteristikum (a) betrifft, haben wir gesehen, was Boethius zu den himmlischen Körpern gesagt hat. Was das Charakteristikum (b) betrifft, muß klar sein, daß *dieser Baum nur aus Differentiae besteht*. Gattungen und Arten sind nur die Namen der Knoten, die aus Disjunktionen durch Differentiae gebildet werden. Boethius, Abälard und andere mittelalterliche Gelehrte waren damit so vertraut, daß sie beständig über die *penuria nominum* klagten, d. h. über die Tatsache, daß wir nicht genügend lexikalische Einheiten haben, um die Knoten des Baumes zu benennen, die von Differentiae gebildet werden, die Differentiae von oberen Differentiae zugefügt wurden.

Nehmen wir den Fall des konstitutiven Knotens, den man erhält, wenn man der Gattung ›Tier‹ die Differentia ›vernunftbegabt‹ hinzufügt: der traditionelle Baum bezeichnet diesen Knoten mit dem Ausdruck *vernunftbegabtes Tier*, was eklatant redundant ist und lediglich den Namen der oberen Gattung wiederholt und den Namen der Differentia, die für die unbenannte Art konstitutiv ist. Diese Faulheit bei der Namensfindung für Arten ist unbegreiflich. Die mittelalterliche Fantasie hätte einen neuen Begriff erdenken können. Es ist ein rein empirischer Umstand, daß jemand den Namen /Tier/ zur Bezeichnung des Knotens fand, der durch Koppelung des Unterschiedes ›empfindend‹ mit /Lebewesen/ entstand, welches seinerseits der bloße Name der Komposition ›belebt + körperlich‹ ist. Die Namen der Gattungen sind ungenügend, weil sie bloße Abkürzungen sind: eine Gattung ist nicht mehr als ein Bündel
[65] von Differentiae. Gattungen und Arten sind Sprachgespenster, die die wahre Natur des Baumes und des dargestellten Universums verdecken: eine Welt reiner Differentiae.

Wenn also Aristoteles die Arten nicht bei den Prädikabilien aufzählt (da die Art eine Summe von Gattung und Differentia ist), könnten aus demselben Grund auch Gattungen gestrichen werden, weil auch sie bloße Summen von oberen Gattungen und anderen Differentiae sind.

Was Charakteristikum (c) betrifft, ist der klassische Porphyrische Baum (wie er in seiner wahren Natur in Abb. 2.7 enthüllt wurde) *keine hierarchische und geordnete Struktur mehr*, da Differentiae nicht in einander enthalten sind. Der Baum bietet nicht die geringste Gewähr für Endlichkeit.

Was Charakteristikum (d) betrifft, kann der Baum beständig verfeinert und neu angeordnet werden. Da ›sterblich‹ nicht (notwendig) ›vernunftbegabt‹ enthält, warum nicht ›sterblich‹ über ›vernunftbegabt‹ anordnen? Boethius (*De Divisione*, 6, 7) sagt deutlich, daß diese optionale Teilung bei Akzidentien möglich ist. Wir können sagen, daß alles Weiß entweder hart (Perle) oder flüssig (Milch) ist. Die Gattung harter Dinge vorausgesetzt, können wir gleichzeitig sagen, daß einige von ihnen weiß (Perle) und einige von ihnen schwarz sind (sagen wir: Ebenholz); oder: die Gattung flüssiger Dinge vorausgesetzt, sind einige weiß (Milch) und einige schwarz (sagen wir: Tinte). Deshalb schlägt Boethius vor, daß (zumindest für Akzidentien) viele Bäume arrangiert werden können, die mit denselben Größen operieren, wie in Abb. 2.8 gezeigt wird.

Boethius sagt jedoch noch etwas mehr (*De Divisione*, 37), nämlich, daß die Wahlfreiheit so weit geht, wie jede Gattung betroffen ist. Wir können Zahlen aufteilen in Primzahlen und Nicht-Primzahlen und genausogut in gerade und ungerade. Wir können Dreiecke entweder nach ihren Seiten oder nach ihren Winkeln einteilen. »Fit autem generis eiusdem divisio multipliciter ... generis unius fit multiplex divisio ... genus una quodammodo multarum specierum similitudo, est ... atque ideo collectivum plurimarum specierum genus est.«

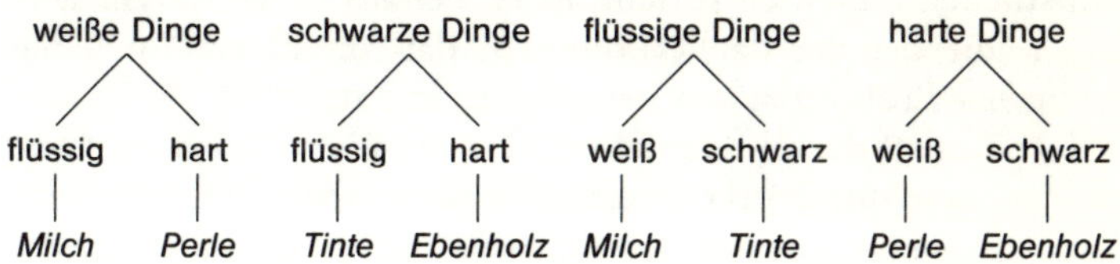

Abb. 2.8

Abälard sagt dasselbe wie Boethius (*Editio super Porphyrium*, 1060 v. 12): »Pluraliter ideo dicit genera, quia animal dividitur per rationale animal et irrationale; et rationale per mortale et immortale dividitur; et mortale per rationale et irrationale dividitur« (soll heißen, wie in Abb. 2.9). In einem Baum, der aus reinen Unterschieden gebildet wird, können diese Unterschiede *nach der Beschreibung, unter der ein gegebenes Subjekt betrachtet wird*, arrangiert werden. [66]

Abb. 2.9

2.2.5. Differentiae als Akzidentien und Zeichen

Differentiae genießen einen so einzigartigen Status, weil sie Akzidentien sind, und Akzidentien sind unendlich oder wenigstens unbestimmt an Zahl.

Differentiae sind Qualitäten, und es ist kein Zufall, daß Gattungen und Arten von Substantiven ausgedrückt werden, Differentiae dagegen von Adjektiven. Sie gehören einem Baum an, der sich von dem Baum der Substanzen unterscheidet. Nach Aristoteles kann ihre Zahl nicht a priori gewußt werden (*Metaphysik,* 7; 1042 *b*–1043 *a*). Es ist wahr, daß er dies von nicht wesentlichen Differentiae sagt, aber wer weiß wirklich, welche Differentiae streng wesentlich oder spezifisch sind? Aristoteles spielt mit einigen Beispielen (wie vernunftbegabt und sterblich; und die gesamte mittelalterliche Tradition folgt ihm), wenn er jedoch von anderen natürlichen Arten wie Tieren und von künstlichen Objekten spricht, ist er weitaus vager, so daß seine Leser auf den Verdacht kommen, daß er niemals an einen *endlichen* Prophyrischen Baum gedacht hat.

Der Begriff der differentia specifica verhüllt jedoch ein Oxymoron: eine differentia specifica ist ein wesentliches Akzidens. Ist es möglich, ein solches philosophisches Rätsel zu lösen? Thomas von Aquin gibt die überraschendste Antwort auf diese Frage. In *De Ente et Essentia* versichert er, daß die differentia specifica der substantiellen Form entspricht (die Differenz entspricht der Form, und die Gattung der Materie, zusammen machen sie das Wesen der Substanz aus, deren Definition sie liefern). An diesem Punkt würde es ziemlich merkwürdig erscheinen, ein Akzidens (eine Qualität) mit einer substantiellen Form zu identifizieren, aber Thomas ersinnt eine brillante Lösung: »In rebus sensibilibus etsi ipsae differentiae essentiales nobis ignotae sunt: unde significantur per differentiae accidentales quae ex essentialibus oriuntur, sicut causa significatur per suum effectum, sicut bipes ponit differentia hominis« (*De Ente,* 6). Wesentliche Differentiae können nicht direkt von uns erkannt werden; wir wissen (wir erschließen!) sie *durch semiotische Mittel,* durch die Wirkungen (Akzidentien), die sie zeitigen, und diese Akzidentien sind Zeichen ihrer unerkennbaren Ursache.

Diese Idee wird zum Beispiel in der *Summa Theologiae* (1.29.2–3; oder 1.77.1–7) wiederholt. Wir entdecken also, daß Differentiae wie z. B. ›vernunftbegabt‹ nicht die tatsächliche substantielle Form sind, die die Art als solche konstituiert; Thomas macht deutlich, daß die *ratio* als *potentia animae* außerhalb von *verbo et facto* erscheint, durch äußerliche Handlungen (und Handlungen sind keine Substanzen, sondern Akzidentien); zu Menschen sagt man, sie sollten vernünftig sein, weil sie ihre [67] rationale Potenz durch ihre Wissenstätigkeit manifestieren, eine Tätigkeit, die sie durch inneres Denken und äußere Rede ausüben (1.79.8 ff.). In einem entscheidenden Text (*Contra Gentiles*, 3.46) sagt Thomas, daß Menschen nicht wissen, was sie sind *(quid est)*; sie wissen *quod est* (daß sie so sind), insofern, als sie sich selbst wahrnehmen, wie sie eine rationale Tätigkeit ausüben. *Was* in Wirklichkeit unsere geistigen Fähigkeiten sind, wissen wir »ex ipsorum actuum qualitate«, durch die Qualität der Handlungen, deren Potenzen sie sind.

›Vernunftbegabt‹ ist also ein Akzidens, und so sind wir alle die Differentiae, in die der traditionelle Porphyrische Baum sich auflöst.

Der Baum der Gattungen und Arten, der Baum der Substanzen löst sich in einen Staubregen von Differentiae, in einen Tumult von unendlichen Akzidentien, in ein nicht-hierarchisches Netzwerk von *qualia* auf. Das Wörterbuch wird in eine potentiell ungeordnete und begrenzte Galaxis von Stücken von Weltwissen aufgelöst. Das Wörterbuch wird so zu einer Enzyklopädie, weil es ohnehin *eine verkleidete Enzyklopädie* war.

2.3. *Enzyklopädien*

2.3.1. Einige Versuche: Kontexte und Themen registrieren

Wenn ein Wörterbuch eine verkleidete Enzyklopädie ist, dann gibt es nur eine einzige mögliche Darstellung des Inhalts einer gegebenen lexikalischen Einheit, nämlich die enzyklopädische. Wenn die sogenannten Universalia oder metatheoretischen

Konstrukte, die als semantische Merkmale innerhalb einer wörterbuchartigen Darstellung fungieren, bloße sprachliche Etiketten sind, die synthetischere Eigenschaften abdecken, setzt eine enzyklopädieartige Darstellung voraus, daß die Repräsentation des Inhalts nur mit Hilfe von *Interpretanten* stattfindet, in einem Prozeß der unbegrenzten Semiose. Da diese Interpretanten nun ihrerseits interpretierbar sind, gibt es keinen zweidimensionalen Baum, der die globale semantische Kompetenz einer gegebenen Kultur darstellen kann. Eine solche globale Repräsentation ist nur ein semiotisches Postulat, eine regulative Idee, und nimmt das Format eines vieldimensionalen Netzes an, das als Modell Q beschrieben wurde (Eco, 1976: 2.12).

Lokale Repräsentationen des Modells Q werden jedes Mal ausgeführt, wenn ein gegebener Text zu seiner Interpretation einen Hintergrund enzyklopädischen Wissens erfordert. Diese lokalen Repräsentationen des enzyklopädischen Wissens nehmen die Form einer Menge von Instruktionen für den richtigen textuellen Einsatz der Ausdrücke einer Sprache in eine Reihe von Kontexten an (als Klassen von Ko-Texten) und für die richtige Disambiguierung derselben Ausdrücke, wenn sie innerhalb eines gegebenen Ko-Textes angetroffen werden. Eine enzyklopädische Version der Komponentensemantik sollte als eine *Instruktionssemantik* erscheinen, die texttheoretisch orientiert ist (siehe z. B. Schmidt, 1976).

[68] In *A Theory of Semiotics* habe ich ein Modell der Komponentenanalyse in einem enzyklopädischen Format umrissen, wo das Spektrum des Semems (das mit dem Inhalt eines gegebenen Ausdrucks korrespondiert) in Hinsicht auf Kontext- und Umfeldselektionen analysiert wurde. Ich habe ebenfalls behauptet, daß diese Art der Repräsentation nicht nur für sogenannte kategorematische Ausdrücke gültig sein sollte, sondern auch für die synkategorematischen, und ich habe Beispiele einer instruktionsartigen oder textorientierten Analyse nicht nur für sprachliche Ausdrücke, sondern auch für indexikalische Zeichen, z. B. einen ausgestreckten Finger, geliefert.

In *The Role of the Reader* habe ich darauf bestanden, daß ein Semem ein virtueller oder potentieller Text ist und daß ein Text die Expansion eines oder mehrerer Sememe ist. Die enzyklopädische Darstellung des Semems ist mit dem Bezug auf Rahmen (frames), Skripten und andere Instruktionen verstärkt worden, die codierte Vorkommnisse des Kontextes und der Umgebung betreffen. Die eindeutige Konsequenz ist, daß eine enzyklopädische Darstellung, insofern sie textorientiert ist, diese Art von sogenanntem pragmatischen Faktor ebenfalls berücksichtigen muß. In einer enzyklopädischen Darstellung muß die Semantik die meisten Phänomene, die von der Pragmatik untersucht werden, in ihre eigenen Begriffe übersetzen. Es gibt viele kontextuelle Operatoren, die ausschließlich in bezug auf einen gegebenen Ko-Text funktionieren, aber ihr ko-textuelles Schicksal muß von codierten kontextuellen Selektionen festgesetzt, vorausgesehen und vorausgesagt werden.

Nehmen Sie einen ko-textuellen Operator wie den italienischen synkategorematischen Ausdruck */invece/*, im wesentlichen übersetztbar als /stattdessen/. Wird er syntagmatisch mit /di/ (*invece di* = anstatt) verbunden, ist er im wesentlichen ein Satzoperator. Ohne Präposition ist */invece/* ein Adverb, funktioniert als textueller Operator und kann mit /dagegen/ oder /andererseits/ übersetzt werden. Als solcher scheint er irgendeine Opposition auszudrücken, aber es ist zweifelhaft, wozu er im Gegensatz steht. Nehmen Sie die folgenden Ausdrücke:

(1) Bianca ama le mele. Giorgio invece le odia. (Bianca liebt Äpfel. Giorgio dagegen haßt sie.)
(2) Bianca ama le mele. Invece odia le banane. (Bianca liebt Äpfel. Dagegen haßt sie Bananen.)
(3) Bianca ama le mele. Invece Giorgio adora le banane. (Bianca liebt Äpfel. Giorgio dagegen mag Bananen.)
(4) Bianca sta suonando il violoncello. Giorgio invece sta mangiando banane. (Bianca spielt Cello. Giorgio dagegen ißt Bananen.)

Wir erkennen, daß */invece/* (dagegen) in (1) eine Alternative zum Subjekt und ihrer Handlung markiert; in (2) markiert es eine Alternative zur Handlung und zum Objekt; in (3) markiert es eine Alternative zum Subjekt und zum Objekt; in (4) scheint alles in Frage gestellt zu sein.

Wir wollen nun versuchen, diese Ausdrücke in einen umfas-

senderen Ko-Text einzusetzen. Wir wollen sie nämlich als ange-
[69] messene Antworten auf die folgenden Fragen betrachten:

(1a) Mögen Bianca und Giorgio Äpfel?
(2a) Welche Obstsorten mag Bianca?
(3a) Welche Obstsorten mag Giorgio?
(4a) Was zum Teufel treiben diese Kinder? Sie sollten doch Musikunterricht haben!

Wiederholt ist geltend gemacht worden (siehe z. B. van Dijk, 1977), daß ein Textthema dadurch entdeckt werden kann, daß die implizite Frage formuliert wird, die einen gegebenen Text oder einen Teil eines Textes beherrscht. Das ist der Fall. Die obengenannten vier Fragen legen vier verschiedene Textthemen fest, nämlich:

(1b) Leute, die Äpfel lieben.
(2b) Obst, das Bianca mag.
(3b) Obst, das Giorgio mag.
(4b) Musikunterricht.

An diesem Punkt ist uns intuitiv klar, daß */invece/* (dagegen) in (1) zu (1b) in Opposition steht, in (2) zu (2b) usw. Das bedeutet, daß unsere enzyklopädische Kompetenz eine semantische Analyse von */invece/* gespeichert hat: nach einem allgemeinen semantischen Merkmal der Alternative wird dort eine kontextuelle Selektion verzeichnet, die man folgendermaßen formulieren könnte: »In den Fällen, in denen das Textthema *x* ist, markiert der betrachtete Ausdruck eine Opposition zu *X*« (Abb. 2.10).

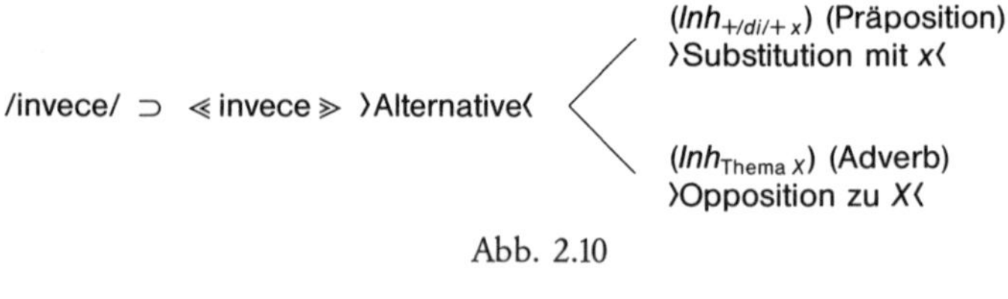

Abb. 2.10

2.3.2. Einige Versuche: Rahmen und Skripten registrieren

Trotzdem gibt es Fälle, in denen Begriffe wie kontextuelle Selektion nicht ausreichen, um das mögliche Einfügen gegebener Lexeme in den Text festzulegen. Nehmen wir einen Ausdruck wie den folgenden:

(5) Hans-Werner schlief, als er plötzlich geweckt wurde. Jemand zerriß das Kissen.

Ich stelle mir vor, daß ein Computer, der mit Wörterbuchartiger Information gespeichert ist, verstehen könnte, was /schlafen/ und /Kissen/ bedeuten, aber nicht festlegen könnte, welches die Beziehung zwischen Hans-Werner und dem Kissen (welchem Kissen überhaupt?) ist. Neuere Forschungen zur künstlichen Intelligenz haben den Begriff des *Rahmens* ausgearbeitet (Minsky, 1974; Winston, 1977; Schank, 1975, 1981; van [70]
Dijk, 1977): der Empfänger (ob Computer oder Mensch) ist mit einer vergrößerten enzyklopädischen Kompetenz ausgestattet, die auch eine Menge Rahmen oder Skripten umfaßt, zu denen – zum Beispiel – die Rahmen ›schlafen‹ und ›Schlafzimmer‹ gehören. Indem er auf diesen Speicher an Kompetenz zurückgreift, weiß der Empfänger, daß Menschen normalerweise in Schlafzimmern schlafen und daß Schlafzimmer mit Betten ausgestattet sind, Betten mit Kissen usw. Durch Verschmelzung zweier oder mehrerer Rahmen erkennt der Empfänger, daß das gerade erwähnte Kissen nur dasjenige sein kann, auf dem Hans-Werners Kopf lag.

Wie weit kann man voraussetzen, daß die Rahmen ebenfalls Elemente einer enzyklopädieartigen Komponentenanalyse sind (einer in der Tat überaus reichen)? Gehören sie zu einer Art zusätzlicher Kompetenz (was in Eco, 1976, *Übercodierung* heißt)? Vermutlich muß die Vorstellung von Enzyklopädie nach verschiedenen Graden gesellschaftlicher Zugänglichkeit oder textueller Notwendigkeit revidiert und reorganisiert werden. Wenn man z. B. *Hans-Werner schlief und träumte von* ... liest, muß man nicht zu dem Rahmen ›Schlafzimmer‹ Zuflucht nehmen (obgleich man im Besitz dieses Wissens ist), allein der Ko-Text führt dazu, daß man gegebene Sememe oder Rahmen *vergrößert* oder *narkotisiert* (siehe Eco, 1979).

Die Vorstellung des Rahmens wurde (bevor sie von der empirischen Technik der KI-Wissenschaftler postuliert wurde) bereits indirekt von Peirce vertreten. Nehmen wir sein Beispiel einer möglichen Definition von Lithium. Einem allgemeinen Wörterbuch zufolge *(Webster's New Collegiate)* ist Lithium »ein weiches, silber-weißes Element der alkalischen Metallgruppe, das das leichteste bekannte Metall ist und das *insbesondere bei Kernreaktionen und in der Metallurgie benutzt wird*« (ich habe nur die offensichtlichsten Elemente der enzyklopädischen Information hervorgehoben).

Einem wissenschaftlichen Handbuch zufolge ist Lithium als das Element definierbar, das die Atomzahl 3 hat, ein Atomgewicht von 6,393, den Schmelzpunkt bei 108,5 Grad Celsius, den Siedepunkt bei 1330 Grad Celsius, die Dichte 0,53. Diese zweite Definition, auch wenn sie technisch ausgedrückt ist, ähnelt mehr der folgenden Peirceschen Definition als der des Webster:

> »Wenn Sie in einem Lehrbuch der Chemie nach einer Definition von *Lithium* suchen, erfahren Sie vielleicht, daß es sich um dasjenige Element handelt, dessen Atomgewicht beinahe 7 ist. Wenn aber der Autor einen logischeren Kopf besitzt, wird er Ihnen mitteilen, daß Sie unter den Mineralien, die glasartig, durchsichtig, grau oder weiß, sehr hart, spröde und unlöslich sind, nach einem Mineral suchen sollen, das einer nicht glänzenden Flamme einen karmesinroten Schimmer verleiht; wenn dieses Mineral mit Kalk oder Witherit pulverisiert und dann verschmolzen wird, kann es in Salzsäure teilweise aufgelöst werden; und wenn die Lösung verdampft und der Rückstand mit Schwefelsäure ausgeschieden und angemessen gereinigt wird, kann er mit gewöhnlichen Methoden in eine Chlorverbindung umgewandelt werden; im festen Zustand gewonnen, verschmolzen und mit einem halben Dutzend kräftiger Zellen elektroly-
> [71] siert, bringt es ein Kügelchen eines rosigsilbrigen Metalls hervor, das auf Gasolin schwimmt; und *dessen* Material ist eine Lithium-Probe. Die Besonderheit dieser Definition – oder vielmehr dieser Unterweisung, die dienlicher ist als eine Definition – ist, daß sie Ihnen sagt, was das Wort *Lithium* bedeutet, indem sie vorschreibt, was Sie *tun* müssen, um mit dem Objekt der Welt eine wahrnehmungsmäßige Bekanntschaft zu schließen« (*C. P.*, 2: 330).

Diese operationale Definition sieht mehr wie ein informeller Rahmen aus, nicht so sehr wie eine enzyklopädische Beschreibung (für Beschreibungen dieser Art siehe Charniak, 1975,

1980). Sie befriedigt die Bedürfnisse einer *Instruktionssemantik*. Wenn wir die Definitionen von Webster und Peirce zusammennehmen, wird verständlich, warum in einem Text ein gewisser Professor Smith ausgerechnet Lithium für ein Atomexperiment benötigt und nach Kalk und Witherit sucht. Eine Textbehauptung dieses Typs bringt unzweifelhaft eine Menge Voraussetzungen ans Licht, aber diese Voraussetzungen werden von bereits existierenden Rahmen regiert.

Wenn eine Texttheorie darauf abzielt, einen »Rahmen für Rahmen« festzulegen (Petöfi, 1976), dann versucht sie, sowohl textuelle Regeln zu entdecken als auch einen organisierteren und umfassenderen Begriff von Code als enzyklopädischem Wissen aufzustellen.

Schank und Abelson (1977) versuchen, nicht nur die lexikalische Bedeutung eines gegebenen Ausdrucks wiederzugeben, sondern auch alle verbundenen Formen des Weltwissens, die es dem Interpreten erlauben, (aus der Äußerung eines Ausdrucks oder eines Satzes, der aus den analysierten Ausdrücken besteht) ko-textuelle Schlüsse zu ziehen. Auf diese Weise (durch den Gebrauch gewisser Primitiva, die fundamentale menschliche Operationen wiedergeben wie ATRANS, EJECT, INGEST, MOVE usw.) stellt Schank das Verb *to eat* als eine Einheit dar, die in Kontexte wie *John ate a frog* (Abb. 2.11) eingesetzt werden kann.

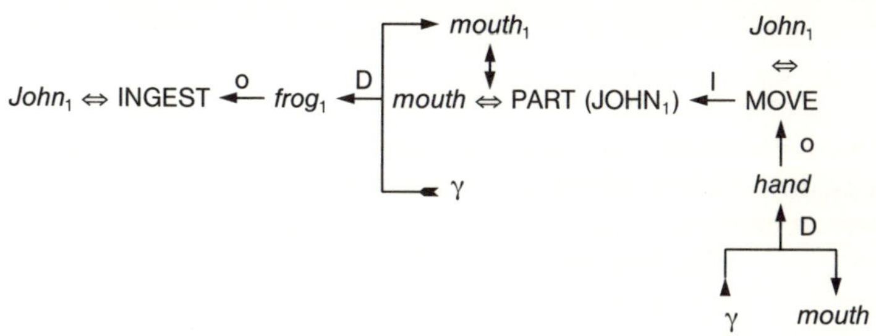

Abb. 2.11

Ein interessantes semiotisches Problem, (das der Aufmerksamkeit der Theoretiker der künstlichen Intelligenz bislang entgangen ist), ist die Frage, wie nun ihrerseits nicht nur die verbal

ausgedrückten Primitiva, sondern auch die visuellen Ausdrücke des Diagramms der Abb. 2.11 zu interpretieren sind. Innerhalb eines allgemeinen semiotischen Rahmens kann ein sprachlicher Ausdruck von nicht-sprachlichen Interpretanten interpretiert werden, aber sogar diese Interpretanten sind semiotische Mittel, die ihrerseits interpretiert werden müssen. Bei Eco (1976: 3.6.5.)
[72] sind sie als topo-sensitive *Vektoren* untersucht worden.

Das Projekt einer enzyklopädischen Semantik ist noch im Werden. Bis jetzt haben wir eine Reihe alternativer oder komplementärer Vorschläge erlebt. Die strukturelle Semantik von Greimas (1966, 1979) mit ihren Begriffen des Aktanten und der Klasseme oder kontextueller Seme und auch mit ihrer Idee ›narrativer Programme‹ ist enzyklopädisch orientiert; auch die frühe Kasusgrammatik von Fillmore (1968) zusammen mit den neueren Forschungen Fillmores (1975, 1976*a*, 1976*b*, 1977, 1981) ebenso wie die Vorschläge Bierwischs (1970, 1971) sind enzyklopädisch orientiert. Eine neue Semantik aufgrund von Enzyklopädie und Weltwissen (und phänomenologischer Erfahrung) wird in den neuesten Forschungen von Lakoff (1980) sowie Lakoff und Johnson (1980) offenbar.

Da alle diese Darstellungen codierte Handlungssequenzen betreffen, Beziehungen zwischen Agenten (Aktoren oder abstrakten Aktanten) können sie insgesamt auf die Idee des Rahmens zurückverfolgt werden.

2.3.3. Einige Versuche: Stereotypen und Allgemeinwissen

Zweifellos muß jede enzyklopädieartige Semantik die Unterschiede zwischen analytischen und synthetischen Eigenschaften verwischen, und in diesem Sinne ist nach und über Quines »Two Dogmas of Empiricism« (1951) hinaus nichts Besseres gesagt worden. Natürlich hält einen nichts davon ab, analytische Merkmale zu verwenden, vorausgesetzt man weiß, daß sie abgekürzte Mittel sind, die benutzt werden, um andere analytische implizite Eigenschaften einzuschließen und all die synthetischen Merkmale zusammenzufassen, die sie benennen (auf dieselbe Weise, in der die Namen von Gattungen in einem Porphyrischen Baum Bündel von akzidentiellen Eigenschaften oder Differentiae benennen). In diesem Sinne ist der Vorschlag Putnams (1975; dt. Übers. S. 94) mehr als akzeptabel:

> »Mein Vorschlag ist, daß die Normalform-Beschreibung der Bedeutung eines Wortes eine endliche Folge (oder ein Vektor) sein sollte, deren Komponenten jedenfalls folgendes enthalten sollten (vielleicht ist es wünschenswert, noch weitere Komponenten hinzuzunehmen): (1) die syntaktischen Marker wie z. B. ›Substantiv‹, die dieses Wort kennzeichnen, (2) die semantischen Marker wie z. B. ›Tier‹ oder ›Zeitdauer‹, die dieses Wort kennzeichnen, (3) eine Beschreibung der weiteren Merkmale des zugehörigen Stereotyps, soweit vorhanden, (4) eine Beschreibung der Extension. Der Vorschlag schließe dabei die folgende Vereinbarung ein: Alle Komponenten des Vektors *außer der für die Extension zuständigen* beinhalten eine Hypothese über die individuelle Kompetenz der Sprecher. Die Normalform-Beschreibung für ›Wasser‹ sähe also, teilweise wenigstens, so aus:

Syntaktische Marker:	*Semantische Marker:*	*Stereotyp:*	*Extension:*
Kontinuativum, konkret	natürliche Art, Flüssigkeit	farblos, durchsichtig, ohne Geschmack, durstlöschend etc.	H_2O (mit oder ohne Beimengungen)

[73]

Die Idee des Stereotyps ist vermutlich der fruchtbarste Vorschlag aus Putnams Sprachtheorie: unserer normalen Kompetenz zufolge ist es schwer zu entscheiden, ob Tiger ›Felidae‹ oder ›felis tigris‹ oder ›Metazoen‹ sind, aber sie sind unzweifelhaft ›gelb‹, ›wie große Katzen‹ und ›schwarz gestreift‹.

Semantische Merkmale sind pseudoanalytische Kürzeletiketten, da es auch für ›flüssig‹ und vielleicht für ›natürlich‹ ein Stereotyp geben sollte.

Was die Extension betrifft, ist Putnams Vorschlag abhängig von seiner Übereinstimmung mit Kripkes Theorie der starren Designation (Kripke, 1972). Es ist schwer zu sagen, ob Putnams Auffassung der starren Designation wirklich mit der Kripkes korrespondiert; Putnam denkt an etwas, das von einem sprachlichen Begriff starr als Essenz designiert wird, die wissenschaftlich definiert werden kann. Ein Ausdruck wie ›H_2O‹ ist jedoch aus chemischen Symbolen zusammengesetzt, die ihrerseits sprachlichen Ausdrücken wie /Wasserstoff/ und /Sauerstoff/ entsprechen, und diese sollten wiederum unter dem Gesichtspunkt anderer Formeln oder chemischer Symbole interpretiert werden (oder Ausdrücken der natürlichen Sprache), die die Eigenschaften dieser Elemente ausdrücken (Atomzahl, Atomstruktur plus viele ihrer funktionalen Eigenschaften – z. B. daß Sauerstoff das Element ist, das Verbrennung erlaubt usw.).

Tatsächlich kann der letzte Referent einer starren Designation (verstanden als mögliche Extension eines gegebenen Ausdrucks) auf zwei Arten definiert werden. Wenn die starre Designation (wie Kripke anzudeuten scheint) ein Prozeß von Erwähnungen ist, der auf eine initiierende und ursprüngliche Taufzeremonie zurückgeht (und damit zu einem Urakt der Ostension, der von dem Aussprechen des Namens begleitet ist), dann besteht die Kette der vermittelnden Information, die die Verbindung mit der ursprünglichen Taufe gewährleistet, aus einer ununterbrochenen Reihe von Diskursen, Beschreibungen, Geschichten, die über andere Geschichten erzählt werden, bis hin zu dem anfänglichen Ereignis; und in diesem Falle gibt es keinen Unterschied zwischen starrer Designation und Enzyklopädie; die Summe all dieser Verbindungen stellt die enzyklopädische Kompetenz einer Gesellschaft in ihrem Fortschreiten durch die Zeit dar.

Aber der Prozeß der starren Designation kann auch mit den Worten Putnams beschrieben werden (1975: 200): Angenommen, ich [Putnam] hätte neben Benjamin Franklin gestanden, als dieser sein Experiment mit der Elektrizität machte, und Franklin hätte mir erklärt, daß ›Elektrizität‹ das Phänomen Soundso sei. Er hätte mir eine annähernd korrekte, definitive Beschreibung des Phänomens gegeben. Wenn ich jetzt den Begriff /Elektrizität/ verwende, beziehe ich mich auf das *einführende Ereignis*, auf den Moment, in dem ich den Begriff lernte, und jeder einzelne Gebrauch, den ich von dem Namen mache, wird kausal mit jenem Ereignis verknüpft sein, selbst wenn ich vergesse, wann ich erfahren habe, was ich über den Namen weiß. Nun nehmen wir an, daß ich jemanden das Wort lehre, indem ich ihm sage, der Begriff /Elektrizität/ benenne eine physikalische Größe Soundso (wobei ich einige Eigenschaften der Größe aufzähle), ohne die kausale Verbindung zu erwähnen, die zwischen
[74] meinem gegenwärtigen Gebrauch des Wortes und dem einführenden Ereignis besteht. Die Anwesenheit des Wortes im Voka-

bular eines Menschen ist trotzdem *kausal verbunden* mit dem einführenden Ereignis. So weit Putnams Beispiel.

Selbst in diesem Fall ist es nicht das einführende Ereignis, das meine Sprache (und die anderer Menschen) funktionieren läßt, sondern die enzyklopädische Menge von mehr oder weniger bestimmten Beschreibungen, die ich liefern konnte (und die Franklin mir vermitteln konnte). Das einführende Ereignis ist etwas, das Peirces Dynamischem Objekt ähnelt (das Dynamische Objekt sowohl als physikalische Größe Elektrizität und auch als meine ursprüngliche Erfahrung dieser Größe). Was jedoch die Kommunikation zwischen mir, Putnam, und jemand anderem erlaubt, ist der durch bestimmte Beschreibungen entstandene Umriß eines Unmittelbaren Objektes, welches die enzyklopädische Wiedergabe von /Elektrizität/ ist. Es wäre möglich, daß unter den Interpretanten des Wortes /Elektrizität/ auch eine Fotografie von Putnam wäre, der mit Franklin spricht: tatsächlich gehören zu meinen eigenen (Ecos) Interpretanten von /Elektrizität/einige Bilder von Franklin, der sein Experiment durchführt. Da aber selbst über einführende Ereignisse durch Interpretanten gesprochen werden kann (ungeachtet der Tatsache, daß sogar Putnams Erinnerungen seines eigenen einführenden Ereignisses, wenn überhaupt, als geistige Interpretanten oder geistige Ikonen betrachtet werden können), bleibt allein eine enzyklopädische Kette übrig.

Wenn schließlich das einführende Ereignis, das von Putnam beschrieben wird, tatsächlich stattfand (auf die Art, wie er es in Putnam, 1975: 200, beschreibt), kann man semiotisch eben nur die gedruckten Ausdrücke der Seiten 200 bei Putnam (1975) zusammen mit ihrem interpretierbaren Inhalt überprüfen.

Es gibt einen weiteren Einwand gegen die Theorie der starren Designation (zumindest wie sie von Kripke und von vielen seiner Interpreten vorgeschlagen wird). Vielleicht nennen wir einen Heilbutt aufgrund einer ersten Taufzeremonie *Heilbutt*, und ein Heilbutt wird immer noch ein Heilbutt sein (mit einer eigenen Essenz, wie es Putnam vorschlägt), selbst wenn wir jede mögliche definitive Beschreibung des Heilbutts durch kontrafaktische Annahmen ändern. Lassen Sie uns diese Ansicht akzeptieren. Nun lassen Sie uns annehmen, daß die Vereinten Nationen beschlossen haben, eine Friedenstruppe von ISK (Inter-Spezies-

Klonen) einzurichten, um zukünftige Weltkriege zu verhindern. Diese Truppe soll aus halb-menschlichen Wesen bestehen, die durch Klonen einer genetischen Kreuzung aus menschlichen Punk-Rockern und von dem Ehepaar Gardner ausgebildeten sprechenden Schimpansen hergestellt werden. Solche Klone würden eine faire und unvoreingenommene internationale Kontrolle gewährleisten, weil sie von jedem nationalen und ethnischen Erbe unabhängig sind. Die UNO-Versammlung muß viel über diese neue ›natürliche Art‹ sprechen, weil die Mitglieder eine endgültige Übereinstimmung erreichen müssen – das heißt, sie müssen über ISKs sprechen, bevor ISKs existieren und damit sie überhaupt existieren. Es ist klar, daß die UNO nicht ein originales ›Ding‹ als ISK taufen würde, sondern die enzyklopädische Beschreibung eines solchen Dinges, wenn es denn irgendeine Taufzeremonie gäbe. Weder gab es ursprüngliche Ostension noch kausale Verbindung; es gibt nur die festgelegte Korrespondenz zwischen einem Ausdruck und der operationalen Beschreibung seines Inhalts (mit der Übereinkunft, daß in der
[75] Zukunft ein solcher Ausdruck zusammen mit seinem Inhalt benutzt werden soll, um einen Sachverhalt zu erwähnen, der bis dato lediglich möglich ist).

Es ist offensichtlich, daß wir sprachliche Ausdrücke oder andere semiotische Mittel benutzen, um ›Dinge‹ zu benennen, auf die unsere Vorfahren zuerst gestoßen sind; aber es ist ebenfalls offensichtlich, daß wir oft sprachliche Ausdrücke benutzen, um ›Dinge‹ zu beschreiben und ins Leben zu rufen, die erst danach und eben durch die Äußerung unserer Ausdrücke existieren. In diesen Fällen zumindest nehmen wir eher Zuflucht zu Stereotypen und enzyklopädischen Darstellungen als zu starren Designatoren.

Viele von Putnams Vorschlägen (z. B. die Unterscheidung zwischen stereotypisiertem Wissen und Expertenwissen) werden von Petöfis Theorie der enzyklopädischen Repräsentation übernommen. Wir wollen z. B. die versuchsweise Darstellung (Abb. 2.12) von *Chlor* bedenken, die von Neubauer und Petöfi (1980: 367) vorgeschlagen wird. Chlor ist interessanter als Elektrizität, weil wir guten Grund haben zu glauben, daß nicht einmal Putnam bei der Zeremonie zugegen war, als Scheele es 1774 taufte. (Nebenbei bemerkt, nehme ich doch an, daß Scheele ihm den deutschen Namen *Chlor* gab, und diese Tatsache verschiebt die Kausalkette.)

Man kann sagen, daß die Tatsache, daß Chlor ein Gas ist, zum Allgemeinwissen gehört, ebenso wie die Tatsache, daß es ein Desinfektionsmittel ist. Aber Petöfis Vorschlag ist ein Versuch: die Trennungslinie zwischen Allgemeinwissen und Expertenwissen sollte jedes Mal gemäß dem spezifischen Ko-Text gezogen werden. Wichtig ist es, vorauszusetzen, daß alle aufgezählten Informationen (Abb. 2.12) Teil einer möglichen sprachlichen Kompetenz sind, ungeachtet des Unterschiedes zwischen Wörterbuch und Enzyklopädie. Es gibt Romane, in denen die ›industriellen‹ Eigenschaften von Chlor wichtiger sind als die Eigenschaft, chemisches Element zu sein. (Nebenbei bemerkt, bezeichnet Petöfi als Allgemeinwissen, was Putnam als semantische Information verzeichnen würde, denn Element zu sein, ist eine ›analytische‹ Eigenschaft.)

Der Vorteil von Petöfis Modell gegenüber Putnam ist, daß der erstere die Unterscheidung zwischen Extension und Intension definitiv aufgibt. Jedes Stück Expertenwissen kann als Bedeutungskomponente intendiert sein, die dazu dient, die Extension des Ausdrucks unter bestimmten Umständen und Bedingungen festzulegen: da wir nicht auf der Zwillingserde (siehe Putnam, 1975) leben, reicht es, daß jemand, der gebeten wird, in einem Schrank nach Chlor zu suchen, nach einer grünlichen Flüssigkeit Ausschau hält, die unangenehm riecht, und seine folgende indexikalische Behauptung *das ist Chlor* kann in ihrem Wahrheitswert selbst nach Tarskischen Kriterien gewürdigt werden.

Es gibt noch viele andere Modelle einer enzyklopädischen Darstellung, und im gegenwärtigen Zeitpunkt wäre es schwer, entscheiden zu wollen, welches das passendere ist. Rey-Dubove (1971) spricht von der Arbeit der Lexikographen und ihren ›natürlichen‹ Definitionen als *bricolage*; sie bemerkt auch, daß es anscheinend leichter ist, seltene Ausdrücke wie /Infarkt/ zu definieren als häufig vorkommende wie /tun/, wenn man die existierenden Wörterbücher betrachtet. Selbst wenn eine semiotische Enzyklopädie nur in Form von lokalen Beispielen entworfen wird, unterliegt sie denselben Beschränkungen. Die Wahl der Enzyklopädie gegenüber dem Wörterbuch ist jedoch keine freie Wahl: wir haben gezeigt, daß Wörterbücher nur als theore- [76]

A. *Sektor des Allgemeinwissens*		B. *Sektor des Expertenwissens*	
· Gattungsbegriff	· Element	1. *Chemisches Wissen*	
· Farbe	· grünlich	· Elementkategorie	*nicht metallisch*
· Geruch	· unangenehm,	· Familie	*Halogen*
	· schlecht	· Wertigkeit	*einwertig mehrwertig*
		· chemisches Symbol	*CL*
		· natürliches Vorkommen	*In Chloriden*
		· Chlorverbindungen etc.	*NaCL, HCL*
		2. *Physikalisches Wissen*	
		· Natürlicher Zustand oder Körper	*Gas*
		· andere Zustände	*Flüssiges Chlor*
		· Gewicht	*2½ mal so schwer wie Luft*
		· Atomgewicht	*17*
		· Atomzahl	*33, 453*
		3. *Biologisches Wissen*	
		· Wirkung auf lebende Organismen	*Gift*
		4. *Geologisches Wissen*	
		· Menge in Erdkruste	*0,15 %*
		5. *Historische Information*	
		· Entdeckung	*Scheele 1774 Davy 1810*
		· Weitere Forschung	*Produktion von Flüssigchlor 1823*
		6. *Etymologische Information*	
		· Ursprung	*griechisch Chloros*

7. *Industrielles Wissen*	
· Produktion	*Elektrolyse aus gewöhnlichem Salz*
· Anwendung	*Bleichen in der Papier- und Textilindustrie* *Desinfektionsmittel (Germizid und Pestizid)* *chemische Kriegsführung*
· Lagerung	*kühle, trockene Bedingungen in Eisenbehälter etc.*

Abb. 2.12

tische Fiktionen existieren. Das Universum der natürlichen Sprachen (und nicht nur der verbalen) ist das Universum der *Semiose*. Die regulative Idee der Enzyklopädie ist der einzige [77] Weg, um das mögliche Format eines solchen Universums zu umreißen und Mittel auszuprobieren, die es teilweise beschreiben.

2.3.4. Bündel

Die letzte Darstellung, die wir untersucht haben, machte klar, daß es keine Möglichkeit gibt, aus welchem Kontext heraus auch immer eine Hierarchie der Eigenschaften festzulegen, wenn der Inhalt eines Ausdrucks im Format einer Enzyklopädie wiedergegeben wird. In Abb. 2.3 haben wir davon abgesehen, Geschlechtsunterschiede in den Baum einzufügen. Nach der Kritik des Porphyrischen Baumes sind wir nun in der Lage, den Grund für diese Vorsichtsmaßnahme zu erklären. Wenn Unterscheidungen wie die nach dem Geschlecht als differentiae specificae genommen werden (eine Entscheidung, zu der Porphyrios nicht ermutigt hätte), können sie an vielen Knoten des Baumes auftreten und abermals seine Struktur in Frage stellen. Wenn man Boethius und seinem Vorschlag folgt (2.4), kann man auf viele Arten mit der Opposition ›männlich/weiblich‹ spielen (z. B. wie in Abb. 2.13) und so (je nach Kontext) verschiedene Oppositionen, Antonymien und semantische Ähnlichkeiten schaffen.

Welche Art von Information wird nun durch eine negative Aussage wie *this is not a man* getilgt?

Abb. 2.13

Katz entwirft ein Kriterium für eine ideale Wörterbuch-Kompetenz: »Ein idealer Sprecher einer Sprache empfängt einen anonymen Brief, der nur einen Satz in jener Sprache enthält, ohne jeden Hinweis auf das Motiv, die Umstände der Übermittlung oder jeglichen anderen Faktor, der für das Verständnis des Satzes auf der Grundlage des Kontextes seiner Äußerung bedeutsam ist ...« (1977: 14). Dieses Kriterium zieht eine scharfe Linie, die semantische (Wörterbuch-)Kompetenz und pragmatische und enzyklopädische Kompetenz trennt. Die semantische Komponente repräsentiert nur jene Aspekte der Bedeutung, die ein idealer Sprecher/Hörer in der Situation des anonymen Briefes wissen würde.

Nun, bestimmt können wir zugeben, daß ein anonymer Brief mit dem Text *when you will enter that log cabin you will find a man* absolut unzweideutig ist. Dem Wörterbuch zufolge, das der Empfänger zu Rate zieht, kann er sicher sein, daß er in jenem Blockhaus entweder einen erwachsenen, männlichen Menschen (man in der Bedeutung von ›Mann‹) trifft oder ein sterbliches, vernunftbegabtes Lebewesen (man in der Bedeutung von ›Mensch‹). Die Situation wird schwieriger, wenn der anonyme Brief lautet: *whatever you will find entering that log cabin it will not be a man*. Was soll man nun an jenem Ort erwarten? Eine
[78] Frau, ein Krokodil, einen Geist, eine Bronzestatue?

Da die Sprecher natürlicher Sprachen wenig Gelegenheit haben, anonyme Briefe zu empfangen, wollen wir eine ›normalere‹ Situation in Betracht ziehen. Nachts schaut eine Frau aus dem Fenster ihres Hauses auf dem Lande und sagt zu ihrem Mann. *Honey, there is a man on the lawn near the fence!* Nehmen wir an, der Mann schaut nach und antwortet: *No, honey, it's not a man* ... Es wäre absolut unklar, was der Mann meint, was er negiert und was seine Negation überlebt. Das ›Ding‹ auf dem Rasen kann ein Junge sein, eine Boa Constrictor, die aus dem nahe gelegenen Zoo entlaufen ist, ein Baum, ein Wesen von einem anderen Stern, ein Hund, der Riesenteddy, den die Kinder haben liegenlassen, der Schatten eines Baumes.

Natürlich kann der Ehemann die Absicht haben, seine Frau zu erschrecken, indem er ein Gefühl von Unheimlichkeit und Spannung aufkommen läßt; in diesem Fall jedoch haben wir es nicht mehr mit semantischen Fragen zu tun, sondern mit einer komplexeren pragmatischen Strategie, die auf *Verschwiegenheit* basiert. Der Ehemann beutet in diesem Fall die Natur der Enzyklopädie aus, um einen rhetorischen Effekt zu erzielen.

Betrachten wir vielmehr den Fall, in dem der Ehemann tatsächlich etwas ›Klares‹ ausdrücken will, um seiner Frau mitzuteilen, was er wirklich über das Ding auf dem Rasen denkt. In diesem Falle sollte er nicht nur sagen, daß das Ding kein ›man‹ ist, sondern hinzufügen, ob es sich vielmehr um einen Jungen, einen Hund, eine Kreatur aus dem Weltraum, einen Baum usw. handelt. Dabei braucht er nicht ohne Wörterbuch auszukommen; er muß einfach nur denselben ›lokalen‹ Teil des Wörterbuchs aufbauen und voraussetzen, von dem er annimmt, daß er von seiner Frau implizit skizziert wurde, als sie ihren Satz aussprach. Der Ehemann muß eine Mutmaßung oder eine Abduktion über das *ad hoc*-Wörterbuch anstellen, das beide Sprecher in dieser Situation für gegeben ansehen. Nachdem er einmal die Situation der Äußerung bewertet hat, hat der Mann vernünftigerweise gemutmaßt, daß seine Frau bei der Äußerung *man* bestimmte semantische Eigenschaften *vergrößerte* und einige andere *narkotisierte* (siehe Eco, 1979: 0.6.2.).

Vermutlich ist die Frau nicht an der Tatsache interessiert, daß Menschen sterblich oder Warmblüter sind; an ihrer Rationalität ist sie nur insofern interessiert, als das bedeutet, böse Absichten fassen zu können. Mit anderen Worten: ein *man* ist für sie etwas potentiell Aggressives, das ins Haus eindringen kann. Ein Kind würde als nicht-potentiell aggressiv aufgefaßt werden; ein Hund würde als unfähig zum Eindringen aufgefaßt werden; ein Baum oder ein Riesenteddybär würde als unfähig zur Bewegung aufgefaßt werden. Im Gegensatz dazu würde ein Fremder aus dem Weltraum als ein sich bewegendes und potentiell aggressives Wesen angesehen werden. Wir können jedenfalls annehmen, daß jede Alternative die Wiederherstellung eines gegebenen

Rahmens wie ›nächtliche Einbrecher‹, ›verirrtes Kind‹, ›Eindringlinge aus dem Weltraum‹, ›das Ding aus einer anderen Welt‹ usw. ans Licht bringt.

Der Ehemann ist also gezwungen, zugleich mit der Verneinung von *man* ein anderes Wesen zu behaupten, das nicht eine oder mehrere der furchterregenden Eigenschaften besitzt. Folglich sollte er sich *ad hoc* einen Porphyrischen Baum ausdenken,
[79] wie er mehr oder weniger in Abb. 2.14 dargestellt ist.

Die Enzyklopädie stellt die regulative Hypothese dar, die es beiden Sprechern erlaubt, das ›lokale‹ Wörterbuch herauszufinden, das sie benötigen, um ihre kommunikative Interaktion auf eine sichere Grundlage zu stellen. Der Erfolg der Interaktion wird schließlich beweisen, daß ihre Hypothese gut war. Wenn der Ehemann darüber hinaus wirklich eine Strategie der Schweigsamkeit anwenden wollte, brauchte er diese Hypothese genauso, nämlich um zu wissen, wie die angemessene Spannung zu erzeugen ist. Er mußte wissen, daß zwar durch die Negierung von *man* ausgeschlossen war, daß es sich bei dem Ding auf dem Rasen um ein menschliches, gefährliches, gehendes Ding handelte, jedoch nicht ausgeschlossen war, daß es sich um ein nichtmenschliches, gefährliches, gehendes Ding handelte.

Eine natürliche Sprache ist ein flexibles System der Signifikation, das zur Produktion von Texten erdacht wurde, und Texte sind Mittel, um Teile enzyklopädischer Information zu vergrößern oder zu narkotisieren.

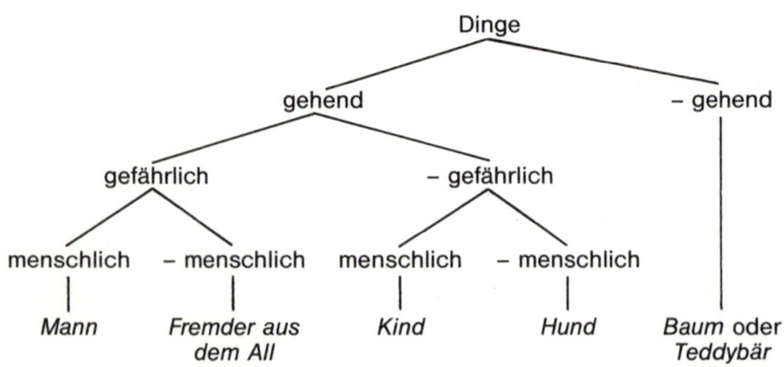

Abb. 2.14

2.3.5. Die Enzyklopädie als Labyrinth

Das Projekt einer enzyklopädischen Kompetenz wird von einer zugrundeliegenden Metaphysik oder einer Metapher (oder einer Allegorie) regiert: der Idee des Labyrinths. Die Utopie eines Porphyrischen Baumes war der einflußreichste Versuch, das Labyrinth auf einen zweidimensionalen Baum zu reduzieren. Aber der Baum erzeugte wiederum das Labyrinth.

Es gibt drei Typen von Labyrinth. Das erste, das klassische, war linear. Als Theseus das Labyrinth von Kreta betrat, mußte er keine Wahl treffen: er konnte nicht umhin, das Zentrum zu erreichen und vom Zentrum aus den Weg hinaus zu finden. Deshalb mußte auch der Minotaurus im Zentrum sein, nämlich um die ganze Sache ein bißchen aufregender zu gestalten. Ein solches Labyrinth wird von einer blinden Notwendigkeit beherrscht. Strukturell gesehen, ist es einfacher als ein Baum: es ist ein Knäuel, und wenn man ein Knäuel aufwickelt, erhält man eine ununterbrochene Linie. In einem solchen Labyrinth ist der Ariadnefaden völlig sinnlos, man *kann* ja gar nicht in die Irre gehen: das Labyrinth selber ist ein Ariadnefaden. Ein solches Labyrinth hat nichts mit einer Enzyklopädie zu tun, ungeachtet seiner wichtigen und durchaus ehrwürdigen symbolischen Bedeutungen.

Der zweite Typ ist ein *Irrgarten* oder *Irrweg*. Der Irrgarten ist [80]
eine manieristische Erfindung; ikonologisch gesprochen erscheint er erst in der späten Renaissance. Ein Irrgarten weist Wahlmöglichkeiten zwischen alternativen Pfaden auf, und einige der Pfade führen nicht weiter. In einem Irrgarten kann man Fehler machen. Wenn man einen Irrgarten auseinandernimmt, erhält man einen Baum, bei dem bestimmte Wahlmöglichkeiten anderen gegenüber bevorzugt sind. Einige Alternativen enden an einem Punkt, an dem man gezwungen wird, zurückzukehren, während andere neue Zweige hervorbringen, und nur einer von ihnen führt zum Ausgang. Im Irrgarten kann man einen Ariadnefaden gut gebrauchen, um nicht sein Leben damit hinzubringen, im Kreise zu gehen, weil man ständig dieselben Bewegungen wiederholt. Ein Porphyrischer Baum kann zu einem Irrgarten dieser Art werden, besonders wenn er wie in 2.4 neu formuliert wird. Ein Irrgarten benötigt keinen Minotaurus: er ist

sein eigener Minotaurus; mit anderen Worten: *der Versuch des Besuchers, den Weg zu finden, ist der Minotaurus.*

Bei einem Labyrinth der dritten Art haben wir es mit einem Netz zu tun (vielleicht beschreibt das Wort *Mäander* am besten den Unterschied zu einem Irrgarten und zu einem *einfachen Labyrinth*). Das charakteristische Merkmal eines Netzes ist es, daß jeder Punkt mit jedem anderen Punkt verbunden werden kann, und wo die Verbindungen noch nicht entworfen sind, können sie trotzdem vorgestellt und entworfen werden. Ein Netz ist ein unbegrenztes Territorium. Ein Netz ist kein Baum. Das Territorium der Vereinigten Staaten verpflichtet niemanden, von New York aus über St. Louis nach Dallas zu fahren, man kann auch über New Orleans dorthin kommen. Wie Pierre Rosenstiehl (1980) anregt, ist ein Netz ein Baum mit zusätzlichen Korridoren, die seine Gabelungen miteinander verbinden und den Baum in ein Vieleck oder in ein System von eingebetteten Vielecken verwandeln. Aber auch dieser Vergleich führt noch in die Irre: ein Vieleck hat Grenzlinien. Im Gegensatz dazu hat das abstrakte Modell eines Netzes weder einen Mittelpunkt noch ein Außen.

Das beste Bild eines Netzes bietet die pflanzliche Metapher des Rhizoms, die Deleuze und Guattari (1976) vorschlagen. Ein Rhizom ist ein Gewirr von Knollen und Knoten und sieht aus wie »Ratten, die durcheinanderwimmeln«. Die Charakteristika einer rhizomatischen Struktur sind die folgenden: (a) Jeder Punkt des Rhizoms kann und muß mit jedem anderen Punkt verbunden werden. (b) Es gibt keine Punkte oder Positionen in einem Rhizom; es gibt nur Linien (dieser Zug kann bezweifelt werden: sich kreuzende Linien bringen Punkte hervor). (c) Ein Rhizom kann an jedem Punkt abgebrochen oder neu verbunden werden, indem man einer der Linien folgt. (d) Das Rhizom ist anti-genealogisch. (e) Das Rhizom hat seine eigene Außenseite, mit der es ein anderes Rhizom bildet; daher hat ein rhizomatisches Ganzes weder Außen noch Innen. (f) Ein Rhizom ist kein Abdruck, sondern eine offene Karte, die in all ihren Dimensionen mit etwas anderem verbunden werden kann; es kann abgebaut, umgedreht und beständig verändert werden. (g) Ein Netzwerk von Bäumen, die sich in alle Richtungen öffnen, kann ein Rhizom bilden (was für uns dasselbe ist wie die Aussage, daß ein

Netzwerk von Teilbäumen künstlich aus jedem Rhizom herausgeschnitten werden kann). (h) Niemand kann eine globale Beschreibung des ganzen Rhizoms liefern; nicht nur, weil das [81] Rhizom multidimensional kompliziert ist, sondern auch, weil seine Struktur sich in der Zeit ändert; darüber hinaus gibt es in einer Struktur, in der jeder Knoten mit jedem anderen Knoten verbunden werden kann, auch die Möglichkeit widersprüchlicher Schlüsse: wenn *p*, dann ist jede mögliche Konsequenz von *p* möglich, diejenige eingeschlossen, die nicht zu neuen Konsequenzen, sondern zu *p* zurückführt, so daß gleichzeitig sowohl *wenn p, dann q* als auch *wenn p, dann nicht-q* zutrifft. (i) Eine Struktur, die nicht global beschrieben werden kann, kann nur als potentielle Summe *lokaler* Beschreibungen beschrieben werden. (j) In einer Struktur ohne Außen können die Beschreiber sie nur durch das Innen anschauen; wie Rosenstiehl (1971, 1980) meint, ist ein solches Labyrinth ein *kurzsichtiger Algorithmus*; an keinem seiner Knoten kann man die globale Ansicht aller Möglichkeiten haben, sondern nur die lokale Ansicht der am nächsten gelegenen: jede lokale Beschreibung des Netzes ist eine *Hypothese* des weiteren Verlaufs und kann falsch sein; in einem Rhizom ist Blindheit die einzige Art des Sehens (lokal), und Denken heißt, *nach dem Weg zu tasten*. Das ist der Typ von Labyrinth, an dem wir interessiert sind. Er stellt ein Modell (ein Modell Q) für eine Enzyklopädie als regulative semiotische Hypothese dar.

Einen Mittelweg zwischen einem Baum und dem Rhizom schlugen die Enzyklopädisten der Aufklärung vor. Die Enzyklopädie des achtzehnten Jahrhunderts, die *Encyclopédie* Diderots und d'Alemberts, machte das Rhizom denkbar, indem sie versuchte, den Baum in eine Landkarte zu verwandeln.

Was ihre hierarchische Struktur betrifft, unterschied sich die Enzyklopädie des 18. Jahrhunderts nicht notwendigerweise von einem Baum. Was sie auszeichnet, ist in erster Linie die hypothetische Natur des Baumes: er stellt nicht eine angenommene Struktur der Welt dar, sondern präsentiert sich als die ökonomischste Lösung, um bestimmte Probleme der Wiedervereinigung des Wissens anzugehen und zu lösen. Darüber hinaus weiß der Enzyklopädist, daß der Baum seinen Inhalt organisiert, aber verarmen läßt, und er hofft, daß er die Verbindungswege zwischen den verschiedenen Knoten des Baumes so präzise bestimmen kann wie möglich, so daß der Baum nach und nach in eine geographische Darstellung oder Landkarte verwandelt wird.

D'Alembert informiert in seiner einleitenden Abhandlung der *Encyclopédie* über die Kriterien für die Zusammenstellung des Werkes. In einer Hinsicht entwickelt er die Metapher des Baumes, in einer anderen stellt er sie in Frage und spricht stattdessen von einer Wörterkarte und einem Labyrinth:

> »Das allgemeine System der Wissenschaften und Künste ist wie ein Labyrinth, wie ein Weg mit vielen Windungen, den der Verstand beschreitet, ohne zu wissen, in welcher Richtung er sich halten muß ... Diese Regellosigkeit würde jedoch bei aller geistig-philosophischen Sicht eine Darstellung in einer enzyklopädischen Gesamt-
> [82] übersicht [frz.: un arbre encyclopédique] verzerren oder völlig unmöglich machen ... Das System unserer Kenntnisse endlich setzt sich aus verschiedenen Wissenszweigen zusammen, die teilweise einen gemeinsamen Berührungspunkt aufweisen; und da man von diesem Punkte aus nicht auf allen Wegen gleichzeitig weiterarbeiten kann, ist die Entscheidung der geistigen Veranlagung des Einzelnen überlassen ...
>
> Bei der enzyklopädischen Zusammenstellung unseres Wissens liegt der Fall jedoch anders. Der Zweck dieser Ordnung besteht in einer Aufstellung in möglichst begrenztem Raum, und der Philosoph soll gewissermaßen über diesem Labyrinth stehen und von einem überlegenen Standpunkt aus gleichzeitig die hauptsächlichen Künste und Wissenschaften erfassen können; er soll die Gegenstände seiner theoretischen Erwägungen und die mögliche Arbeit an diesen Gegenständen mit einem schnellen Blick übersehen; er soll die allgemeinen Zweige des menschlichen Wissens mit ihren charakteristischen Unterschieden oder ihren Gemeinsamkeiten herausstellen und gelegentlich sogar die unsichtbaren Wege aufzeigen, die von dem einen zum anderen führen. Man könnte an eine Art Weltkarte denken, auf der die wichtigsten Länder, ihre Lage und ihre Abhängigkeit voneinander sowie die Verbindung zwischen ihnen in Luftlinie verzeichnet sind; diese Verbindung wird immer wieder durch unzählige Hindernisse unterbrochen, die nur den Bewohnern oder Reisenden des in Frage kommenden Landes bekannt sind und nur auf bestimmten Spezialkarten verzeichnet werden können. Solche Spezialkarten stellen nun die verschiedenen Artikel der Enzyklopädie dar, und der Stammbaum oder die Gesamtübersicht wäre dann die Weltkarte.
>
> Ähnlich wie auf den allgemeinen Karten unserer Weltkugel die

> Gegenstände entsprechend zusammengerückt erscheinen und je nach dem Gesichtswinkel, den das Auge infolge der Kartenzeichnung des Geographen einnimmt, ein verändertes Bild zeigen, so wird die Gestalt der Enzyklopädie von dem Standpunkt abhängen, den man bei der Betrachtung des gesamten Bildungswesens zu vertreten gedenkt. Man könnte sich demnach ebenso viele wissenschaftliche Systeme denken wie Weltkarten verschiedenen Blickwinkels ...« (zitiert nach der dt. Übersetzung, Hamburg 1955).

D'Alembert sagt mit großer Klarheit, daß es kein Zentrum dessen gibt, was eine Enzyklopädie darstellt. Die Enzyklopädie ist ein Pseudobaum, der das Aussehen einer Ortskarte annimmt, um vorübergehend und lokal darzustellen, was in Wirklichkeit nicht darstellbar ist, weil es ein Rhizom ist, eine unvorstellbare Globalität.

Das Universum der Semiose, d. h. das Universum menschlicher Kultur, muß man sich wie ein Labyrinth der dritten Art strukturiert vorstellen: (a) es ist gemäß einem *Netz von Interpretanten* strukturiert. (b) Es ist virtuell *unendlich*, weil es multiple Interpretationen berücksichtigt, die von verschiedenen Kulturen realisiert werden: ein gegebener Ausdruck kann so viele Male interpretiert werden und auf so viele Arten, wie er tatsächlich in einem gegebenen kulturellen Rahmen interpretiert worden ist; es ist unendlich, weil jeder Diskurs über die Enzyklopädie die vorherige Struktur der Enzyklopädie selbst in Zweifel zieht. (c) Es registriert nicht nur ›Wahrheiten‹, sondern vielmehr das, was über die Wahrheit gesagt wurde oder was für wahr gehalten wurde, genauso gut wie das, was für falsch oder imaginär oder legendär gehalten wurde, vorausgesetzt, daß eine gegebene Kultur überhaupt einen Diskurs über irgendein Thema ausgearbeitet hat; die Enzyklopädie registriert nicht nur die ›historische‹ Wahrheit, daß Napoleon auf St. Helena starb, sondern auch die ›literarische‹ Wahrheit, daß Julia in Verona starb. [83]
(d) Eine solche semantische Enzyklopädie wird nie vollendet und existiert nur als *regulative Idee*; nur auf der Grundlage einer solchen regulativen Idee kann man einen gegebenen Teil der gesellschaftlichen Enzyklopädie auch wirklich isolieren, so weit es sinnvoll erscheint, um bestimmte Teile tatsächlicher Diskurse (und Texte) zu interpretieren. (e) Ein solcher Begriff von Enzyklopädie leugnet nicht die Existenz strukturierten Wissens, er

legt nur nahe, daß ein solches Wissen nicht als globales System erkannt und organisiert werden kann; er liefert nur ›lokale‹ und vorübergehende Systeme des Wissens, denen von alternativen und gleichermaßen ›lokalen‹ kulturellen Organisationen widersprochen werden kann; jeder Versuch, diese lokalen Organisationen als einzigartig und ›global‹ zu erkennen – indem ihre Parteilichkeit ignoriert wird –, bringt *ideologische* Voreingenommenheit hervor.

Der Porphyrische Baum versuchte, das Labyrinth zu zähmen. Er schaffte es nicht, weil er es nicht konnte, aber viele zeitgenössische Sprachtheorien versuchen immer noch, diesen unmöglichen Traum wiederzubeleben.

2.3.6. Das Wörterbuch als Werkzeug

Nachdem wir demonstriert haben, daß die theoretische Idee einer semantischen Darstellung im Format eines Wörterbuchs unhaltbar ist, sollten wir jedoch daran erinnern, daß wörterbuchartige Darstellungen angemessene Werkzeuge sein können.

Das System von Hyperonymen, das ein Wörterbuch zur Verfügung stellt, ist eine Möglichkeit, ›Definitionsenergien‹ zu sparen. Wenn man sagt, daß eine Rose eine Blume ist, schlägt man nicht vor, daß ›Blume‹ ein Primitivum ist, das nicht interpretiert werden kann, man nimmt einfach an, daß aus Gründen der Ökonomie in diesem spezifischen Kontext alle die Eigenschaften, die Blumen allgemein zugeschrieben werden, nicht in Frage gestellt werden sollen. Sonst würde man sagen *eine Rose ist eine Blume*, aber ...

In dem Gespräch zwischen Mann und Frau, das oben angeführt wurde (2.3.4.), weiß der Mann, daß es keine absolute und einzigartige Darstellung von *man* gibt, er ist jedoch – gerade deswegen – gezwungen, *ad hoc* eine wörterbuchartige lokale Darstellung zu erdenken, um den glatten Verlauf der Konversationsinteraktion zu sichern. In Kapitel 3 werden wir sehen, daß man sich auf wörterbuchartige Darstellungen verlassen muß, um nach dem vorgeschlagenen Modell Metaphern zu erzeugen und zu interpretieren. D'Alembert machte darauf aufmerksam, daß man beim Schaffen einer echten Enzyklopädie genau weiß, daß jede Eintragung je nach Beschreibung, unter der sie betrachtet wird, in verschiedene Klassen aufgenommen werden kann, aber am Ende (und wenn auch nur vorübergehend) muß eine Eintragung in *eine* gegebene Klasse aufgenommen werden, und ihre Darstellung wird so im Format eines provisorischen Wörterbuchs ›eingefroren‹.

Wenn Putnam ›flüssig‹ unter den semantischen Merkmalen von *Wasser* aufzählt, benutzt er dieses Hyperonym, weil er nicht alle Eigenschaften in Frage stellen muß, die Flüssigkeiten normalerweise zugeschrieben werden, um eine Definition von *Wasser* zu erstellen. Kraft seiner abkürzenden Entscheidung kann er [84] bei seiner Beschreibung bestimmte stereotypische Eigenschaften des Wassers, nämlich jene der physikalischen Wahrnehmbarkeit, der Nässe und der Verdampfung, auslassen; er setzt einfach voraus, daß wir all diese Eigenschaften Flüssigkeiten zuschreiben, ohne sie in Frage zu stellen – bis zu dem Moment, in dem eine plötzliche Wandlung im wissenschaftlichen Paradigma unsere Kultur dazu zwingen wird, ihre gesamte Vorstellung von Flüssigkeit in Frage zu stellen. Die Funktion von Hyperonymen in einem lexikalischen System hängt genau von den epistemologischen Entscheidungen ab, die das Leben einer Kultur beherrschen. Wir können eine wörterbuchartige Wiedergabe erfinden, um in jedem Kontext Definitionsenergien zu sparen, in dem gewisse ›zentrale‹ Voraussetzungen eines kulturellen Systems *als selbstverständlich betrachtet* werden. Jedes Mal, wenn wir einen Konsensbereich anerkennen und umschreiben wollen, innerhalb dessen ein gegebener Diskurs bleiben sollte, setzen wir ein örtliches Wörterbuch voraus, denn ein einzelner Diskurs soll unsere Weltsicht nicht global ändern.

Wenn also die Enzyklopädie eine ungeordnete Menge von Merkmalen (und von Rahmen, Skripten, textorientierten Instruktionen) ist, sind die wörterbuchartigen Arrangements, die wir ständig aufstellen, ihre vorübergehende und pragmatisch nützliche hierarchische Neueinschätzung. In diesem Sinne sollte man eine gängige Unterscheidung zwischen Wörterbuch (streng ›semantisch‹) und Enzyklopädie (verunreinigt von ›pragmatischen‹ Elementen) auf den Kopf stellen: *die Enzyklopädie ist ein semantisches Konzept, und das Wörterbuch ist ein pragmatisches Mittel.*

Man könnte sich nach einem tieferen Grund für all das fragen.
Man kann berechtigterweise fragen, ob es einen ›universellen‹
oder ›biologischen‹ Grund gibt, aus dem bestimmte Eigenschaf-
ten ›wörterbuchartiger‹ erscheinen als andere. Unzweifelhaft
stellen wir häufig die Meinung in Frage, daß Menschen grausam
oder vernunftbegabt und daß Hunde des Menschen beste Freun-
de sind, weniger häufig stellen wir den allgemeinen und starken
Glauben in Frage, daß es sich bei beiden um Tiere handelt.
Quine (1951) hat diese Frage bereits beantwortet: jede Kultur
hat ein stark organisiertes Zentrum und eine verschwommenere
›Peripherie‹, und um die zentralen Konzepte zu ändern, muß
man eine radikale wissenschaftliche Revolution abwarten. Be-
stimmte Wörterbucheigenschaften sind kraft dieser *kulturellen
Trägheit* Wörterbucheigenschaften und bleiben es auch. Diese
Eigenschaften sind nicht aus logischen oder biologischen Grün-
den ›wörterbuchartig‹, sondern aus *historischen* Gründen. Un-
sere Darstellungen respektieren normalerweise aus vielen intui-
tiven Gründen dieses Erbe. Viele Eigenschaften, die an den
höheren Knoten so vieler wörterbuchartiger Bäume angesiedelt
sind (wie ›Lebewesen‹ oder ›Körper‹ oder ›körperlich‹), sind in
der Weltsicht unserer Kultur seit Jahrtausenden fest verwurzelt.
Es ist jedoch nicht unmöglich, an einen neuen Diskurs zu
denken, in dem diese Konzepte zum Ziel eines kritischen Ab-
baus unseres kulturellen Paradigmas werden. Kapitel 3 über die
Metapher wird zeigen, daß ein poetischer Text manchmal darauf
abzielt, gerade unsere am wenigsten in Frage gestellten Voraus-
setzungen zu zerstören; in diesen Fällen kann es passieren, daß
farblose grüne Ideen wütend schlafen können (und vielleicht
müssen), und wir uns nicht des Verdachts erwehren können, daß
Ideen vielleicht körperlicher sind, als wir normalerweise glau-
[85] ben. Die Interpretation eines metaphorischen Textes erfordert
seitens des Interpreten größte Flexibilität beim Re-Arrangieren
der ehrwürdigsten höheren Knoten gängiger Wörterbücher.

In allgemeineren Kontexten kann man beschließen, daß be-
stimmte Eigenschaften ›wichtiger‹, ›zentraler‹, ›diagnostischer‹,
widerstandsfähiger sind als andere. Wenn man einmal erkannt
hat, daß das Wörterbuch kein festes und eindeutiges Bild des
semantischen Universums ist, besitzt man die Freiheit, es zu
benutzen, wann immer man es benötigt.

Metapher

3.1. *Der metaphorische Nexus*

Der »lichtvollste und deshalb notwendigste und häufigste« (Vico) aller Tropen, die Metapher, trotzt jeder enzyklopädischen Eintragung. Seit Beginn aller Zeit war sie Objekt philosophischer, sprachwissenschaftlicher, ästhetischer und psychologischer Reflexion. Shibles' (1971) Bibliographie zur Metapher verzeichnet ungefähr 3000 Titel, und doch übersieht sie Autoren wie Fontanier, fast alles von Heidegger und Greimas – und natürlich kann sie die der komponentensemantischen Forschung folgenden Studien über die Logik natürlicher Sprachen nicht erwähnen, die Arbeiten Henrys, der Lütticher Gruppe μ, Ricœurs, Samuel Levins und die neuesten Textlinguistiken und -pragmatiken.

Für viele Autoren diente der Begriff *Metapher* – und das trifft auch auf Aristoteles und Emanuele Tesauro zu – zur Bezeichnung jeder rhetorischen Figur im allgemeinen. Die Metapher ist, wie es Beda Venerabilis ausdrückte, »eine Gattung, von der alle anderen Tropen Arten sind«. Von der Metapher zu sprechen, bedeutet daher, von rhetorischer Aktivität in all ihrer Komplexität zu sprechen. Und es bedeutet vor allem, sich zu fragen, ob diese merkwürdige, synekdochische Ansicht der Metapher, bei der ein Teil als repräsentativ für das Ganze genommen wird, sich aus Blindheit, Faulheit oder irgendeinem anderen Grund durchgesetzt hat. Es ist wirklich sehr schwierig, über die Metapher nachzudenken, ohne sie in einem Rahmen zu sehen, der notwendigerweise sowohl Synekdoche als auch Metonymie einschließt; tatsächlich ist es so schwierig, daß ein Tropus, der der ursprünglichste zu sein scheint, stattdessen als der abgeleitetste erscheint, als Resultat eines semantischen Kalküls, das andere vorangegangene semiotische Operationen voraussetzt. Eine merkwürdige Situation für eine rhetorische Figur, die von vielen als Grundlage jeder anderen erkannt wurde. [87]

Nicht der geringste der Widersprüche, die in einer *Metapho-*

rologie angetroffen werden, ist der, daß von den Tausenden und Tausenden von Seiten, die über die Metapher geschrieben wurden, wenige den ersten zwei oder drei fundamentalen Konzepten, die von Aristoteles dargelegt wurden, irgendetwas Substantielles hinzufügen. Tatsächlich wurde über ein Phänomen sehr wenig gesagt, über das, wie es scheint, noch alles zu sagen ist. Die Chronik der Metapherndiskussion ist die Chronik einer Reihe von Variationen über einige wenige Tautologien, vielleicht über eine einzige: »Eine Metapher ist das Kunstmittel, das es erlaubt, metaphorisch zu sprechen.« Einige dieser Variationen jedoch konstituieren einen ›epistemischen Bruch‹, der es den Konzepten erlaubt, neuen Territorien zuzutreiben – ganz, ganz geringfügig, aber gerade genug. Es sind diese Variationen, mit denen wir uns befassen werden.

Jeder Diskurs über die Metapher hat seinen Ursprung in einer radikalen Wahl: entweder (a) ist die Sprache von Natur aus und ursprünglich metaphorisch, und der Mechanismus der Metapher begründet sprachliche Aktivität; jede Regel oder Konvention erscheint später, um das metaphorisierende Potential, das den Menschen als symbolisches Tier definiert, zu disziplinieren, zu reduzieren (und zu verarmen); oder (b) ist die Sprache (und jedes andere semiotische System) ein regelgeleiteter Mechanismus, eine Vorschriften auferlegende Maschine, die sagt, welche Sätze erzeugt werden können und welche nicht, und welche von denen, die erzeugt werden können, ›gut‹ sind oder ›richtig‹ oder sinnvoll; eine Maschine, bezüglich deren die Metapher ein Zusammenbruch, eine Funktionsstörung, ein unerklärliches Ergebnis ist, aber gleichzeitig auch der Drang nach sprachlicher Erneuerung. Wie man sieht, bewegt sich die Opposition auf den Spuren der klassischen Opposition von *physis* und *nomos*, von Analogie und Anomalie, von Motiviertheit und Willkürlichkeit. Das Problem besteht darin zu erkennen, was daraus folgt, wenn wir uns für die eine der beiden Seiten dieses Dilemmas entscheiden. Wenn es die Metapher ist, was die Sprache begründet, kann man über Metaphern nur metaphorisch sprechen. Jede Definition von Metapher kann dann nur zirkulär sein. Wenn stattdessen zuerst eine Theorie der Sprache besteht, die ›wörtliche‹ sprachliche Produktionen vorschreibt, und wenn die Metapher innerhalb dieser Theorie einen Skandal darstellt (d. h. wenn die

Metapher eine Abweichung von einem solchen Normensystem ist), dann muß die theoretische Metasprache von etwas zu Definierendem sprechen, das noch nicht einmal erdacht wurde. Eine rein denotative Sprachtheorie kann jene Fälle anzeigen, in denen Sprache falsch benutzt wird, aber *etwas zu sagen scheint* – aber eine solche Theorie hat natürlich Schwierigkeiten zu erklären, was und warum. Folglich greift sie nach tautologischen Definitionen des folgenden Typs: »Wir haben es jedes Mal mit einer Metapher zu tun, wenn etwas Unerklärliches geschieht, das die Benutzer der Sprache als Metapher wahrnehmen.«

Aber das Problem endet hier noch nicht. Wenn sie in enger Verbindung mit der verbalen Sprache untersucht wird, wird die Metapher in einem rein linguistischen Rahmen zur Quelle des Skandals, weil sie nämlich in Wirklichkeit ein semiotisches Phänomen ist, das in fast allen semiotischen Systemen möglich ist. Die innere Natur von Metaphern erzeugt eine Verschiebung der linguistischen Erklärung auf semiotische Mechanismen, die [88]
nicht nur gesprochenen Sprachen eigen sind; man braucht nur an die häufig metaphorische Natur von Traumbildern zu denken. Es handelt sich jedoch nicht darum, festzustellen, daß visuelle Metaphern *ebenfalls* existieren oder daß vielleicht olfaktorische oder musikalische Metaphern *ebenfalls* existieren. Das Problem ist, daß verbale Metaphern selbst oft Bezüge zu visuellen, akustischen, taktilen und olfaktorischen Erfahrungen herstellen.

Schließlich müssen wir fragen, ob die Metapher ein Ausdrucksmodus mit *kognitivem Wert* ist. Als Ornament ist die Metapher für uns nicht von Interesse, weil sie von einer Semantik der Denotation vollständig erklärt werden könnte, wenn sie nur auf angenehmere Weise sagt, was anders gesagt werden kann. Wir sind interessiert an der Metapher als an einem zusätzlichen, nicht einem ersatzweisen Instrument des Wissens.

Die Metapher als kognitives Werkzeug zu betrachten, bedeutet dennoch nicht, sie im Lichte von Wahrheitswerten zu untersuchen. Aus diesem Grunde sind Diskussionen über die alethische Logik der Metapher (d. h. ob eine Metapher wahrhaftig ist und ob es möglich ist, wahre Schlüsse aus einer metaphorischen Äußerung zu ziehen) unbefriedigend. Ganz klar ist, daß ein Schöpfer von Metaphern buchstäblich *lügt* – wie jedermann weiß. Wenn aber jemand Metaphern benutzt, spricht er nicht

›buchstäblich‹: er gibt vor, Aussagen zu machen, und doch will er *ernsthaft* etwas aussagen, das jenseits der buchstäblichen Wahrheit liegt. Wie kann man eine solch zweideutige Absicht ›signalisieren‹?

Es ist also vielleicht möglich, eine extensionale Semantik der Metapher zu umgehen, unmöglich ist es jedoch, eine *Pragmatik* zu umgehen. Unter dem Gesichtspunkt der *Konversationsmaximen* (Grice, 1967) ist die Schöpfung von Metaphern eine Möglichkeit, die Maxime der Qualität zu verletzen (»Versuche deinen Gesprächsbeitrag so zu gestalten, daß er wahr ist«), die der Quantität (»Mache deinen Gesprächsbeitrag so informativ ... wie möglich«), die der Modalität (»Vermeide Unklarheit im Ausdruck und Mehrdeutigkeit«) und die der Relation (»Sei belangvoll«). Jemand, der Metaphern ausspricht, lügt eklatant, er spricht dunkel und vor allem spricht er von etwas anderem, während er die ganze Zeit nur vage Informationen zur Verfügung stellt. Wenn jemand beim Sprechen all diese Maximen verletzt, und zwar ohne in den Verdacht zu geraten, dumm oder unbeholfen zu sein, muß der Zuhörer eine *Implikatur* erkennen. Offensichtlich meinte dieser Sprecher etwas anderes. Wir wollen also hier die Frage diskutieren, auf welche enzyklopädischen Regeln sich die Lösung der metaphorischen Implikatur gründen muß, wenn wir jeden Appell an die unaussprechliche Intuition vermeiden wollen?

3.2. *Traditionelle Definitionen*

Gängige Wörterbücher tun sich normalerweise schwer mit der Definition der Metapher: »Die Übertragung des Namens des einen Objektes auf ein anderes Objekt durch eine Beziehung der Analogie« (was aber ist denn eine Beziehung der Analogie, wenn nicht eine metaphorische Beziehung?); »Die Ersetzung eines
[89] passenden Begriffes durch einen figurativen« (*qua* Spezies der Gattung der Figuren wird die Metapher durch eine Synekdoche definiert); »ein abgekürzter Vergleich ...«. Alle diese Definitionen gehören zu den klassischen (*cf.* Lausberg, 1960); bestenfalls

gibt es Typologien der verschiedenen Arten von Substitution, d. h. z. B. Substitution von belebt mit unbelebt, unbelebt mit belebt, von belebt durch belebt und von unbelebt durch unbelebt, entweder in einem physischen oder in einem moralischen Sinne; oder sonst gibt es Substitutionen von Namen, Adjektiven, Verben, Adverbien (*cf.* Brooke-Rose, 1958).

Was die Synekdoche betrifft, so nennt man sie die »Ersetzung eines Begriffs durch einen anderen aufgrund einer Beziehung von größerer oder geringerer Ausdehnung« (Teil für das Ganze, Ganzes für den Teil, Art für Gattung, Singular für Plural oder umgekehrt), wohingegen man die Metonymie eine »Ersetzung eines Begriffes durch einen anderen aufgrund einer Kontiguitätsbeziehung« nennt (wobei Kontiguität ein ziemlich schwammiges Konzept ist, denn es umfaßt die Beziehungen von Ursache/Wirkung, Behältnis/Inhalt, Instrument für Operation, Ort des Ursprungs für ursprüngliches Objekt, Emblem für emblematisiertes Objekt usw.). Und wenn spezifiziert wird, daß die Synekdoche eine Substitution innerhalb des *begrifflichen Inhalts* eines Ausdrucks ausführt, wohingegen die Metonymie außerhalb dieses Inhalts agiert, ist schwer zu sehen, warum der Teil für das Ganze eine Synekdoche ist und das Material für das Objekt eine Metonymie – als ob es ›begrifflich‹ wesentlich für ein Objekt wäre, konstituierende Teile zu haben und unwesentlich, aus einem bestimmten Material gemacht zu sein.

Wie wir in 3.11.2. sehen werden, beruht diese Verwirrung auf einem ›archäologischen‹ und außer-rhetorischen Grund. Es wird auch gezeigt werden, daß man die Synekdoche auf semantische Repräsentationen in Form eines Wörterbuchs beschränken und die Metonymie für Repräsentationen in Form einer Enzyklopädie reservieren könnte. Aber effektiv ist die Verlegenheit des Wörterbuchs dieselbe wie die der klassischen Handbücher, die eine Typologie rhetorischer Figuren konstruierten, die noch heute unter bestimmten Aspekten nützlich ist. Diese Typologie ist recht bewundernswert, aber rätselhaft oder mit Zweideutigkeiten durchsetzt: (a) sie betrachtet Tropen als Operationen an Einzelwörtern *(in verbis singulis)*, und schließt so eine Kontextanalyse aus; (b) wie wir oben sagten, führt sie die Unterscheidung Synekdoche/Metonymie auf der Grundlage der nicht hinterfragten Kategorie des *begrifflichen Inhalts* ein; (c) sie unterscheidet nicht zwischen syntaktischen und semantischen Operationen (Asyndeton und Zeugma z. B. sind zwei Fälle von Wortfiguren durch Auslassung, wobei das erstere die reine syntaktische Verteilung betrifft, das zweite jedoch semantische Entscheidungen impliziert); (d) vor allem definiert sie die Metapher als einen Tropus, der durch eine Verlagerung oder einen Sprung charakterisiert ist, wobei /Verlagerung/ und /Sprung/ selbst Metaphern für »Metapher« sind und /Metapher/ ihrerseits Metapher ist, insofern, als das Wort (etymologisch) »Übertragung« oder »Verschiebung« bedeutet.

Weil die Tradition mehrere unverbundene Vorstellungen hinterlassen hat, werden wir dort nach einer Theorie der Metapher suchen müssen, wo sie das erste Mal vorgeschlagen wird, d. h.
[90] bei Aristoteles.

3.3. *Aristoteles: Synekdoche und Porphyrischer Baum*

Aristoteles steht der Frage der Metapher das erste Mal in der *Poetik* (1457*b* 1 – 1458*a* 17) gegenüber. Um die Sprache zu beleben, ist es möglich, neben den gewöhnlichen Wörtern auch fremde Wörter zu benutzen, künstliche Prägungen, verlängerte, verkürzte oder veränderte Ausdrücke (in der *Rhetorik* werden viele dieser Sprachspiele, echte ›Puns‹, analysiert werden) und schließlich: Metaphern. Die Metapher wird als Zuflucht zu einem Namen eines anderen Typs oder als das Übertragen des zu einem bestimmten Objekt gehörenden Namens auf ein anderes definiert, eine Operation, die durch Verlagerungen von Gattung zu Art, von Art zu Gattung, von Art zu Art oder durch Analogie stattfinden kann.

Bei der Fundierung einer Metaphorologie benutzt Aristoteles *Metapher* deutlich als Gattungsbegriff: seine beiden ersten Metapherntypen sind in Wirklichkeit Synekdochen. Wenn wir die Ursprünge alles dessen finden wollen, was in den folgenden Jahrhunderten über die Metapher gesagt wurde, ist es notwendig, seine gesamte Klassifikation sorgfältig zu betrachten und auch die Beispiele, die in den Kommentar eingewoben sind.

Erster Typ: von Gattung zu Art. Wir folgen der Definition der Gruppe μ (1970) und nennen diesen Typus nun ›generalisierende Synekdoche in Σ‹. Das Beispiel, das Aristoteles verwendet, ist *Mein Schiff steht hier*, weil ›stehen‹ die Gattung ist, zu deren Arten ›vor Anker liegen‹ gehört. Ein offensichtlicheres und kanonischeres Beispiel wäre der Gebrauch von /Tier/ für »Mensch«, da Mensch eine Art der Gattung Tier ist.

Nach den *Kategorien* (1*a* 1–12) werden zwei Dinge ›synonym‹ benannt, wenn beide nach ihrer gemeinsamen Gattung benannt werden (sowohl ein Mensch als auch ein Ochse können ›Tier‹ genannt werden). Deshalb ist eine Metapher des ersten Typs eine Form der Synonymie, deren Schöpfung und Interpretation von einem bereits existierenden Porphyrischen Baum abhängen (siehe Kapitel 2). In beiden Fällen (Synonymie und Metapher des ersten Typs) sind wir Zeugen einer Art ›armseliger‹ Definition. Eine Gattung reicht nicht aus, um eine Art zu definieren, und sie impliziert nicht die darunterliegende Art. Mit anderen Worten: um /Tier/ für Mensch zu akzeptieren, soll man sich auf einen unerlaubten Schluß verlassen: $((p \supset q) \cdot q) \supset p$. In logischer Hinsicht scheint Aristoteles' zweiter Metapherntyp akzeptabler, da er einen korrekten Fall von *modus ponens* darstellt: $((p \supset q) \cdot p) \supset q$. Unglücklicherweise kann eine materiale Implikation vom Standpunkt einer natürlichen Sprache aus wenig überzeugend wirken. Die Metapher des zweiten Typs also (die eine weitere Synekdoche ist, die von der Gruppe μ ›partikularisierende Synekdoche in Σ‹ genannt wird) ist wirklich unbefriedigend. Aristoteles führt das Beispiel an: *Zehntausend wakkere Taten tat Odysseus*, wobei /zehntausend/ für »viele« steht, die Gattung, von der es angeblich eine Art sein soll. Die Unbeholfenheit des Beispiels ist evident. Tatsächlich ist /zehntausend/ *notwendigerweise* »viel« nur in einem Porphyrischen Baum, der auf einer bestimmten Mengenskala basiert. Man kann sich leicht eine andere Skala vorstellen, die sich nach astronomischen Größen ausrichtet, auf der zehntausend, ja selbst hunderttausend eine eher knappe Menge ist. [91]

Mit anderen Worten, obgleich es mehr oder weniger notwendig für einen Menschen erscheinen mag, sterblich zu sein, ist es nicht ebenso notwendig, daß zehntausend viel ist. Dessen ungeachtet legt /zehntausend/ intuitiv »viele« nahe, und das in einem zweifellos hyperbolischen Ton, während /Mensch/ für »Tier« nicht intuitiv als eine interessante Redefigur wahrgenommen wird – beide Beispiele hängen jedoch vom selben logischen Schema ab. Wahrscheinlich war nach dem Code der griechischen Sprache im vierten Jahrhundert v. Chr. der Ausdruck /zehntausend/ bereits *übercodiert* (als präfabriziertes Syntagma) und wurde benutzt, um eine große Menge zu bezeichnen. Anders gesagt, Aristoteles erklärt den Interpretationsmodus dieser Synekdoche, indem er die Synekdoche selbst als bereits aller Ambiguität entkleidet nimmt – ein neues Beispiel der Verwirrung zwischen der Sprachstruktur oder dem Lexikon und der Weltstruktur. Der überraschende Schluß ist, daß Metaphern des zweiten Typs (partikularisierende Synekdochen in Σ) logisch korrekt, aber rhetorisch fad sind, während Metaphern des ersten Typs (generalisierende Synekdochen in Σ) rhetorisch akzeptabel sind, aber logisch nicht zu vertreten.

3.4. *Aristoteles: Metaphern mit drei Begriffen*

Beim dritten Typ gibt Aristoteles ein Doppelbeispiel: *Mit dem Erz ihm die Seele ausschöpfend* und *Mit erbarmungslosem Erz herausschneidend.* Eine andere Übersetzung möchte ein Schwert haben, das im zweiten Fall den Fluß des Blutes oder Lebens durchschneidet. Es sind auf jeden Fall zwei Beispiele eines Übergangs von Art zu Art: /ausschöpfen/ und /herausschneiden/ sind zwei Fälle des allgemeineren /wegnehmen/. Dieser dritte Typ scheint wirklich eine echte Metapher zu sein: man kann sofort sagen, daß es eine ›Ähnlichkeit‹ zwischen ausschöpfen und herausschneiden gibt, und deshalb kann die logische Struktur und die interpretative Bewegung wie in Abb. 3.1 dargestellt werden, wo der Übergang von einer Art zu ihrer Gattung und dann von dieser Gattung zu einer zweiten Art von rechts nach links oder von links nach rechts stattfinden kann, je nachdem, welches der beiden aristotelischen Beispiele man diskutieren möchte.

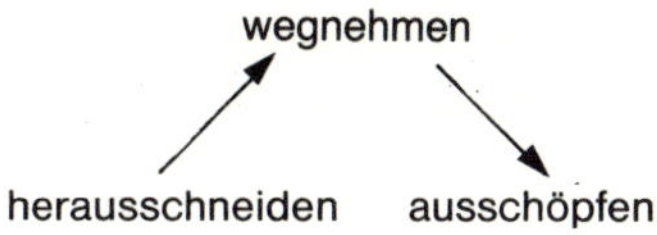

Abb. 3.1

Dieser dritte Typ scheint eine so echte Metapher zu sein, daß viele spätere Theorien gerade deshalb funktionieren, weil sie Beispiele dieses Typs bevorzugen. Verschiedene Autoren haben diesen dritten Metapherntyp mit dem folgenden Diagramm dargestellt, wobei *x* und *y* der metaphorisierende respektive der metaphorisierte Begriff sind (Richards' *vehicle* und *tenor*) und [92]
wobei *Z* der vermittelnde Begriff ist (die Gattung des Bezugs), der die Disambiguierung erlaubt, wie in Abb. 3.2 gezeigt.

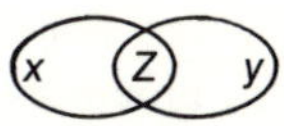

Abb. 3.2

Das Diagramm erklärt solche Ausdrücke wie *der Zahn des Berges* (Gipfel und Zahn haben gemeinsam teil an der Gattung ›spitze Form‹) und *sie war eine Birke* (Mädchen und Birke haben teil an der Gattung ›biegsamer Körper‹): Zeitgenössische Theorien besagen, daß Birke eine menschliche Eigenschaft erwirbt oder daß Mädchen eine vegetabilische Eigenschaft annimmt, daß die in Frage stehenden Einheiten jedenfalls etwas von ihren eigenen Eigenschaften verlieren (siehe z. B. die Theorie der *transfer features* bei Weinreich, 1972). Aber an diesem Punkt entstehen zwei Probleme.

Um zu entscheiden, welche Eigenschaften überleben und welche wegfallen müssen, müssen wir zunächst *ad hoc* einen Porphyrischen Baum konstruieren, und diese Operation muß von einem Universum des Diskurses oder einem Referenzrahmen geleitet werden (für eine der ersten Behauptungen dieses Prinzips siehe Black, 1955). Bei dieser Operation semantischer Kreuzung entsteht zweitens ein in Hinsicht auf Synekdochen oder Metaphern der ersten beiden Typen neues Phänomen. Betrachten Sie die zweifache Bewegung, die sowohl der Produktion als auch der Interpretation von *Zahn des Berges* zugrundeliegt, wie in Abb. 3.3 gezeigt.

Abb. 3.3

In einer Synekdoche, in welcher ein Gipfel als etwas Scharfes benannt wird, würde Gipfel einige seiner charakteristischen Eigenschaften verlieren (z. B. die Eigenschaft, Mineral zu sein) und stattdessen mit der Gattung, auf die er reduziert ist, einige morphologische Eigenschaften teilen (insbesondere diejenige, scharf zu sein). In einer Metapher des dritten Typs verliert Gipfel einige Eigenschaften, indem es zu etwas Scharfem wird, und gewinnt andere neu, indem es zum Zahn wird. Während Gipfel und Zahn jedoch die Eigenschaft der Schärfe *gemeinsam* haben, richtet der Vergleich die Aufmerksamkeit auch auf die Eigenschaften, die zueinander *in Opposition* stehen. Dieses ist in so starkem Maße der Fall, daß man das Phänomen als Übertragung von Eigenschaften bezeichnet, wie oben erwähnt (Gipfel wird menschlicher und organischer, Zahn erwirbt die Eigenschaft mineralisch zu sein). Was Theorien der ›transfer features‹ fragwürdig macht, ist immer die Tatsache, daß wir nicht sagen
[93] können, wer was gewinnt und wer stattdessen etwas anderes verliert. Eher als von einer Übertragung könnten wir von einem ›Hin-und-Zurück‹ von Eigenschaften sprechen. Dieses Phänomen wird in 3.6. mit dem Freudschen Begriff ›Verdichtung‹ benannt werden, und es ist das Phänomen, das den vierten Metapherntyp charakterisiert. Metaphern des dritten und vierten Typs sind sich darin ähnlich, daß die Spielregel nicht mehr auf bloßer Identifikation oder auf Absorption (von Art zu Gattung) beruht: jetzt sind es ›Ähnlichkeit‹ und ›Opposition‹ oder Identität und Unterschied, die in Frage stehen.

3.5. *Aristoteles: das proportionale Schema*

Die analogische oder proportionale Metapher ist eine Metapher mit vier Begriffen, die nicht länger $A/B = C/B$ sind (z. B.: Gipfel steht zur Gattung scharfer Dinge genauso wie Zahn), sondern $A/B = C/D$. Die Schale steht zu Dionysos wie der Schild zu Ares steht, schlägt Aristoteles vor. Also kann der Schild als *die Trinkschale des Ares* definiert werden oder die Schale als *der Schild des Dionysos*. Oder: das Alter verhält sich zum Leben wie der Abend zum Tage, und so kann das Alter als *der Abend des Lebens* definiert werden und der Abend ist *das Greisenalter des Tages*.

Aristoteles' Definition schien immer großartig wegen ihrer Bündigkeit und Klarheit. Das ist sie auch, und zweifellos war es eine geniale Idee, eine Art propositionaler Funktion zu finden, in die unendliche konkrete Beispiele eingesetzt werden können. Noch genialer, wenn man bedenkt, daß diese proportionale Formel die Darstellung selbst jener Fälle strikter Katachrese erlaubt, in denen das Vehikel für einen Tenor steht, der lexikalisch gesprochen nicht existiert: $A/B = x/D$. Aristoteles liefert sein eigenes, sprachlich komplexes Beispiel, aber wir können uns auch zwei vertrauten Katachresen zuwenden, *dem Tischbein* und *dem Flaschenhals*. Ein Bein verhält sich zum Körper, wie ein ungenanntes Objekt sich zum Körper eines Tisches verhält.

Es wird sofort klar, daß die Art und Weise, wie Bein mit Körper verbunden ist, nicht dieselbe Art und Weise ist, wie Hals mit Körper verbunden ist. Das Bein eines Tisches ähnelt einem menschlichen Bein, vorausgesetzt, daß wir einen Bezugsrahmen haben, der die Eigenschaft ›unterstützen‹ hervortreten läßt, während ein Flaschenhals nun nicht gerade einen Korken stützt und auch nicht das gesamte Behältnis. Anscheinend spielt die Analogie von Bein mit funktionalen Eigenschaften, und zwar auf Kosten *morphologischer* Ähnlichkeiten (die auf sehr abstrakte Äquivalenzen reduziert werden, wobei die Quantität als irrelevant übergangen wird), während die Analogie des Halses die funktional relevanten Züge fallenläßt und die morphologischen hervorhebt. Und das heißt nichts anderes, als daß wieder einmal unterschiedliche Konstruktionskriterien für einen Porphyrischen Baum zur Debatte stehen – als ob es überhaupt noch möglich wäre, von einem Porphyrischen Baum *tout court* zu sprechen. Denken wir an die typische Situation einer Metapher des vierten Typs wie Schale/Dionysos = Schild/Ares. Wie können wir sie in irgendeinem Porphyrischen Baum unterbringen?

[94] Nach den Kriterien der späteren Rhetoriktheorien ist die Beziehung Schale/Dionysos zunächst einmal metonymisch. Schale und Dionysos sind gemeinhin *durch Kontiguität* verbunden, durch die Beziehung Subjekt/Instrument, durch eine kulturelle Gewohnheit (ohne die Schale *für* viele andere Objekte *stehen* könnte). Diese Beziehung eignet sich überhaupt nicht dafür, in einem Porphyrischen Baum ausgedrückt zu werden, es sei denn, wir legten die einschließenden Äquivalenzen sehr breit an (z. B. wie folgt: Schale gehört zu der Klasse von Dingen, die Dionysos charakterisieren, oder umgekehrt: Dionysos gehört zu der Klasse aller Wesen, die Schalen benutzen). Dasselbe gilt für die Beziehung Schild/Ares. Mit anderen Worten, es ist sehr schwer, in dieser Beziehung einen Fall von Einbettung der Gattung innerhalb der Art zu erkennen.

Der Fall Mensch/Tier stellt uns vor analytische Eigenschaften, während der Fall Schale/Dionysos uns vor synthetische Eigenschaften stellt. Der Mensch ist Tier kraft seiner Definition, während sich Schale nicht notwendig auf Dionysos bezieht, außer in einer sehr begrenzten ko-textuellen Situation, in der die verschiedenen heidnischen Götter ikonographisch zusammen mit ihren charakteristischen Attributen aufgezählt werden. Panofsky und Caravaggio würden sicher die These vertreten: *Wenn Dionysos, dann Schale*; aber selbst sie würden einräumen, daß es unmöglich ist, an einen Menschen zu denken, der nicht Tier ist, aber immer möglich, an Dionysos zu denken, ohne an eine Schale zu denken. Selbst wenn man zugesteht, daß es möglich wäre, die Beziehungen Schale/Dionysos und Mensch/Tier zusammenzustellen, taucht ein neues Problem auf: warum wird Dionysos in eine Beziehung zu Ares gesetzt und nicht zum Beispiel zu Ceres, Athene oder Vulkan?

Natürlich ist es vorsichtiger, bei dieser Art von Überlegung die Intuition des Sprechers auszuschließen (da die Intuition des Sprechers von kulturellen Kontexten bestimmt wird), und doch ist die Aussage intuitiv, und zwar bis zu dem Grade, daß selbst

Aristoteles Schwierigkeiten gehabt hätte, den Speer der Athene als Schale der Athene zu bezeichnen und die Weizengarben der Ceres als Schild der Ceres (selbst wenn man barocke Kontexte, wo dies möglich ist, nicht ausschließt). Die Intuition sagt einem, daß Schild und Schale eine Beziehung unterhalten können, weil sie beide rund und konkav sind (auf unterschiedliche Weise rund und konkav, das ist wahr, aber darin besteht gerade die Klugheit der Metapher, daß sie uns nämlich eine gewisse Ähnlichkeit zwischen unterschiedlichen Dingen sehen läßt). Aber in welcher Hinsicht gehören Dionysos und Ares zusammen? Im Pantheon der heidnischen Götter ist es gerade ihre Unterschiedlichkeit, die sie vereint (merkwürdiges Oxymoron). Dionysos, der Gott der Freude und der friedlichen Riten, Ares, der Gott des Todes und des Krieges: ein Spiel der *Ähnlichkeiten*, das dann mit *Unterschiedlichkeiten* vermischt wird. Becher und Schale sind gleich in ihrer Rundheit, ungleich in ihrer Funktion; Ares und Dionysos sind gleich, weil sie Götter sind, ungleich wegen ihrer jeweiligen Aktionsfelder.

Aus diesem Nexus von Problemen ergeben sich sofort einige Betrachtungen. Was für Aristoteles nicht klar und offensichtlich war, wurde nach ihm auf verschiedenen Stufen der späteren Metaphorologie entwickelt. [95]

3.6. *Proportion und Verdichtung*

Die Metapher mit vier Begriffen bringt nicht allein verbale Substanzen ins Spiel. Sobald die Proportion einmal festgesetzt ist, kann man es als etwas Unpassendes wahrnehmen, wenn Dionysos wirklich aus einem Schild trinkt oder wenn Ares sich mit einer Schale verteidigt. Bei den ersten beiden Typen der Metapher absorbiert der metaphorisierende Begriff den metaphorisierten (oder vermischt sich mit ihm), sehr ähnlich einer Figur, die in einer Menge verschwindet – oder sie verläßt – ohne daß unsere kognitiven Gewohnheiten in Frage gestellt werden. Bestenfalls ist das Resultat etwas Verarmtes, sowohl konzeptuell als auch perzeptuell. Beim dritten Metapherntyp wird dagegen eine Überlagerung von Pflanze und Mädchen geschaffen, die fast sichtbar ist wie beim vierten Typ.

Wenn auch verworren, erkennt Aristoteles, daß einem Ding, dem man den Namen von etwas anderem gibt, jene Qualitäten versagt werden, die ihm zugehören. Ares' Schild könnte auch *weinlose Schale* (*Poetik*, 1457 *b* 32) genannt werden. Henry (1971) bemerkt, daß dies keine Metapher mehr ist, sondern ein »sekundäres Phänomen«, eine Konsequenz aus einer vorangegangenen Metapher. Das ist wahr, aber es bedeutet folgendes: wenn die Metapher allmählich verstanden wird, wird der Schild zur Schale, und diese Schale bleibt zwar rund und konkav (wenn auch anders als der Schild), aber sie verliert die Eigenschaft, voller Wein zu sein. Anders herum ausgedrückt: man entwickelt ein Bild von Ares mit einem Schild, der die Eigenschaft erwirbt, randvoll mit Wein zu sein. Und das heißt: zwei Bilder verschmelzen miteinander, zwei Dinge verändern sich und bleiben doch erkennbar, und eine visuelle (und auch begriffliche) Kreuzung wird geboren.

Könnte man sagen, daß wir eine Art Traumbild vor uns haben? Nachdem sie einmal festgelegt wurde, geht die Wirkung einer solchen Proportion wie das vor sich, was Freud (1889) »Verdichtung« nannte: nicht übereinstimmende Züge können fallengelassen werden, während gemeinsame Züge verstärkt werden. Der Prozeß ist nicht nur für Träume charakteristisch, sondern auch für *Witze*, d. h. für jene Wortspiele oder Zusammensetzungen (ψυχρά; *Rhetorik*, 1406 *b* 1) oder noch besser für jene Geistreicheleien (ἀστεῖα; *ibid.*, 1410 *b* 6), die einigen der Kategorien von *Witzen*, *Kalauern* und *Klangwitzen* so ähnlich sind, die Freud analysierte (1905). Wenn die Freudsche Typologie mit einer Typologie der Rhetorik verglichen werden kann, kann es keinen Zweifel geben, daß das endliche Resultat der aristotelischen Proportion ein Prozeß ist, der der Freudschen Verdichtung sehr ähnlich ist, und daß diese Verdichtung, wie später gezeigt werden wird, soweit ihr semiotischer Mechanismus betroffen ist, unter dem Gesichtspunkt des Erwerbs und
[96] Verlustes von *Eigenschaften* oder *Semen* (wie immer wir sie nennen wollen) beschrieben werden kann.

3.7. *Wörterbuch und Enzyklopädie*

Nach allem, was wir in Kapitel 2 dieses Buches gesagt haben, haben die Eigenschaften, die vom dritten und vierten Metapherntyp in Gang gesetzt werden, deutlich nicht denselben logischen Status wie jene, die von den ersten beiden Typen in Gang gesetzt werden. Um die Verdichtung Schale/Schild zu erhalten, ist es notwendig, Eigenschaften oder Seme wie ›rund‹ und ›konkav‹, ›Krieg‹ und ›Frieden‹, ›Leben‹ und ›Tod‹ zu aktivieren. Es ist klar, daß sich hier ein Unterschied zwischen einer semantischen Beschreibung in Form eines Wörterbuchs und einer Beschreibung in Form einer Enzyklopädie abzeichnet, sogar mit unbeständigen Variationen zwischen Σ Eigenschaften und Π Eigenschaften (Gruppe μ, 1970), zwischen semantischen Eigenschaften und semiologischen Eigenschaften (Greimas 1966) oder zwischen Wörterbuch-Merkmalen und Weltwissen.

Die Gruppe μ unterscheidet zwischen einer ›endozentrischen‹ Reihe von Semen oder ›begrifflichen‹ Eigenschaften (Modus Σ) und einer ›exozentrischen‹ Reihe von Teilen oder ›empirischen‹ Eigenschaften (Modus Π). Beispiel für eine endozentrische Reihe wäre die Implikation Eiche – Baum – Pflanze (merkwürdigerweise ziehen die Autoren nur die eine Richtung in Betracht – »Wenn *x* ein Baum ist, dann ist es *entweder* eine Pappel *oder* eine Eiche *oder* eine Birke« – ohne zu bedenken, daß *x* notwendigerweise eine Pflanze ist, wenn es eine Pappel ist; aber die beiden Richtungen sind doch offensichtlich komplementär). Beispiel für eine exozentrische Reihe wäre die Beziehung zwischen einem Baum und seinen Teilen: Stamm *und* Äste *und* Blätter. Die

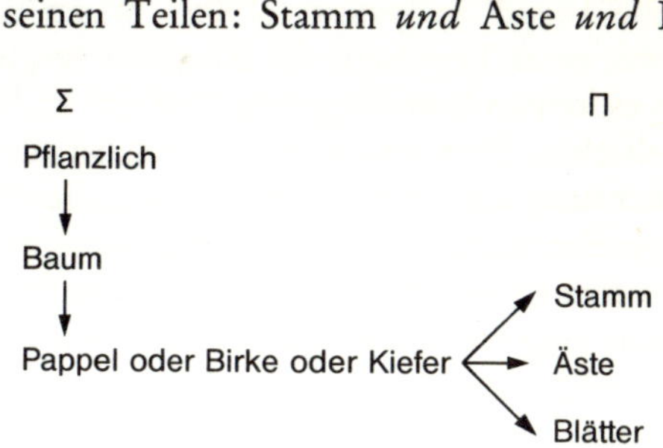

Abb. 3.4

Unterscheidung zwischen den beiden Modi könnte wie in Abb. 3.4 dargestellt werden.

Die Gruppe μ weiß sehr genau, daß diese »Endoserien [d. h. endozentrische Reihen] zwar virtuell im Vokabular« existieren, »doch sind wir es, die sie darin entdecken und herausstellen, denn prinzipiell kann jedes Wort oder Konzept eine Kreuzung von ebensoviel Reihen sein wie es Seme enthält« (1970; dt. Übers. S. 167). Nachdem sie dieses kritische Bewußtsein bezüglich der sprachlichen Mechanismen eines Wörterbuchs gezeigt hat, zieht die Gruppe μ daraus allerdings nicht die Konsequenzen, die sie ziehen sollte, sondern verfällt in eine Art aristotelischer Identifikation der Kategorien mit den Dingen. Nehmen wir die Art, auf die die verschiedenen metaphorischen Konstruktionen mittels eines doppelten synekdochischen Austauschs erklärt werden, von einer generalisierenden Synekdoche (Sg) zu einer partikularisierenden Synekdoche (Sp) und umge-
[97] kehrt, ob nun im Σ Modus oder im Π Modus.

Es wird die Regel vorgeschlagen, daß der Begriff *I*, der von der metaphorischen Interpretation ausgeschlossen ist, eine Synekdoche des Ausgangsbegriffs *D* sein muß, während der Zielbegriff *A* eine Synekdoche von *I* sein muß. Bedingung ist, daß *A* und *D* dieselbe Ebene von Allgemeinheit haben müssen. Gemäß

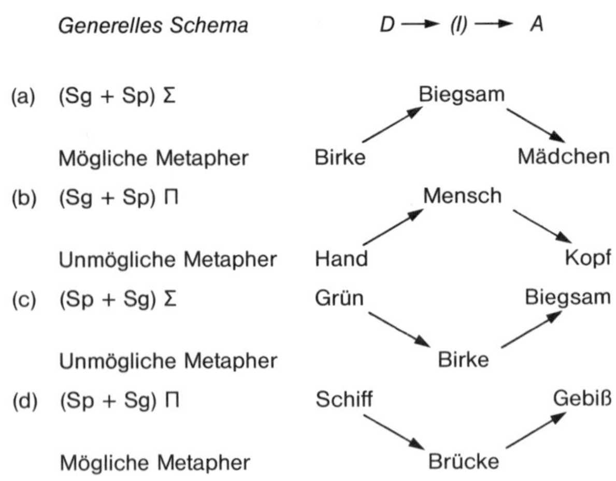

Abb. 3.5

Modus Σ wird die resultierende Metapher auf Semen beruhen, die *D* und *A* gemeinsam sind, während sie bei Modus Π auf ihren gemeinsamen Teilen beruhen wird. Der materielle Teil muß kleiner als das Ganze sein, während der semische Teil allgemeiner sein muß (vgl. Abb. 3.5).

Beispiel (a) ist falsch. Daß eine Birke biegsam ist, ist eine Π Eigenschaft, es sei denn, man würde den Wörterbuchbaum ändern und die Gattung aller biegsamen Dinge betrachten (zu deren Arten offensichtlich Birke gehört). Wenn wir uns das Schema noch einmal sorgfältig anschauen, wäre ein akzeptables (akzeptableres) Beispiel /Pappel der Wüste/ für »Palme« (von Palme zu Baum und von Baum zu Pappel).

Beispiel (b) ist richtig, denn man kann nicht sagen /er schüttelte mir den Kopf/ statt »er schüttelte mir die Hand«. Der Mechanismus jedoch, den es exemplifiziert, ist durchaus nicht unmöglich. Die Traumsituation (oder ein *Witz*), in welcher die Nase den Penis repräsentiert (beides Teile eines menschlichen Körpers) ist durchaus nicht undenkbar. Aber warum soll Nase Penis metaphorisieren können und Hand nicht Kopf? Die Antwort wird von Greimas verschiedentlich angedeutet (1966): zwei Seme können je nach ihrem ›Klassem‹ (das nichts anderes ist als eine ›kontextuelle Selektion‹; *cf.* Eco, 1976, 1979) in Opposition oder Verbindung stehen. Nase und Penis haben gemeinsame Charakteristika, nämlich ›Fortsätze‹ und ›lang‹ zu sein (darüber hinaus sind sie beide Kanäle, haben eine Spitze usw.). Ein Kopf dagegen hat Seme wie ›Rundheit‹, ›Apikalität‹ und ›Einheit‹, die [98]
eine Hand nicht besitzt. Die Substitution basiert dann nicht nur auf einem Spiel von Synekdochen – sie stellt eine semische Beziehung in Frage, die weit komplexer ist, wo der gemeinsame Bezug sowohl von Nase als auch Penis auf den menschlichen Körper kontextuell irrelevant ist. Nur auf diese Weise findet der Effekt von Überlagerung, der für Verdichtungsprozesse typisch ist, statt.

Was Beispiel (c) betrifft, hat die Gruppe μ wiederum als Wörterbuch- (oder Σ-)Eigenschaften jene gewählt, die angemessener Π-Eigenschaften zu sein scheinen – ohne die kontextuellen Gründe klarzulegen, die es notwendig machen, sie überhaupt als Wörterbucheigenschaften vorauszusetzen. Es stimmt jedoch, daß die Metapher in (c) insofern unmöglich erscheint, als sie von einer Gattung zur Art übergeht, und dann von jener Art zu einer anderen Gattung, die aber mit der ersten nichts gemein hat. Der Gruppe μ zufolge wäre das der Fall, wo es einen Übergang gäbe von der Gattung ›Eisen‹ zu der Art ›Klinge‹ und dann von der Art ›Klinge‹ zu der Gattung ›flacher Gegenstand‹. Die Koexistenz von eisernen und flachen Qualitäten in ein und demselben Objekt würde keine Kreuzung von Eigenschaften hervorbringen.

Schließlich kommen wir zu Fall (d). Das Beispiel der Gruppe μ ist akzeptabel. Man kann auch an den Übergang von *Rohöl* zu ›kostbar‹ denken (einer Π Eigenschaft von Rohöl): von der Eigenschaft ›kostbar‹ steigt man zu einem anderen Lexem auf, dem dasselbe Merkmal zugeschrieben werden könnte, z. B. *Gold*. In einer Metapher wie /das Gold der Scheichs/ oder /schwarzes Gold/ für »Öl« würde der Austausch Gold/Öl erfolgen. Selbst in diesem Fall jedoch würden andere Eigenschaften, die vom Schema der Gruppe μ unbeachtet bleiben, in Frage gestellt werden, z. B. ›schwarz‹ oder ›der Scheichs‹. Das sind Probleme, die wir weiter unten zu lösen versuchen werden.

Zum Abschluß dieser Diskussion des aristotelischen Vorschlags können wir sagen, daß sich zwei Problembündel herauskristallisiert haben: (1) die Existenz von Verdichtungsprozessen, die die proportionale Beziehung schwerlich erkären kann; und (2) die Notwendigkeit einer flexibleren Betrachtung der Beziehungen zwischen Wörterbucheigenschaften und enzyklopädischen Eigenschaften, die nur aufgrund kontextueller Erfordernisse unterschieden werden können. Aber warum hat Aristoteles' Vorschlag durch die Jahrhunderte Myriaden von Interpreten fasziniert? Zwei Tatsachen haben dabei eine Rolle gespielt, und zwar beruht der eine Grund auf einem Mißverständnis, der zweite auf einem außerordentlich klarsichtigen Einblick.

3.8. *Die kognitive Funktion*

Dieses Mißverständnis oder diese Zweideutigkeit entsteht dadurch, daß Aristoteles beim Übergang von der Betrachtung der ersten drei Metapherntypen zum vierten Typ *die Spielregeln*

ändert, ohne es überhaupt zu merken: wenn er von den ersten drei Typen spricht, erklärt er, *wie* eine Metapher hergestellt und verstanden wird, während er beim vierten Metapherntyp er- [99]
klärt, *was* eine Metapher uns zu wissen befähigt. In den ersten drei Fällen sagt er, *wie* metaphorische Produktion und Interpretation *funktionieren* (und das kann er tun, weil der synekdochische Mechanismus ziemlich einfach ist und auf der starren Logik eines Porphyrischen Baumes basiert, wie auch immer dieser Baum gewählt wird). Im vierten Fall sagt Aristoteles, *was die Metapher sagt* oder auf welche Weise sie unser Wissen über die Beziehungen zwischen Dingen vergrößert – wenn er es auch nur teilweise erklärt. Die Metapher *Schale des Ares* weckt zweifellos den Verdacht, daß irgendeine unbestimmte Beziehung zwischen Schale und Schild, zwischen Ares und Dionysos existiert. Aber die Theorie der Verdichtung erklärt, daß wir mehr als das erfahren. Die aristotelische Proportion ist ein leeres Schema, in das unendliche Teile enzyklopädischer Information eingesetzt werden können; was uns eine Metapher zu wissen erlaubt, hat jedoch mehr mit jenen eingesetzten Teilen des Wissens zu tun als mit der schematischen Beziehung, die aufgefüllt wird. Die späteren Perioden der metapherologischen Tradition halten die Theorie der Proportion oder Analogie als Erklärung der Mechanismen der Metapher aufrecht – und das bedeutet eine degradierende Kette von Tautologien (z. B. »eine Metapher ist das, was uns analogisches Wissen ermöglicht, mit anderen Worten, metaphorisches Wissen«) – und ignorieren häufig die genialste und kraftvollste der aristotelischen Folgerungen, daß die Metapher nämlich nicht nur ein Mittel des ästhetischen Genusses ist, sondern auch und vor allem ein Werkzeug der Erkenntnis (wie es Freud in bezug auf *Witze* zeigen konnte).

Bei der Lektüre der aristotelischen Texte (der *Poetik* und der *Rhetorik*) fällt ins Auge, daß häufig Beispiele von nicht überzeugenden Metaphern erscheinen und daß der Übersetzer-Philologe selbst zugibt, die Offensichtlichkeit einer Proportion, die für selbstverständlich gehalten wird, nicht zu begreifen. Dieselbe Reaktion erfährt man, wenn man Texten aus fernen Kulturen gegenübersteht. Man nehme zum Beispiel das Hohe Lied: »Ich vergleiche dich, meine Freundin, meinem Gespann an den Wagen Pharaos« (*Das Hohelied Salomos*, 1: 9); »Deine Zähne sind wie eine Herde Schafe mit beschnittener Wolle, die aus der Schwemme kommen ...« (*ibid.*, 4: 2); »Deine Nase ist wie der Turm auf dem Libanon ...« (*ibid.*, 7: 4). Es handelt sich hier um Vergleiche, die als solche im voraus die Proportion angeben, anstatt sie in die Form des Rätsels zu kleiden. Wenn eine Metapher nur das Zusammenziehen einer bereits gesetzten Proportion wäre – so daß man aus der Produktionsperspektive vom Vergleich ausgeht und, interpretativ gesprochen, wieder dort ankommt –, wäre ein Vergleich immer überzeugend. Nicht zu leugnen ist jedoch, daß man dazu neigt, aus dem Wasser kommende Schafe als zottige, tropfende Kreaturen zu sehen (blökend und übelriechend darüber hinaus): eine gräßliche Prämisse, um darauf eine Analogie zu der »schwarzen, aber gar lieblichen« Jungfrau zu bauen, deren »zwei Brüste sind wie zwei junge Rehzwillinge« (*ibid.*, 7: 3).

[100] Wir können uns dennoch vorstellen, wie der biblische Dichter all jene Eigenschaften von Schafen fallenläßt, die wir als negativ identifiziert haben, um nur das Charakteristikum ihrer *aequalitas numerosa* zu bewahren, ihrer großartigen Einheit in der Verschiedenheit – und ihre weiße Farbe. Man versteht, daß der Dichter so verfahren kann, weil diese Eigenschaften innerhalb seiner Kultur höchstwahrscheinlich mit Schafen verbunden waren *zumindest innerhalb der poetischen Tradition*. Ebenfalls klar ist, daß die gewählten Qualitäten die Schönheit eines gesunden und kräftigen Bauernmädchens definieren sollen, deren Bestimmung es ist, in den felsigen palestinensischen Hügeln ihre Herden zu hüten.

Um aber zu diesen Schlußfolgerungen zu kommen, muß man einen interessanten hermeneutischen Zirkel durchlaufen. Man nimmt einen Code an, der an dem Vergleich verifiziert wird, dessen metaphorische Transformationen man vorausahnt; oder man beginnt bei dem Vergleich, um einen Code zu erschließen, der ihn akzeptabel macht; man macht sich gleichzeitig mit der ästhetischen Ideologie des biblischen Poeten und den Eigenschaften des Mädchens vertraut; mit anderen Worten: man lernt zusätzlich etwas über das Mädchen *und* gleichzeitig über das intertextuelle Universum des biblischen Poeten. Wenn wir diesen Prozeß der versuchsweisen Annäherung weiter analysierten, würden wir erkennen, daß wir es mit vielfältigen inferentiellen

Bewegungen zu tun haben: Hypothese (oder Abduktion), Induktion und Deduktion. Derselbe Prozeß findet beim Verstehen einer Katachrese statt. Hier ist nicht die institutionalisierte Katachrese gemeint, die in ein codifiziertes Lexem umgewandelt ist (z. B. das Tischbein), sondern die institutive Katachrese, die später von vielen als das ›aurorale‹ Moment der Sprache identifiziert werden wird. Die Währungsschlange ist eine institutive Katachrese (die Sprache schafft Metaphern selbst außerhalb der Dichtung, einfach aus dem Bedürfnis heraus, Namen für Dinge zu finden). Und wenn institutive Katachresen interpretative Arbeit erfordern, dann deshalb, weil die latente Proportion (die in einem Vergleich ausgedrückt werden könnte) nicht vor der Metapher existiert; sie muß gefunden werden, sei es nun durch die Person, die die Katachrese erfindet, oder durch die Person, die sie interpretiert (zumindest für den kurzen Zeitraum der Zirkulation des Tropus), und nach dieser Entdeckung absorbiert die Sprache den Tropus, lexikalisiert ihn und registriert ihn als *übercodierten* Ausdruck.

Genau das wollte Aristoteles ausdrücken, als er der Metapher eine *kognitive* Funktion zuschrieb – nicht nur, wenn er Metaphern mit Rätseln in Verbindung bringt, eine erweiterte Folge von Metaphern, sondern auch, wenn er sagt, daß das Schaffen von Metaphern ein Zeichen einer natürlichen Disposition des Geistes sei, weil das Wissen, wie man gute Metaphern findet, bedeutet, daß man die Ähnlichkeit der Dinge untereinander wahrnimmt oder begreift (τὸ ὅμοιον θεωρεῖν; *Poetik*, 1459 *a* 6–8). Wenn aber die Proportion zwischen Schale und Schild und zwischen Ares und Dionysos bereits übercodiert wäre, würde diese Metapher nur das sagen, *was bereits bekannt ist*. Wenn sie [101]
etwas Neues sagt, bedeutet das, daß entweder (a) die Proportion nicht so allgemein akzeptiert war, oder (b) wenn sie akzeptiert war, war sie schnell vergessen. Auf diese Weise *setzt* die Metapher (›setzen‹ in einem philosophischen Sinne, aber auch im physischen Sinne wie in ›*vor Augen stellen*‹, πρὸ ὀμμάτων ποιεῖν), eine Proportion, die nicht ins Auge fiel, wo auch immer sie stand; oder sie stand vor Augen, und die Augen sahen sie nicht wie Poes stiebitzten Brief.

Hinweisen also oder das Sehen lehren. Was sehen? Die Gleichheit von *Dingen* oder das subtile Netz der Proportionen zwischen kulturellen Einheiten (d. h. die Tatsache, daß Schafe wirklich einzigartig und gleich in ihrer Vielfalt sind, oder die Tatsache, daß eine bestimmte Kultur eine Schafherde als Beispiel der Einheit innerhalb der Vielfalt sieht)? Auf diese Frage gibt Aristoteles keine Antwort, was angemessen ist für jemanden, der die Weisen des Seins des Seins (die Kategorien) mit den Weisen des Seins der Sprache identifizierte.

Was Aristoteles verstand, war, daß die Metapher nicht Ornament ist (κόσμος), sondern vielmehr kognitives Instrument, gleichzeitig Quelle der Klarheit und des Rätsels:

> »Folglich sind die Worte, die uns Wissen verschaffen, am angenehmsten ... Die Metapher aber versetzt uns am ehesten in diesen Zustand ... Die Redewendung und die Enthymeme werden nun notwendig Esprit aufwenden [ἀστεῖα, wie das in der Barockzeit die metaphorischen Geistreicheleien werden], die uns eine schnelle Unterweisung vermitteln. Daher finden weder die oberflächlichen Enthymeme Beifall – *oberflächlich* nenne ich nämlich die, die jedem klar sind und die kein Nachforschen veranlassen –, noch solche, die nach ihrem Aussprechen unverstanden bleiben, sondern nur die, die entweder während des Aussprechens verstanden werden – selbst wenn vorher kein Verständnis vorhanden war – oder deren Sinn kurz hinterher aufgeht; denn so ergibt sich eine gewisse Art von Lernen, auf jene andere Weise aber nicht« (*Rhetorik,* 1410 *b* 14–25).

Aristoteles liefert die strahlendste Bestätigung der kognitiven Funktion der Metapher, wenn er sie mit *mimesis* assoziiert. Ricœur (1975) mahnt, daß die Metapher kein leeres, unbegründetes Spiel sein kann, wenn sie *mimesis* ist. In der *Rhetorik* (1411 *b* 25 ff.) gibt es keinen Zweifel: die besten Metaphern sind jene, die »Dinge in Wirksamkeit begriffen« zeigen. Metaphorisches Wissen ist also das Wissen um die Dynamik des Wirklichen. Diese Definition scheint ziemlich restriktiv zu sein, aber sie kann wie folgt umformuliert werden: die besten Metaphern sind jene, in denen der kulturelle Prozeß, die eigenständige Dynamik der Semiose durchscheint. Schon am Start schlägt Aristoteles die Theoretiker der leichten Metapher, ob es nun die klassischen Moralisten sind, die die kosmetische und trügerische Natur der Metapher fürchteten, oder die barocken Immoralisten, die ihre ›pikante‹ Natur bevorzugten, oder endlich die gegenwärtigen Semantiker, die rhetorisches *ornatus* im besten

Fall als Struktur ansehen, die sogar noch oberflächlicher ist als die Oberflächenstruktur, unfähig, Tiefenstrukturen zu erschließen, seien sie nun syntaktisch, semantisch oder logisch. All diesen Theoretikern hatte Aristoteles bereits gesagt: »Man muß aber Metaphern bilden ... von verwandten, aber auf den ersten Blick nicht offen zutage liegenden Dingen, wie es z. B. auch in der Philosophie Charakteristikum eines richtig denkenden Menschen ist, das Ähnliche auch in weit auseinander liegenden Dingen zu erkennen« (*ibid.*, 1412 *a* 11–12). [102]

Und daß diese Ähnlichkeiten nicht nur in den Dingen liegen, sondern auch (und vielleicht vor allem) in der Art, in der die Sprache Dinge definiert, wußte der Philosoph nur allzu gut, als er beklagte (*ibid.*, 1405 *a* 25–27), daß die Piraten seiner Zeit die Frechheit besäßen, sich Lieferanten zu nennen, und daß die Gerissenheit des Redners ein Verbrechen einen Irrtum oder einen Irrtum ein Verbrechen nennt. Anscheinend mußten die Piraten lediglich eine Gattung finden, die zu ihrer Art paßte, zu welchem Zweck sie einen glaubwürdigen Porphyrischen Baum übernehmen mußten; denn es stimmt ja, daß sie Waren auf dem Seeweg transportierten, wie es kommerzielle Lieferanten taten. Das die Realität manipulierende Element oder das *Ideologische* ist der Schachzug, aus *allen* Eigenschaften, die für Piraten charakteristisch waren, nur *eine* auszuwählen, sich durch diese Wahl *bekanntzumachen*, sich den anderen unter dieser Perspektive und *mit dieser spezifischen Beschreibung* vor Augen zu stellen.

3.9. *Der semiosische Hintergrund: das System des Inhalts*

3.9.1. Die mittelalterliche Enzyklopädie und die *analogia entis*

Wir haben gesehen, daß Aristoteles' Beschränkung darin besteht, daß er die Kategorien der Sprache mit den Kategorien des Seins identifiziert. Diese Identifizierung wird von der nacharistotelischen Rhetorik nicht in Frage gestellt – von der *Rhetorica ad Herennium* über Cicero und Quintilian bis hin zu den mittelalterlichen Grammatikern und Rhetorikern. In der Zwischenzeit ist die traditionelle Klassifizierung von Figuren ausgearbeitet worden. Eine *panmetaphorische* Haltung jedoch, die sich im Mittelalter entwickelte, verdient eine kurze Diskussion, weil sie hilft (wenn auch auf negative Weise), die Frage zu lösen, mit der wir uns befassen.

Paulus hatte bereits bestätigt: »Wir sehen jetzt durch einen Spiegel in einem dunkeln Wort« (1. Korinther, 13: 12). Der mittelalterliche Neuplatonismus gibt dieser hermeneutischen Tendenz einen metaphysischen Rahmen. In einem Universum, das nichts anderes ist als eine Emanation, vom unfaßbaren und unbenennbaren Einen angefangen bis hin zu den untersten und fernsten Verzweigungen der Materie, funktioniert jedes Wesen als Synekdoche oder Metonymie des Einen. Wenn Hugo von Sankt Viktor versichert, daß die gesamte sinnliche Welt gewissermaßen ein von der Hand Gottes geschriebenes Buch sei und daß alle sichtbaren Dinge, die uns durch symbolische Unterweisung sichtbar, d. h. figürlich, dargestellt werden, zur Erklärung und Bezeichnung von unsichtbaren Dingen vorgebracht würden (*Didascalion,* PL, CLXXVI, col. 814), gibt er uns in Übereinstimmung mit der traditionellen Theorie der vier Ebenen der Exegese (die buchstäbliche, die allegorische, die moralische und
[103] die analogische) zu verstehen, daß eine Art Code existiert, der den Dingen erlaubt, zu Metaphern übernatürlicher Dinge zu werden, indem er ihnen aus den Dingen entstehende Eigenschaften zuschreibt. Das Projekt wird von den Bestiarien aufgenommen, von den *lapidaria*, den *imagines mundi*, die alle nach dem hellenistischen Modell des *Physiologus* geformt sind: bestimmte Eigenschaften werden von jedem Tier, jeder Pflanze, jedem Teil der Welt oder jedem Naturereignis ausgesagt, und auf der Basis einer Identität zwischen einer dieser Eigenschaften und einer der Eigenschaften des übernatürlichen Wesens, das metaphorisiert werden soll, wird eine Korrelation geschaffen. Es existiert ein Netz kultureller Information, das als kosmologischer Code funktioniert.

Der Code ist trotzdem mehrdeutig, denn aus all den möglichen Eigenschaften wählt er nur einige wenige, und diese sind widersprüchlich. Der Löwe verwischt seine Spuren mit dem Schwanz, um die Jäger von seiner Fährte abzubringen; so ist er eine Figur Christi, der die Spuren der Sünde auslöscht; in Psalm 22 jedoch wird der furchtbare Rachen des Tieres – *»Salva me de ore leonis«* – zu einer Metapher der Hölle, und definitiv *»per leonem antichristum intelligitur«*.

Selbst wenn sich der mittelalterliche Neuplatonismus dessen nicht bewußt war (im Gegensatz zu den mittelalterlichen Rationalisten von Abälard bis Ockham), ist das Universum, das ein *rhizomatisches* oder irrgartengleiches Netz von wirklichen Eigenschaften zu sein scheint, in Wirklichkeit ein irrgartengleiches Netz von *kulturellen* Eigenschaften, und diese Eigenschaften werden sowohl den irdischen Wesen als auch den himmlischen Wesen zugeschrieben, auf daß metaphorischer Austausch möglich sei.

Mittelalterliche Neuplatoniker wußten allerdings, daß ein *Ko-Text* notwendig ist, um entscheiden zu können, ob der Löwe als *figura Christi* gesehen werden muß oder als eine Figur des Antichrist. Die Tradition liefert eine Typologie möglicher Ko-Texte, so daß die beste Interpretation immer die ist, die von einer (intertextuellen) *auctoritas* verzeichnet wird. Daß es dabei lediglich um kulturelle Netze geht und nicht um ontologische Wirklichkeiten, wußte Thomas von Aquin sehr genau, und er erledigt das Problem auf zwei Arten. Einerseits gibt er zu, daß es nur einen Abschnitt der Realität gibt, in dem Dinge und Ereignisse selbst metaphorischen und allegorischen Wert erwerben, und zwar insofern, als sie von Gott selbst geschaffen und so angeordnet wurden: heilige Geschichte, und aus diesem Grunde ist die Bibel an sich wörtlich (die Dinge, von denen sie wörtlich spricht, sind die *Figuren*). Es bleibt die Figur der Parabel, wie sie in der Dichtung benutzt wird (aber in diesem Sinne braucht man die Grenzen der klassischen Rhetorik nicht zu verlassen). Andererseits jedoch: so weit es notwendig ist, von Gott in Übereinstimmung mit den Diktaten der Vernunft zu sprechen, und in der Annahme, daß Gott in einer immensen Entfernung von der geschaffenen Welt ist, mit der Er sich nicht in neuplatonischer Identität befindet, die Er aber durch einen Akt der *Teilnahme* am Leben erhält, wendet sich Thomas dem Prinzip der *analogia entis* zu. Insoweit Gottes Vollkommenheit die Seiner Schöpfungen übersteigt, ist es unmöglich, von Ihm eindeutig zu sprechen, aber man kann sich auch nicht darauf beschränken, von Ihm

[104] zweideutig zu sprechen; man muß also über Ihn *durch Analogie* sprechen, mit anderen Worten: mit Hilfe einer Proportion zwischen Ursache und Wirkung. Durch eine Art Metonymie daher, die jedoch aufrechterhalten wird durch eine Proportion des metaphorischen Typs.

Was ist die Grundlage der Analogie? Ist dies ein Fall eines logisch-sprachlichen Kunstmittels oder eines wirklichen ontologischen Netzes? Die Interpreten sind sich nicht einig. Unter den modernen Exegeten gibt Gilson zu, »was der Hl. Thomas unser Wissen von Gott nennt, besteht in unserem Geschick, Behauptungen über ihn zu formen« (1947: 157). Wir müssen nur ein wenig weitergehen, um zu bestätigen – ohne jede Bedrohung der thomistischen Orthodoxie – daß die Analogie nur von dem Wissen spricht, das die Menschen von der Wirklichkeit haben, von ihrer Art, Konzepte zu benennen, und nicht von der Wirklichkeit selbst. Die aus diesem Wissen gewonnene Metapher ist eine *suppositio impropria*, die auf einer Proportion zwischen *intentiones secundae* basiert, wo mit anderen Worten der Ausdruck /Hund/ (ob verbal oder visuell) nicht den wirklichen Hund meint, sondern vielmehr das Wort *Hund* oder das Konzept »Hund« (McInerny, 1961). In einem Universum, das durch die Proportion zwischen Gott und den Dingen verstehbar ist, wird der fundamentale Mechanismus tatsächlich in einer Identität von Namen gefunden, selbst wenn für Thomas (im Gegensatz zu den Nominalisten) die Namen die Eigenschaften der Dinge reflektieren.

3.9.2. Tesauros kategorischer Index

Eine interessante Rückkehr zu dem Modell des Stagyriten findet sich in dem *Cannocchiale aristotelico* von Emanuele Tesauro (1655), das auf dem Höhepunkt der Barockzeit geschrieben wurde. Von Aristoteles übernimmt Tesauro die Tendenz, jeden Tropus und jede Figur Metapher zu nennen. Ich werde hier nicht von der Liebe zum Detail und von dem Enthusiasmus sprechen, mit denen der Autor der Abhandlung in einzelnen Wörtern und auch in wirklichen Mikrotexten Wortspiele untersucht und wie er den metaphorischen Mechanismus auf visuelle Puns ausdehnt, auf Malerei, Skulptur, Handlungen, Inschriften, Sprichwörter, verstümmelte Sätze, lakonische Botschaften, geheimnisvolle Schriftzeichen, Hierogramme, Logogriphen, Kryptogramme, Gesten, Medaillons, Säulen, Schiffe, Strumpfbänder oder chimärische Körper. Ich werde nicht von jenen Abschnitten sprechen, in denen sich Tesauro modernen Sprechakttheorien nähert, indem er aufzeigt, wie die Sprache feststellt, erzählt, behauptet, leugnet, schwört, korrigiert, zurückhält, ausruft, zweifelt, zustimmt, tadelt, befiehlt, lobt, verachtet, fleht, fragt, dankt, gelobt usw. (Was all diese und andere Aspekte betrifft, von denen ich sprechen werde, so verweise ich den Leser auf Speciales Rekonstruktion von 1978.) Tesauro weiß, daß Metaphern nicht aus purer Erfindungsfreude geschaffen werden, sondern daß sie eine *Anstrengung* bedeuten, deren Beherrschung Übung erfordert.

Die erste Übung ist die Lektüre von Katalogen, Anthologien, hieroglyphischen Sammlungen, Medaillons (und ihrer Rückseiten), Emblemen – in gewisser Weise eine reine Einladung zur Intertextualität, zur Imitation des ›bereits Gesagten‹. Aber das [105]
zweite Stadium der Übung verlangt, einen *Kombinations*mechanismus zu erlernen.

Tesauro lädt seinen Leser ein, einen *kategorischen Index* zu entwerfen, d. h. *das Modell eines organisierten semantischen Universums.* Ein solches Modell beginnt mit Aristoteles' Kategorien (Substanz, Quantität, Qualität, Relation, Ort, Zeit, Lage, Haben, Tun, Leiden; siehe *Kategorien*, 1 *b* 25 – 2 *a* 8) und ordnet dann unter jede dieser Kategorien ein, was dazugehört, und das schließt alles ein, was für eine solche Kategorisierung überhaupt in Frage kommt. Nehmen wir an, wir müßten eine Metapher über einen Zwerg machen. Wir blättern den kategorischen Index durch, bis wir die Eintragung Quantität finden, und kommen zum Konzept ›kleine Dinge‹; all die mikroskopisch kleinen Dinge, die unter dieser Rubrik zu finden sind, können nach kontextuellen Selektionen (wie wir heute sagen würden) noch weiter aufgeteilt werden: Astronomie, menschlicher Organismus, Tier, Pflanze usw. Ein solcher Index allerdings, der nach Substanzen geordnet ist, müßte einen *zweiten Index* beinhalten, in welchem jede Substanz weiterhin untersucht würde, und zwar in Hinsicht auf die Partikeln, die festlegen, wie sich das in Frage stehende Objekt manifestiert. (Unter der Kategorie Quantität sollte z. B. zu finden sein, welche Maße das betreffende Objekt hat, welches Gewicht, aus wie vielen Teilen es besteht; unter Qualität gäbe es genauere Angaben darüber, ob das Objekt sichtbar, ob es heiß ist etc.) Man sieht also, daß es sich hier im wesentlichen um ein Inhaltssystem handelt, das als Enzyklopädie organisiert ist. An diesem Punkt stellen wir fest, daß das kleinste Maß die Daumenbreite ist, und wir sagen uns, daß eine Daumenbreite ein zu grobes Maß wäre, um einen Zwergenkörper zu messen.

Obgleich er sich wenig um Strukturen bekümmert, weiß Tesauro doch, daß es nicht mehr die ontologischen Relationen sind, sondern die Struktur der Sprache selbst, die die metaphorischen Transfers garantiert. Betrachten Sie zum Beispiel die aristotelische Metapher des Alters als Sonnenuntergang des Lebens (oder der Jugend als Frühling). Tesauro geht immer noch nach Analogie vor, aber die Beziehung ist eine Beziehung der *Nachbarschaft in Tesauros Index*. Der Transfer ist strukturiert wie in Abb. 3.6.

Abb. 3.6

Die höheren Knoten werden zu Klassemen oder Kontextselektionen der unteren Knoten. Man sieht, daß die von Aristoteles wahrgenommene Analogie von herausschneiden und ausschöpfen funktioniert, wenn der Akt des Herausschneidens unter der Kategorie des Leidens betrachtet wird, wenn er jedoch unter der Kategorie des Habens betrachtet wird, wird Herausschneiden
[106] zu einer Analogie von anderen Erwerbsprozessen und gehört nicht mehr zu Deprivationsprozessen (Wegnehmen). Von daher besteht die Möglichkeit, den kategorischen Index ad infinitum abzusuchen und eine Reserve von unverbrauchten Metaphern, von metaphorischen Angeboten und Argumenten zu entdecken.

Tesauros Modell repräsentiert immer noch den Rahmen des mittelalterlichen Neuplatonismus – den es allerdings absichtlich in ein Netz von Einheiten mit rein kulturellem Inhalt aufgelöst hat. Es kündigt jedoch das Modell einer unbegrenzten Semiose an. Während es ein noch allzu hierarchisches System von Semen ist, produziert es nämlich ein Netz von Interpretanten.

3.9.3. Vico und die kulturellen Bedingungen der Erfindung

Ein Überblick über die Geschichte der Metaphorologie und ihrer epistemischen Brüche, wie kurz er auch sei, darf Vico nicht auslassen, nicht zuletzt wegen der Tatsache, daß *La Scienza Nuova* (und das Kapitel »Von der poetischen Logik«) folgendes in Frage zu stellen scheint: die Existenz eines kulturellen Netzes, semantischer Felder und Universen und eines vorher festgelegten Prozesses der Semiose, der (auf der Basis der obigen Betrachtungen) der Produktion und Interpretation von Metaphern vorangehen sollte.

Sicher, Vico diskutiert die ersten Tropen und das Phänomen des Sprechens mittels beseelter Substanzen, wodurch natürliche Objekte und Phänomene durch einen Bezug zu Körperteilen benannt werden (1744; vgl. dt. Übers. S. 78f.), z. B. die Augen der Kartoffel, der Hals einer Flasche, die Zähne der Säge, des Kamms usw. Nun, viel zu viel ist bereits über dieses ›aurorale‹ Moment der Sprache gesagt worden; in den Augen einiger Interpreten sagt Vico, daß das Schaffen von Metaphern eine eingeborene Fähigkeit von Wesen sei, deren Intelligenz im Erwachen begriffen ist; metaphorische Sprache wäre darüber hinaus ikonisch, weil sie nämlich eine Art eingeborener onomatopoetischer Beziehung zwischen Wörtern und Dingen errichtet hätte. Tatsächlich jedoch weiß und sagt Vico, daß außerhalb der Utopie einer Adamischen Sprache (eine Idee, die bereits bei Dante vorkommt und die später im England des siebzehnten Jahrhunderts ausgearbeitet wird, aber auch zu Vicos Zeiten) die Verschiedenheit der Sprachen unbestreitbar sei. So sagt er:

> »... so wie die Völker durch die Verschiedenheit des Klimas verschiedene Wesensart bekommen haben, woraus die Verschiedenheit ihrer Sitten hervorgegangen ist, so sind daraus wiederum verschiedene Sprachen entstanden; wie sie die gleichen notwendigen oder nützlichen Dinge des Lebens unter verschiedenem Gesichts-

> punkt anschauten, so entstanden daraus verschiedene, oft gegensätzliche Sitten und ebensoviele verschiedene Sprachen« (*ibid.*, S. 90).

Unter dieser offensichtlichen Voraussetzung stellt Vico die folgenden fundamentalen Betrachtungen an: Sprachen entstehen
[107] wie die Sitten als Reaktion von Menschengruppen auf die materielle Umgebung, in der sie leben; obwohl die Disposition zur Sprache in allen menschlichen Gesellschaften nach derselben Logik arbeitet und sich entwickelt und obwohl die Nützlichkeiten und Notwendigkeiten des Lebens für jedermann dieselben sind, hätten menschliche Gesellschaften dennoch *von unterschiedlichen Standpunkten aus* diese materiellen Universalien ins Auge gefaßt, was heißen soll, daß sie *unterschiedliche Aspekte ihres Universums relevant fanden.*

Katachresen werden aus »natürlichen Übertragungen, natürlichen Eigenschaften oder Wirkungen auf die Sinne« geschaffen (*ibid.*, S. 90); in diesem Sinne ist die Arbeit der Metapher immer motiviert. Wir müssen uns hier vielmehr fragen, ob jene Wirkungen und Eigenschaften – vorausgesetzt, daß Metaphern das Resultat einer Auswahl relevanter Aspekte sind – nicht bereits kulturelle Konstruktionen sind. Wenn Metaphern einen zugrundeliegenden kulturellen Rahmen erfordern, kann die *hieroglyphische* Sprache der Götter nicht lediglich ein primitives Stadium des menschlichen Bewußtseins sein: es braucht die Anwesenheit der *symbolischen* Sprache der Heroen und der *epistolarischen* Sprache der Menschen als seinen Ausgangspunkt. Auf diese Weise äußert sich Vico also nicht zu einer linearen Entwicklung von einer metaphorischen Sprache zu einer konventionelleren Sprache, sondern zu einer kontinuierlichen, zyklischen Aktivität.

Die Sprache der Götter ist ein Haufen unverbundener Synekdochen und Metonymien: Varro identifizierte für die Latiner dreißigtausend Götter, und so viele zählten auch die Griechen, darunter überdies Steine, Brunnen, Riffe, Bäche, kleinste Objekte, Signifikanten von Kräften, Ursachen, Verbindungen. Die Sprache der Heroen schafft bereits Metaphern (die also keineswegs so uranfänglich sind), aber die Metapher oder Katachrese erfindet einen neuen Ausdruck, indem sie zumindest zwei Ausdrücke benutzt, die bereits *bekannt* (und ausgedrückt) sind, und zumindest einen weiteren voraussetzt, der unausgedrückt bleibt. Konnte diese symbolische Sprache sich ohne die Unterstützung einer epistolarischen Sprache etablieren, der einzigen Sprache, die anerkanntermaßen konventionell ist? In diesem Punkt ist Vico sehr deutlich:

> »Um nun in die sehr schwierige Art der Bildung der drei Gruppen von Sprachen und Buchstaben einzudringen, stellen wir folgendes Prinzip auf: so wie zu gleicher Zeit die Götter, die Heroen und die Menschen entstanden – denn auch die Heroen, die die Götter erdichteten und ihr eigenes Wesen aus göttlichem und menschlichem gemischt glaubten, waren Menschen –, so entstanden gleichzeitig auch die drei Sprachen und Schriften ...« (*ibid.*, S. 91).

Im Lichte dieser Überlegungen ähnelt Vicos Semiotik eher einer kulturellen Anthropologie als einer Ästhetik der unaussprechlichen Kreativität, die die kategorischen Indices erkennt, auf denen Metaphern basieren, Indices, deren historische Bedingungen, Geburt und Vielfalt sie untersucht, wie sie gleichzeitig die Vielfalt tapferer Taten, Medaillons und Fabeln erforscht. [108]

3.10. *Die Grenzen der Formalisierung*

An diesem Punkt können wir nicht die Tatsache außer acht lassen, daß die formale Semantik bei dem Versuch, sich in eine Logik der natürlichen Sprachen zu verwandeln, kürzlich mehrere wichtige Schritte in Richtung auf die Reduzierung des Skandals der Metapher gemacht hat; d. h. die formale Semantik hat danach getrachtet, eine Logik der Wahrheitsbedingungen so zu erweitern, daß sie die Legitimität metaphorischer Ausdrücke anerkennen kann – Ausdrücke, die über die Welt sprechen, indem sie *lügen.* Wir wollen hier darauf hinweisen, daß eine formale Semantik höchstens den Ort definieren kann, den ein metaphorisches Kalkül innerhalb ihres Rahmens einnehmen könnte – sie kann allerdings nicht erklären, was es bedeutet, eine Metapher zu verstehen.

Nehmen Sie eine Theorie unter vielen, die vielleicht die neueste Bemühung ist, das Phänomen zu formalisieren. Das vorgestellte Modell soll »die Kontext-Sensitivität der Metapher reflektieren und eine metaphorische Interpretation von Äußerungen geben, die wörtlich wahr sein können und nicht abweichend sind« (Bergmann, 1979: 225). Ein Vokabular wird vorgeschlagen, das ausgestattet ist mit monadischen Prädikaten P_1, P_2, mit einem dyadischen Prädikat =, mit individuellen Konstanten a_1, a_2, mit individuellen Variablen v_1, v_2 und mit normalen logischen Konnektionen. Grammatische Regeln werden bereitgestellt (vom Typ: wenn t_1, t_2 Terme sind, dann ist $t_1 = t_2$ eine Formel), und der Semantik dieser Sprache *L* wird eine Klasse »idealer Kontexte« *C* hinzugefügt.

> »*D* sei eine nicht-leere Klasse; es ist die Domäne des Diskurses und soll mögliche (tatsächliche und nicht-tatsächliche) Individuen umfassen. Eine Interpretationsfunktion schreibt jedem monadischen Prädikat von *L* eine Untermenge von *D* zu und jeder Konstanten ein Element von *D*. *F* sei die Klasse aller Interpretationsfunktionen über *D*. Wähle ein Element von *F* als *wörtliche* Interpretationsfunktion – es schreibt den monadischen Prädikaten und Konstanten der Sprache ihre wörtlichen Interpretationen zu. Nenne diese Funktion ›f°‹. F° sei die Klasse aller Interpretationsfunktionen *f* in *F*, die mit f° in den Werten übereinstimmen, die den Konstanten zugeschrieben werden; g sei die metaphorische Disambiguierungsfunktion: sie schreibt jedem $c \in C$ ein Mitglied von $F^\circ - (f^\circ)$ zu. Die Idee hier ist, daß g uns für jeden idealen Kontext sagt, was die metaphorischen Interpretationen von Prädikaten in diesem Kontext sind. Schließlich sei ein Modell für *L* das 5-tupel M = $\langle D, C, f^\circ, F^\circ, g \rangle$« (*ibid.*, S. 226).

Offensichtlich sagt diese Definition gar nichts über Metaphern aus. Ja, sie gibt auch nicht vor, irgendetwas zu sagen: die Autorin ist nicht daran interessiert zu verstehen, wie Metaphern funktionieren (nachdem einmal *intuitiv* akzeptiert wurde, daß Metaphern in natürlichen Sprachen leicht hergestellt und verstanden werden); sie ist vielmehr daran interessiert, dieses Phänomen in die formale Darstellung einer natürlichen Sprache einzuführen. Es stimmt, die Autorin selbst stellt fest, daß das
[109] von ihr vorgeschlagene Modell ihr zumindest erlaubt, bestimmte Fragen besser zu betrachten und sie auf eine Weise zu formulieren, die formal akzeptabel ist. Zum Beispiel: was muß unter wörtlicher Paraphrasierbarkeit verstanden werden; hängen metaphorische Interpretationen von wörtlichen Interpretationen ab; ist jeder sprachliche Ausdruck in bestimmten oder in allen

Kontexten metaphorisch interpretierbar usw? Dies aber sind Fragen, die die formale Semantik nicht beantwortet (jedenfalls bis jetzt nicht): »Ohne einen idealen Kontext gibt es keine strikten Regeln für die Interpretation von Metaphern« (*ibid.*, S. 228) – und das wußte die Metaphorologie schon immer; es ist jedoch wichtig, daß die verschiedenen formalen Semantiken sich dessen bewußt werden.

Es gibt natürlich formale Ansätze, die ihre (tendenziellen) Bemühungen um Konkretheit stärker durchscheinen lassen, weil sie auch die Beiträge der Linguistik, der Lexikologie, der Semiotik im allgemeinen berücksichtigen. Zwischenzeitlich jedoch verdanken wir die Unterscheidung zwischen dem, was eine ›intensionale‹ Metapher genannt werden könnte, und einer ›extensionalen‹ Metapher gerade solchen Untersuchungen. Ein Beispiel des ersten Typs ist *Das Mädchen ist eine Birke*. Bestimmte Bedeutungspostulate vorausgesetzt (z. B.: *wenn junges Mädchen, dann menschlich; wenn Schilf, dann nicht-menschlich*), manifestiert dieser Typ seine Metaphorizität deutlich (anderenfalls wäre es ein semantisch unrichtiger Ausdruck oder eine glatte Lüge). Ein Beispiel des zweiten Typs ist *Der Kaiser trat ein*, ein Ausdruck, der in sich selbst wörtlich ist und semantisch gesprochen unzweideutig, es sei denn, er bezöge sich unter bestimmten Umständen auf den Eintritt eines Bürovorstehers. Dieses Beispiel würde nur in einem absurden Universum auftreten, in dem Metaphern nur in kontextlosen Ausdrücken vorkämen und in dem nur ein semantisches System, das der verbalen Sprache, betroffen wäre; d. h. eine solche Situation bewahrheitet sich nur in Büchern über Linguistik oder formale Semantik. In Wirklichkeit wird ein Satz dieser Art normalerweise (a) in einem Kontext geäußert, in dem bereits gesagt wurde oder umgehend gesagt werden wird, daß der Bürovorsteher naht, (b) während man ein Bild des Bürovorstehers zeigt, wie er eintritt, (c) während man auf eine Person deutet, die jedermann als den Bürovorsteher erkennt oder jedenfalls als jemanden, der kein Kaiser ist. All dies bedeutet, daß der isolierte Ausdruck, nachdem er mit dem sprachlichen Kontext und den Elementen des außersprachlichen Systems in Kontakt gebracht wurde, sofort neu übersetzt würde als *der Bürovorsteher (der) der Kaiser (ist) tritt ein* (vorausgesetzt, daß es sich hier nicht um eine Information *de dicto* handelt: der Bürovorsteher, den *wir* den Kaiser *nennen*, tritt ein). An diesem Punkt fällt das zweite Beispiel in die Kategorie des ersten: das Mädchen ist genauso wenig Birke, wie der Bürovorsteher Kaiser ist. (In jedem Fall sei für alle diese Fälle des Erwähnens und Beziehens auf Eco, 1976: 3.3, verwiesen.)

Van Dijk gibt zu, daß »nur ein Fragment einer ernsthaften Theorie der Metapher durch den Ansatz der formalen Semantik
[110] abgedeckt werden kann. Eine formale Semantik spezifiziert die Bedingungen, unter denen von metaphorischen Sätzen gesagt werden kann, daß sie einen Wahrheitswert haben« (1975: 173). Und er macht klar, daß eine formale Semantik mit solchen Ambitionen nicht umhin kann, eine ›Sortensemantik‹ zu sein, das soll heißen, sie muß eine Semantik sein, die »Selektionsrestriktionen« erklärt (wenn z. B. *Auto* die Seme ›mechanisch‹ oder ›anorganisch einschließt, und wenn *essen* Seme wie ›menschlich‹ und ›das Objekt ist anorganisch‹ einschließt, dann ist es semantisch abweichend zu sagen *John aß das Auto;* wenn *essen* ein Sem ›menschlich‹ einschließt, wird man nicht sagen können *Das Auto aß die Straße auf,* d. h., es wird notwendig sein, zuzugeben, daß diese Abweichung von der Sorte metaphorische Intentionen hat). Daher der Unterschied zwischen Ausdrücken, die von der Sorte her falsch sind (z. B. *Die Quadratwurzel aus Susi ist Glück,* dessen pure Negation falsch ist) und die keine irgendwie mögliche metaphorische Interpretation zu haben scheinen (natürlich ist das nicht wahr, es hängt vom Kontext ab), Ausdrücken, die von der Sorte her falsch sind, aber eine mögliche metaphorische Interpretation haben *(Die Sonne lächelte hoch oben am Himmel),* und Ausdrücken, die von der Sorte her richtig sind und die in bestimmten Referenz-Situationen metaphorisch sein können *(Der Kaiser tritt ein).* Eine Spezifikation der Sorte wäre dann eine Funktion, die jedem Prädikat der Sprache eine »Region des logischen Raumes« zuschreibt.

Anscheinend ist eine solche Region, die von einer formalen Semantik als abstrakte und ›leere‹ Einheit identifiziert wird, nichts anderes als ein Teil von Tesauros kategorischem Index, wenn sie einmal aufgefüllt ist. Vorausgesetzt, diese Region würde von ›Punkten‹, ›möglichen Individuen‹ oder ›möglichen Objekten‹ bevölkert, würde das Problem der Metapher die Frage nach den Ähnlichkeiten und Unterschieden zwischen diesen Objekten implizieren. Richtig, aber nicht genug. Natürlich ist die Theorie nicht so einfältig, wie sie scheint: innerhalb ihres Rahmens ist es möglich, eine formale Definition des größeren oder kleineren Abstands zwischen den metaphorisierenden und den metaphorisierten Ausdrücken zu geben, wenn die Unterschiede und Ähnlichkeiten einmal zugestanden werden. *Das Pferd knurrt* ist eine weniger gewagte Metapher als *Die Relativitätstheorie knurrt,* weil in dem Spiel der verwandten Eigenschaften zweifellos zwischen einem Knurren und der ›Tier‹-Eigenschaft eines Pferdes eine nähere Beziehung besteht als zwischen einem Knurren und der ›abstraktes Objekt‹-Eigenschaft der Einsteinschen Theorie. Die an sich nützliche Definition des Abstands kann jedoch nicht entscheiden, welche der beiden Metaphern besser ist. Umso mehr, wenn der Autor (der mehr über Metaphern weiß, als es die in seinem Artikel gewählte Methode ihm erlaubt) mit dem Zugeständnis schließt, daß »die Wahl typischer Kriterien für die Ähnlichkeitsfunktion auf der Basis kulturellen Wissens und Glaubens pragmatisch bestimmt wird (*ibid.*, S. 191).

Ein weiterer Formalisierungsversuch durch einen Logiker, der direkt bei Aristoteles beginnt, nämlich Guenthner, befriedigt ebenso wenig: »Wenn Metaphern innerhalb des Rahmens der formalen Semantik analysiert werden sollen, muß offensichtlich zuerst einmal eine Methode geschaffen werden, Informationen über die Bedeutungsstruktur von Prädikaten zu ge- [111]
winnen, die für ihr metaphorisches Verhalten relevant sind« (1975: 205). Gleich darauf sagt er allerdings, daß es nicht notwendig sei, diese semantische Information in der Form einer Enzyklopädie zu konstruieren, und daß einige wenige Sortenspezifikationen ausreichen würden. Der beste Weg also, das Verständnis eines Tropus zu verhindern. Tatsächlich entdeckt Guenthner bei der Analyse einiger von der Gruppe μ geborgter Beispiele die alte Beziehung Mädchen-Birke. Wie wir sehen werden, ist es streng genommen ein Stück enzyklopädischer Information, daß sowohl ein Mädchen als auch eine Birke biegsam sind. Wie dem auch sei, Guenthners (für das Verständnis des Funktionierens einer Metapher nutzlose) Modell scheint für die Erweiterung einer formalen Semantik natürlicher Sprachen nützlicher zu sein als die anderen. Der Autor beginnt

zunächst mit einer Unterscheidung natürlicher Arten (Fisch, Löwe usw.), denen er nicht-natürliche Arten gegenüberstellt (wie Präsident), und spielt mit der Tatsache, daß die Eigenschaften einer natürlichen Art kontextuell ausgewählt werden müssen (offensichtlich auf der Basis des Kontexts), um die Metapher akzeptabel und verständlich zu machen. Ein Sortenmodell ist ein 4-tupel M = $\langle D, f, k, s \rangle$, wobei *D* eine nicht-leere Domäne von Objekten ist oder ein Diskursuniversum, *f* eine Interpretationsfunktion, *k* eine Funktion, die jedem Objekt in *D* die Arten zuschreibt, zu denen das Objekt in dem Modell gehört, und *s* eine Funktion ist, die aus der Gruppe jener Prädikate abgeleitet ist, die nicht durch *k* als natürliche Arten bestimmt sind. Ein Sortenmodell bestimmt, welche Feststellungen wahr, falsch oder bedeutungslos (d. h. wörtlich nicht signifikant) sind.

> »Wenn wir nun eine Funktion p hinzufügen, die jedem Prädikat P in L eine Menge ›hervorstechender‹ Eigenschaften zuordnet, erklärt ein Sortenmodell die metaphorische Bedeutung eines Ausdrucks grob gesehen auf folgende Art. Wenn ein Satz Φ weder wahr noch falsch in M ist und wenn Φ zum Beispiel den englischen Satz übersetzt: *John is a mule* (Φ = Ex (x = j + Mx) oder Mj), dann kann Φ metaphorisch interpretiert werden, wenn es eine ›hervorstechende‹ Eigenschaft gibt, die M zugeordnet ist, und zwar so, daß diese Eigenschaft auf John zutrifft. (Bedenken Sie, daß solche Eigenschaften in unserer Kultur normalerweise ziemlich gut abgegrenzt sind, aber niemals bezogen auf die Grundbedeutung des Ausdrucks – das kann leicht durch die Übersetzung metaphorischer Sätze von einer natürlichen Sprache in die andere überprüft werden.)« (*ibid.*, S. 217).

Weil Einheiten wie die hervorstechenden Eigenschaften und jede andere mögliche Einfügung in den Sortenapparat von einer formalen Semantik nicht erklärt werden können, muß unser gegenwärtiger Einblick in dieses Diskursuniversum hier enden. Und wie oben gesagt, müssen wir zu einer Komponentensemantik zurückkehren.

3.11. *Komponentendarstellung und Textpragmatik*

3.11.1. Ein Kasusmodell

An diesem Punkt können wir eine Erklärung des metaphorischen Mechanismus wagen, die (a) auf einer Komponentense- [112]
mantik im Format einer Enzyklopädie basiert und die (b) gleichzeitig Regeln für das Einfügen in den Kontext berücksichtigt. Eine enzyklopädische Semantik ist zweifellos interessanter als ein Wörterbuch. Das Format eines Wörterbuches erlaubt es uns, wie wir gesehen haben, den Mechanismus der Synekdoche zu verstehen, aber nicht den der Metapher. Wir brauchen uns nur die Bemühungen anzuschauen, die die Transformationsgrammatik und interpretative semantische Ansätze unternommen haben. (Für einen zusammenfassenden Bericht siehe Levin, 1977.) Wenn wir festlegen, daß in dem Satz *Sie ist eine Birke* eine ›Übertragung‹ oder ein Transfer von Eigenschaften stattfindet, durch den ein Mädchen das Sem ›pflanzlich‹ erwirbt oder eine Birke das Sem ›menschlich‹, so sagt uns das sehr wenig darüber, was bei der Interpretation und bei der Produktion dieses Tropus geschieht. Wenn wir versuchen, das Ergebnis zu paraphrasieren (»Dieses Mädchen ist menschlich, hat aber auch eine pflanzliche Eigenschaft«), erkennen wir sogar, daß es fast schon eine Parodie seiner selbst ist. Hier dreht es sich offensichtlich um die Biegsamkeit (aber noch einmal: eine Birke ist nicht auf dieselbe Art und Weise biegsam wie ein junges Mädchen ...), aber die Frage kann innerhalb einer Semantik im Format eines Wörterbuchs nicht erhellt werden.

Eine Komponentendarstellung im Format einer Enzyklopädie jedoch ist potentiell unendlich und nimmt die Form des Modells Q an (Eco, 1976), das soll heißen, die Form eines polydimensionalen Netzes von Eigenschaften, in dem einige Eigenschaften die *Interpretanten* von anderen sind. In Abwesenheit eines solchen Netzes kann keine dieser Eigenschaften den Rang erwerben, eine metasprachliche Konstruktion oder eine Einheit zu sein, die zu einer privilegierten Menge semantischer Universalia gehört. In einem vom Konzept der unbegrenzten Semiose bestimmten Modell wird jedes (sprachliche und nicht-sprachliche) Zeichen durch andere (sprachliche und nicht-sprachliche) Zeichen definiert, die ihrerseits zu Ausdrücken werden, die durch andere als Interpretanten angenommene Ausdrücke definiert werden sollen. Mit dem Vorteil, daß eine enzyklopädische Darstellung (selbst eine ideale), die auf dem Prinzip der unbegrenzten Interpretation basiert, das Konzept der ›Ähnlichkeit‹ zwischen Eigenschaften in rein semiotischen Begriffen erklären kann.

Mit Ähnlichkeit zwischen zwei Semen oder semantischen Eigenschaften meinen wir die Tatsache, daß in einem gegebenen Inhaltssystem diese Eigenschaften durch denselben verbalen oder nichtverbalen Interpretanten benannt werden, unabhängig von der Tatsache, daß die Objekte oder Dinge, für deren Bezeichnung dieser Interpretant normalerweise benutzt wird, wahrnehmungsmäßige ›Ähnlichkeiten‹ manifestieren können. Mit anderen Worten: die Zähne des Mädchens im Hohen Lied sind *wie* Schafe, wenn – aber auch nur wenn – in dieser gegebenen Kultur der Interpretant *weiß* dazu benutzt wird, sowohl die Farbe von Zähnen als auch die von Schaffellen zu bezeichnen.

Aber Metaphern schaffen nicht nur Ähnlichkeiten, sondern auch Oppositionen. Eine Schale und ein Schild sind gleich in der *Form* (rund und konkav), aber gegensätzlich in der *Funktion* (Frieden *vs.* Krieg), genau wie Ares und Dionysos gleich sind, insofern sie Götter sind, aber gegensätzlich in bezug auf die *Ziele*, die sie verfolgen, und die *Instrumente*, die sie benutzen. Um diese Phänomene zu erfassen, muß eine enzyklopädische
[113] Darstellung die Form einer *Kasusgrammatik* annehmen, die daher den Subjektagenten unterscheiden sollte, das Objekt, an dem der Agent seine Handlung ausführt, den Gegenagenten, der sich möglicherweise der Handlung entgegenstellen kann, das Instrument, welches der Agent benutzt, das Ziel der Handlung usw. Eine Semantik dieses Typs ist von verschiedenen Autoren ausgearbeitet worden (*cf.* Greimas' und Tesnières' *Aktanten*, Fillmores grammatikalische Kasus, Bierwischs Semantik, ungeachtet ihrer Unterschiede in der Substanz; siehe auch Nef, 1979).

Als erste Annäherung wollen wir sagen, daß die Eigenschaften, die eine kasusartige Darstellung mit einer gegebenen Handlung in Verbindung bringt, metonymischen Charakter aufweisen: Ziel, Instrument oder Agent scheinen mit der dargestellten Handlung metonymisch verbunden zu sein. Wir werden später sehen, in welchem Sinne diese Art metonymischer Beziehung auch synekdochische Beziehungen erklärt und als Grundlage für jede metaphorische Substitution betrachtet werden sollte.

3.11.2. Metonymie

Aus dieser Perspektive *wird eine Metonymie zur Substitution eines Semems durch eines seiner Seme* (z. B. /Trink eine Flasche/ für »trink Wein«, weil eine Flasche unter den Zielbestimmungen von Wein registriert sein wird) oder *die Substitution eines Sems durch das Semem, zu dem es gehört* (z. B. /Weine, Oh Jerusalem/ für »Der Stamm Israel möge weinen«, weil die enzyklopädischen Eigenschaften Jerusalems diejenige einschließen müssen, die heilige Stadt der Juden zu sein).

Dieser Typ metonymischer Substitution unterscheidet sich nicht von dem Prozeß, den Freud »Verschiebung« nannte. Und so wie die Verdichtung mit dem Prozeß der Verschiebung zusammenhängt, so hängt die Metapher (wie wir sehen werden) mit diesem metonymischen Austausch zusammen. Auf der Grundlage einer Darstellung durch Kasus versuchte ich (1976) den Mechanismus der Verschiebung von Sem zu Semem (und umgekehrt) zu zeigen, und zwar durch die Untersuchung von Vergils Zeile: *Vulnera dirigere et calamos armare veneno* (*Äneis*, 10.1.140).

Der Vers, der entweder übersetzt werden kann als »mit vergifteten Pfeilen Wunden verteilen« oder als »die Pfeile mit Gift zu beschmieren und sie zu schleudern«, spielt mit der Tatsache, daß /*vulnera dirigere*/ für »dirigere tela« steht (oder *dirigere ictus, dirigere plagas, vulnerare*). Wir wollen annehmen, daß *vulnerare* die richtige Interpretation ist, und uns eine semantische Darstellung in Kasusgrammatikform wie folgt vorstellen:

/Vulnerare/ $\supset$ (Implikationen)

	A	*O*	*I*	*Z*
Handlung	Menschlich	Menschlich	Waffe	Wunde *(Vulnus)*
Schlag				
Wunde				
Gezielt				

Hier erscheint der Ausdruck /Wunden richten auf/ als Metony-
[114] mie anstelle von »verwunden«, vorausgesetzt, daß der Ausdruck den Zweck für die gesamte Handlung nimmt oder, anders ausgedrückt, daß ein Sem für das ganze Semem steht. Das aristotelische Beispiel des /stehen/ für »vor Anker liegen« wäre vom gleichen Typ. Stillzustehen würde in der Darstellung als Zweck des Ankerns erscheinen. Der gegensätzliche Fall (Semem für Sem) wäre es, wenn ein geparktes Auto als fest verankert beschrieben würde. Eine enzyklopädische Darstellung von /halten/ würde unter den verschiedenen Instrumenten sogar einen Anker beinhalten müssen.

Dieser Darstellungstyp scheint bei Verben zu funktionieren, ist aber für Nomen problematischer. Wie kann für sprachliche Einheiten wie *Haus, Meer, Baum* ein Agent, ein Objekt oder ein Instrument gefunden werden? Ein möglicher Vorschlag wäre es, alle Substantive als ›vergegenständlichte‹ Verben oder Handlungen zu verstehen: nicht *Haus* also, sondern *ein Haus bauen.* Aber es gibt einen Darstellungstyp, der Ersatz zu sein scheint für diese schwierige Übersetzung von Substantiven in Verben, der es erlaubt, das vom Substantiv ausgedrückte Objekt als Ergebnis einer produktiven Handlung zu sehen, die einen Agenten oder eine Ursache, ein Material, das bearbeitet wird, eine Form, die auferlegt wird, und ein Ziel oder einen Zweck, auf den das Objekt zu richten ist, impliziert oder beinhaltet. Es ist eine Darstellung, die auf nichts anderem basiert als auf den vier aristotelischen Ursachen (effizient, formal, materiell und final), wobei klar ist, daß diese nur als Hilfsmittel und ohne metaphysische Konnotationen genommen werden.

Hier also die Darstellung eines Nomens /*x*/, die das folgende Format annehmen könnte:

/*x*/ $\supset$	*F*	*A*	*M*	*Z*
	Wahrnehmungsaspekt von *x*	Wer oder was *x* produziert	Woraus *x* gemacht ist	Was *x* tun soll oder wozu es dienen soll

Eine solche Darstellung berücksichtigt nur enzyklopädische Eigenschaften, ohne zwischen Σ und Π Eigenschaften zu unterscheiden. Wir werden in 3.11.3. sehen, wie diese potentiell unendlichen Eigenschaften aufgrund von ko-textuellen Indizien ausgewählt werden müssen.

Jede Eigenschaft kann jedoch zur Σ Eigenschaft ›ernannt‹ werden. Nehmen wir an, /*x*/ solle vom Gesichtspunkt seines Zwecks aus betrachtet werden: es wird als der Klasse all der Größen zugehörig angesehen werden, die denselben Zweck oder dieselbe Funktion haben. In diesem Fall wird eine der *Z* Eigenschaften zur Gattung, von der Semem »*x*« eine Art ist, das heißt, eine der *Z* Eigenschaften wird zum oberen Knoten eines möglichen Porphyrischen Baumes (Abb. 3.7).

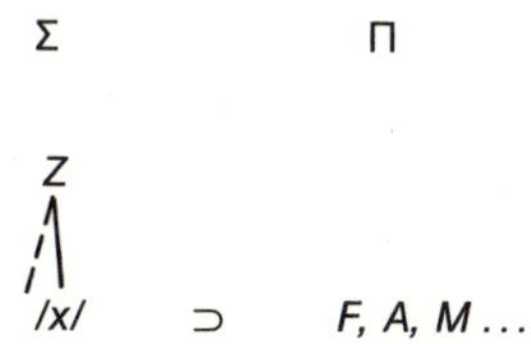

Abb. 3.7

Dieselbe Operation kann bei *F, M* oder *A* Eigenschaften ausgeführt werden. Ob eine Eigenschaft den Σ Modus annimmt, hängt von einer Kontextentscheidung seitens des Interpreten (oder Produzenten) der Metapher ab, der daran interessiert ist, eine gegebene Eigenschaft als die eine hervorzuheben, *von deren Gesichtspunkt aus* eine generalisierende oder partikularisierende [115]
Synekdoche in Σ ausgehen kann. /*x*/ wird also alle »*Z*« benennen, oder /*Z*/ wird »*x*« benennen. Angenommen, /*x*/ korrespondiere mit /Haus/ und würde aus ökonomischen Gründen dargestellt als:

/Haus/ ⊃	*F*	*A*	*M*	*Z*
	mit Dach	Kultur	Ziegel	Obdach

Will man ein Haus unter dem Gesichtspunkt seiner Funktion betrachten, wird die Eigenschaft, Obdach zu sein, zu einer Σ Eigenschaft, und es ist möglich, einem Haus den Namen Obdach zu geben oder jeder Obdach den Namen Haus. Dasselbe geschieht, wenn das Haus unter dem Gesichtspunkt seiner Form beschrieben wird: man kann ein Haus als ›mein Dach‹ bezeichnen, weil ein Haus eine Art der Gattung ›Artefakte mit einem Dach‹ ist.

Es ist wichtig, anzumerken, daß Haus für Obdach (und

umgekehrt) traditionellerweise als Fall von Metonymie angesehen wurde (Objekt für Funktion und umgekehrt), während Haus für Dach und umgekehrt traditionellerweise als Fall von Synekdoche (*pars pro toto*, Synekdoche in Π) angesehen wurde.

Dieser Unterschied zwischen Metonymie und Synekdoche in Π wird in dem gegenwärtigen Rahmen absolut irrelevant. Der einzige Fall von synekdochischer Bewegung scheint im Σ Modus vorzuliegen, wird von einer ko-textuellen Entscheidung hervorgebracht und besteht in der Umwandlung einer Eigenschaft in eine Gattung. Alle anderen Fälle der Substitution eines Semems durch ein Sem und umgekehrt können Metonymie genannt werden. Natürlich hat in unserem Rahmen der Unterschied zwischen Synekdoche und Metonymie mit den konkreten Beziehungen zwischen einem ›Ding‹ und seinen Teilen oder anderen benachbarten ›Dingen‹ nichts zu tun: der Unterschied liegt allein innerhalb formaler Grundlagen.

Tatsächlich hat die traditionelle Rhetorik niemals befriedigend erklärt, warum die Substitutionen Genus/Spezies (Σ) und eine Substitution *pars/totum* (Π) Synekdochen sind, während alle anderen Arten von Substitution (Objekt/Zweck, Behälter/Inhalt, Ursache/Wirkung, Material/Objekt etc.) Metonymien genannt werden. In dem hier entwickelten Rahmen kann sowohl eine *pars pro toto* – als auch eine Ursache/Wirkung-Substitution an Π Eigenschaften wirksam werden.

Diese Zweideutigkeit in der Tradition muß historisch und phänomenologisch erklärt werden. Vielen ehrwürdigen Er-
[116] kenntnistheorien zufolge werden die Dinge zuerst nach ihren formalen (morphologischen) Charakteristika wahrgenommen und erkannt: ein Körper ist rund oder schwer, ein Ton ist laut oder tief, eine taktile Empfindung ist heiß oder rauh usw. Diese morphologischen Eigenschaften sind in unserem Modell unter *F* verzeichnet. Wenn man indessen – nach den traditionellen Erkenntnistheorien – festlegen will, daß ein Ding eine Ursache *A* hat, daß es aus einem bestimmten Material *M* gemacht ist oder daß es eine Funktion *Z* hat, so scheint das von weiteren Schlüssen abzuhängen – es ist eine Art Hinübergleiten von einem einfachen Akt des Begreifens in einen Akt des Urteilens. Daraus wird klar, warum *F* Eigenschaften einen privilegierten Status genossen und im Verein mit den Σ Beziehungen (Gattung/Art)

als Synekdochen eingestuft wurden. Die formalen Charakteristika eines Dinges wahrzunehmen und zu erkennen, bedeutete, seine ›universale‹ Essenz zu begreifen, das Ding als Individuum einer Art zu erkennen, die zu einer Gattung gehört.

Ganz offensichtlich erfaßt eine solche Annahme nicht die Komplexität einer Wahrnehmungserfahrung, bei der das Objekt, das erkannt und klassifiziert werden soll, häufig eine komplexe schlußfolgernde Arbeit erfordert, die sich auch auf die funktionalen, materiellen und kausalen Aspekte des Objekts bezieht. Unser Modell beseitigt die Wirkungen all dieser impliziten philosophischen Annahmen. Alle Eigenschaften müssen als enzyklopädisch betrachtet werden und metonymisch ersetzt werden können – außer wenn eine Eigenschaft in eine Gattung umgewandelt wird (Substitution in Σ), weil aus ko-textuellen Gründen eine gegebene semantische Einheit *unter einer bestimmten ›generischen‹ Beschreibung* betrachtet werden muß (siehe auch Eco, 1979: 8.5.2).

3.11.3. ›Thema‹, ›Rahmen‹, Isotopien

Natürlich ist eine enzyklopädische Darstellung potentiell unendlich. In einer gegebenen Kultur kann eine Schale viele Funktionen haben, von denen das Bewahren einer Flüssigkeit nur eine ist. (Man muß nur an die liturgischen Funktionen eines Kelches denken oder an Pokale beim Sport.) Welches also sind die Interpretanten, die unter dem Aspekt *Z* (Zweck oder Funktion) der Schale registriert werden müssen? Und welche werden unter *F, A, M* eingeordnet? Wenn sie nicht unendlich sind, so sind sie zumindest unbestimmt. Wie ich anderswo geschrieben habe, »ist eine *Semiotik des Codes* ein Arbeitsinstrument im Dienste einer *Semiotik der Zeichenproduktion.* Eine Semiotik des Codes kann aufgestellt werden – wenn auch nur teilweise – wenn die Existenz einer Botschaft ihn als erklärende Bedingung *postuliert.* Die Semiotik muß weiterhin Strukturen herausarbeiten, *als wenn* eine endgültige allgemeine Struktur existierte; um aber so verfahren zu können, muß man annehmen, daß diese globale Struktur lediglich eine regulative Hypothese ist ...« (1976: 128–29). Mit anderen Worten: das Universum der Enzyklopädie ist so riesig (wenn die Hypothese unendlicher Interpretation von Zeichen zu Zeichen und damit von unbegrenzter Semiose gültig ist), daß im Fall (und unter dem Druck) eines bestimmten Ko-Textes ein gegebener Teil der Enzyklopädie aktiviert und vorgeschlagen wird, um die metonymischen Substitutionen und ihre metaphorischen Ergebnisse zu erklären (*cf.* Eco, 1979: 2.6).

[117] Woher kommt dieser kontextuelle Druck? Entweder (a) aus der Identifikation eines *Themas* und folglich aus der Wahl eines Interpretationspfades oder einer *Isotopie*, oder (b) aus dem Bezug auf *Rahmen*, die uns nicht nur festzulegen erlauben, worüber gesprochen wird, sondern auch, unter welchem Aspekt, zu welchem Zweck und mit Hinsicht auf was darüber gesprochen wird (siehe Eco, 1979: 0.6.3.).

3.11.4. Triviale Metaphern und ›offene‹ Metaphern

Wir wollen zwei elementare, sogar grobe Beispiele der isländischen Rätsel *(kenningar)* betrachten, die von Borges (1953) erwähnt werden: /Der Baum zum Sitzen/ für »Bank« und /Das Haus der Vögel/ für »der Himmel«. Im ersten Beispiel enthält der erste Ausdruck (/Baum/) keinerlei Zweideutigkeit. Wir konstruieren ein Komponentenspektrum:

/Baum/ ⊃	*F*	*A*	*M*	*Z*
	Stamm	Natur	*natürlich*	Früchte
	Äste		*Holz*	...
	...			
	(Vertikal)			

In diesem ersten Stadium kennen wir offensichtlich die Seme noch nicht, die wir uns in diesem Kontext merken müssen. Die Enzyklopädie (eine potentielle Informationsreserve) würde es erlauben, die Darstellung mit unbestimmtem Ende weiterzuführen. Unser Kontext gibt jedoch den Hinweis *zum Sitzen.* Der Ausdruck als Ganzes ist zweideutig. Man sitzt nicht auf Bäumen, oder vielmehr: man kann auf jedem Ast von jedem Baum sitzen, aber dann ist schwer zu verstehen, warum der bestimmte Artikel *der* benutzt wird (der nach Brooke-Rose ein Indikator des metaphorischen Gebrauchs ist). Dieser Baum also ist kein Baum. Man muß etwas finden, das einige Eigenschaften eines Baumes hat, aber andere nicht, und der Baum muß Eigenschaften haben, die er (normalerweise) nicht hat. Wir stehen einer Abduktionsaufgabe gegenüber (ein *kenning* ist ein Rätsel, das auf einer ›schwierigen‹ Metapher beruht). Eine Reihe von Hypothesen führt uns dazu, im Baumstamm das Element der ›Vertikalität‹ auszusondern, um dann nach etwas zu suchen, das auch aus Holz, aber ›horizontal‹ ist. Wir versuchen eine Darstellung von *sitzen.* Wir suchen unter den Objekten, auf denen ein Agent sitzt, nach jenen, die das Sem ›horizontal‹ haben. Ein alter Isländer oder jemand, der weiß, daß der Ausdruck einen Bezug zum Code der alten isländischen Kultur haben muß, wählt sofort die Bank aus.

Wir stellen die Darstellung von *Bank* zusammen:

/Bank/ ⊃	*F*	*A*	*M*	*Z*
	Horizontal	Kultur	Bearbeitetes Holz	Sitzgelegenheit

Auf den ersten Blick haben die beiden Sememe keine Eigenschaft gemeinsam. Nun führen wir eine zweite Operation durch: wir [118]
suchen unter den verschiedenen Eigenschaften nach denen, die Teil desselben Porphyrischen Baumes sein können (Abb. 3.8). Hier sehen wir Baum und Bank auf einem hohen Knoten des Stammes vereint (beide sind pflanzlich) und auf unteren Knoten in Opposition zueinander. Die Lösung schafft eine Verdichtung mittels einer Reihe von Verschiebungen. Unter kognitivem Gesichtspunkt erfahren wir nicht viel mehr als die Tatsache, daß Bänke aus bearbeitetem Holz gemacht sind.

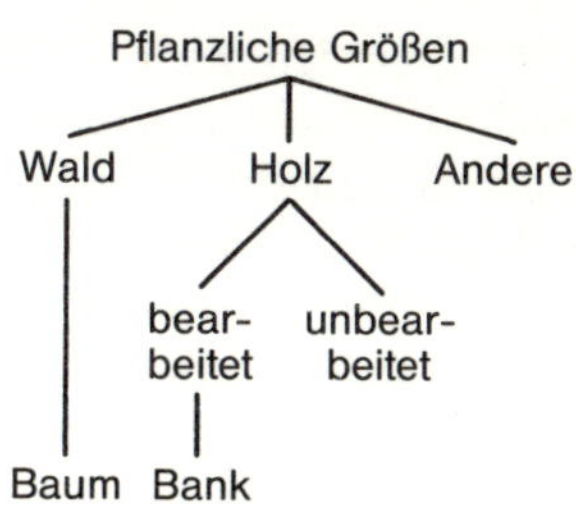

Abb. 3.8

Wir wollen zu dem zweiten Rätsel kommen, *Das Haus der Vögel.* Hier ist es möglich, sofort eine doppelte Darstellung anzufertigen.

/Haus/ ⊃	*F*	*A*	*M*	*Z*
	Rechteckig Geschlossen	Kultur	Erde (nicht organisch)	Obdach Auf dem Boden stehend
/Vögel/ ⊃	*F*	*A*	*M*	*Z*
	Geflügelt etc.	Natur	Erde (organisch)	Am Himmel fliegend

Offensichtlich wurden bestimmte Seme hier bereits auf der Basis einer Reihe von Hypothesen als die einschlägigsten erkannt. Die Materialien wurden nach einer Logik der Elemente charakterisiert (Erde, Luft, Wasser und Feuer), und ein interessanter Unterschied wurde an diesem Punkt gefunden zwischen der Erdhaftigkeit oder erdgebundenen Eigenschaft von Häusern und der in der Luft fliegenden Natur der Vögel (die das Sem ›Himmel‹ nahelegen). Dies sind reine Hypothesen (da viele andere Alternativen existieren); aber es ist eine Tatsache, daß die Metapher ›schwerer‹ ist als die andere und daß sie deshalb gewagtere Abduktionen erfordert. So kann der Interpret aus der Opposition zwischen einem Haus (geschlossen) und dem Himmel (offen) heraus ›raten‹. An diesem Punkt können wir versuchen, /Himmel/ darzustellen, wobei wir offensichtlich an seine möglichen Unterschiede und Ähnlichkeiten mit Haus denken:

	/Himmel/ ⊃	*F*	*A*	*M*	*Z*
[119]		Formlos Offen	Natur	Luft	Nicht-Obdach

Natürlich haben wir unter den Zielen oder Funktionen von Himmel deshalb ›Nicht-Obdach‹ angesetzt, weil das Sem ›Obdach‹ in *Haus* existiert. An diesem Punkt scheint es jedoch, als ob alle Seme im Vergleich Haus/Himmel in Gegensatz zueinander stehen. Was ist gleich? Wenn wir einen Porphyrischen Baum mit der Opposition Himmel/Erde versuchen, entdecken wir, daß diese beiden Einheiten einen gemeinsamen Knoten in der Eigenschaft ›Element‹ finden.

Das veranlaßt den Interpreten dazu, Schlüsse bezüglich jener

Seme zu ziehen, die ausgesondert wurden. Mit anderen Worten: man wird dazu geführt, die verschiedenen Seme als Ausgangspunkt für neue semantische Darstellungen oder Kompositionsanalysen (siehe Eco, 1976: 2.12.) zu nehmen. Die Domäne der Enzyklopädie wird ausgeweitet: welches ist das Territorium der Menschen und welches ist das Territorium der Vögel? Menschen leben in geschlossenen (oder eingeschlossenen) Territorien und Vögel in offenen Territorien. Was für den Menschen etwas ist, vor dem er Obdach suchen muß, ist das natürliche Obdach für Vögel. Neue Porphyrische Bäume werden ausprobiert: geschlossene Wohnung oder Territorium vs. offene Wohnung oder Territorium. Vögel ›wohnen‹ sozusagen im Himmel. Es ist dies ›sozusagen‹, das die Verdichtung schafft. Rahmen oder Hintergründe werden dazu aufgestellt. Wenn ein Mensch bedroht wird, was tut er? Er findet Obdach in seinem Haus. Wenn ein Vogel bedroht wird, sucht er Obdach am Himmel. Deshalb geschlossenes Obdach *vs.* offenes Obdach. Dann aber wird der Himmel, der für einige Wesen ein gefährlicher Ort zu sein schien (weil er Wind, Regen, Sturm hervorbringt), für andere Wesen zu einem Ort des Obdachs. Es ist also der Fall einer Metapher, die ›gut‹ ist oder ›poetisch‹ oder ›schwierig‹ oder ›offen‹, da es hier möglich ist, den Prozeß der Semiose unbestimmt fortzusetzen und Verbindungen oder Nachbarschaften an einem Knoten eines gegebenen Porphyrischen Baumes zu finden und Ungleichheiten an unteren Knoten, genauso wie eine ganze Menge von Unähnlichkeiten und Oppositionen in den enzyklopädischen Semen gefunden werden. Diejenige Metapher ist ›gut‹, die die Interpretationsarbeit nicht knirschend zum Stillstand kommen läßt (wie es bei dem Beispiel der Bank geschah), sondern die Einsichten erlaubt, die unterschiedlich, komplementär und widersprüchlich sind. Das scheint sich nicht von dem Kriterium der Lustentbindung zu unterscheiden, das nach Freud (1905) einen guten Witz definiert: Sparsamkeit und Ökonomie – sicher – aber so, daß eine Abkürzung durch das enzyklopädische Netz aufgespürt wird; denn es würde zu viel Zeit brauchen, das Labyrinth in seiner ganzen polydimensionalen Komplexität zu erforschen.

Das Problem ist jetzt, herauszufinden, ob dieses Modell der metaphorischen Produktion und Interpretation auch auf andere

metaphorische Ausdrücke zutrifft, auf die übertriebensten Katachresen und auf zarteste poetische Erfindungen gleichermaßen. Wir beginnen damit, daß wir uns in die Lage von jemandem versetzen, der zum ersten Mal die Zweideutigkeiten von *Tischbein* aufzulösen hat. Am Anfang muß es ein *kenning* gewesen sein, ein Rätsel. Zunächst muß man allerdings wissen, was ein Tisch und ein Bein sind. Man findet bei einem (menschlichen) Bein eine Funktion *Z* des Stützens oder Aufrechthaltens eines
[120] Körpers. In der Formbeschreibung *F* eines Tisches findet sich die Anweisung, daß er von vier unbenannten Elementen aufrechtgehalten wird. Man hypothetisiert einen dritten Begriff *Körper* und stellt fest, daß er in *F* von zwei Beinen aufrechtgehalten wird. Die Seme für Vertikalität können sowohl im Bein als auch im Objekt *x* gefunden werden, das den Tisch aufrechthält. Man findet ebenfalls Unterschiede und Oppositionen zwischen Semen, wie ›Natur *vs.* Kultur‹, ›organisch *vs.* unorganisch‹. Tisch und Körper werden unter einem Porphyrischen Baum vereint, der artikulierte Strukturen betrifft: wir finden, daß Körper und Tisch sich am höheren Knoten treffen und sich an den unteren Knoten voneinander unterscheiden (z. B. organische, artikulierte Strukturen *vs.* inorganische, artikulierte Strukturen). Am Ende können wir uns wohl fragen, ob die Katachrese ›gut‹ ist. Wir wissen es nicht, sie ist zu vertraut, wir werden niemals die Unschuld der ersten Erfindung wiedererlangen. Inzwischen ist es zu einem Syntagma von der Stange geworden, zu einem Element im Code, einer Katachrese im strengen Sinne, es ist keine erfinderische Metapher mehr.

Wir wollen also zwei unbestritten echte Metaphern ausprobieren: *Sie war eine Rose* und von Malherbe: *»Et rose elle a vécu ce que vivent les roses, l'espace d'un matin.«*

Die erste Metapher sagt kontextuell geradeheraus, welches der metaphorisierende Ausdruck (oder das Vehikel) und welches der metaphorisierte Ausdruck (oder der Tenor) ist. *Sie* kann nichts anderes sein als ein menschliches Wesen weiblichen Geschlechts. Man kommt weiter zu dem Vergleich von *Frau* und *Rose*. Aber die Operation kann niemals so schlicht und einfach sein. Die intertextuelle Kompetenz der Interpreten enthält bereits zahlreiche Ausdrücke, bereits vertraute *Rahmen*. Man weiß bereits, welche Seme man in den Brennpunkt stellen muß und welche man fallenlassen sollte (Abb. 3.9). Der Vergleich ist von einer beunruhigenden Einfachheit. Der größere Teil der enzyklopädischen Seme gleicht sich, eine Opposition gibt es nur auf der Achse pflanzlich/tierisch. Der Porphyrische Baum baut sich auf dieser Opposition auf, und wir stellen fest, daß es trotz der Opposition an den unteren Knoten eine Verbindung am oberen Knoten gibt (organisch). Um jedoch dort anzukommen, mußte man offensichtlich bereits wissen, daß sich der Vergleich einer Frau mit einer Blume auf die Vorstellung eines Frau-Objektes gründet, das wie die Blume für sich selbst lebt, ein reiner Schmuck der Welt. Schließlich wird die Frage der Ähnlichkeit oder Unähnlichkeit von Eigenschaften entschieden klar: sie ist weder wahrnehmungsmäßig noch ontologisch, sondern vielmehr semiotisch. Sprache (die figurative Tradition) muß bereits ›Frische‹ und ›Farbe‹ als Interpretanten sowohl des gesunden Zustandes eines menschlichen Körpers als auch des gesunden Zustandes einer Blume verstanden haben, selbst wenn in physikalischer Hinsicht das Rosa einer Frauenwange selten dieselbe spektrale Frequenz hat wie die rote Farbe einer Blume. Es gibt einen Unterschied in Millimikron, aber die Kultur verwischt diesen Unterschied und benennt zwei Farbschattierungen mit demselben Wort oder stellt sie bildlich mit demselben Pigment dar.

Es ist also eine schwache Metapher, kaum kognitiv, sie sagt etwas, das bereits bekannt ist. Keine Metapher ist jedoch absolut
›geschlossen‹: ihre Geschlossenheit ist pragmatisch. Wenn wir [121]
uns einen naiven Sprachbenutzer vorstellen, der zum ersten Mal dem Ausdruck *Sie ist eine Rose* begegnet, sehen wir, wie er in ein Suchspiel hineingerät, nicht anders als derjenige, der zum ersten Mal *Das Haus der Vögel* auflösen mußte. Es gibt keine absolut ›unpoetische‹ Metapher; solche Metaphern existieren nur in bestimmten soziokulturellen Situationen.

Was absolut ›poetische‹ Metaphern betrifft, so ist es unmöglich zu sagen, wie viel der Benutzer einer Sprache von dieser Sprache kennt (oder von jedem anderen semiotischen System). Bekannt ist nur, was eine Sprache bereits gesagt hat, und es ist möglich, eine Metapher zu erkennen, die völlig neue interpretative Operationen und die Identifikation von noch nicht identifizierten Semen erfordert.

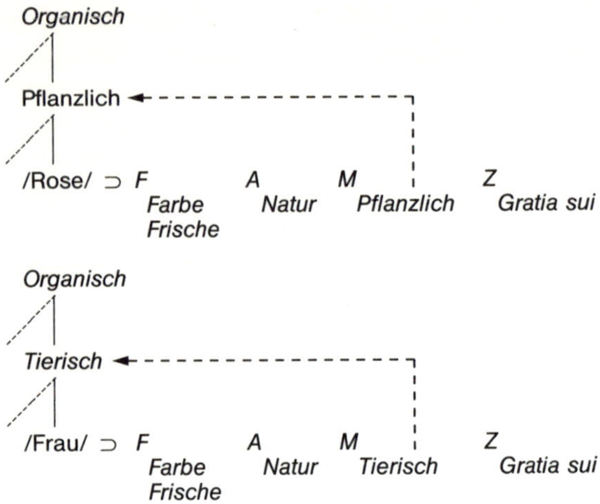

Abb. 3.9

Malherbes Metapher verlangt augenscheinlich dieselbe Vergleichsarbeit wie das vorangegangene Beispiel. Das Problem des *Raums* ist bereits gelöst; die Tradition hat sie zu einer Metapher des Vergehens der Zeit gemacht. Die Tradition hat den metaphorischen Gebrauch von *Leben* für die Dauer von nicht-animalischen Größen ebenfalls bereits gesichert. Also muß die Beziehung zwischen Dauer, jungem Mädchen, Rose und Morgen näher betrachtet werden. Das Sem der Vergänglichkeit (bereits intertextuell codifiziert) wird für *Rose* als besonders relevant erkannt (denn die Rose öffnet sich in der Morgendämmerung und schließt sich bei Sonnenuntergang; ihre Blüte währt nur sehr kurze Zeit). Alle anderen Ähnlichkeiten zwischen Mädchen und Rose wurden vermutlich bereits überprüft und als intertextuell korrekt angesehen. Was den Morgen betrifft, so besitzt er die Eigenschaft, die schönste, zarteste und aktivste Tageszeit zu sein. Eine Jungfrau also, schön wie eine Rose, hat natürlich ein flüchtiges Leben und nur den Teil gelebt, der trotz seiner Kürze der beste ist. (Aristoteles hat darüber hinaus bereits gesagt: der Morgen des Lebens ist die Jugend.) Wir finden also Identität und Verschiedenheit zwischen enzyklopädischen Merkmalen, die
[122] Verbindung an einem hohen Knoten des Porphyrischen Baumes (organisch oder lebend) und einen Unterschied an den unteren

Knoten (tierisch *vs.* pflanzlich). Daraus folgen nun all die Verdichtungen dieses Beispiels, d. h. von Jungfrau und Blume, von pflanzlichem Lebenspuls, der zu fleischlichem Lebenspuls wird, von Tau, der zu feuchten Augen wird, von Blütenblättern, die die Form von Mündern annehmen; die Enzyklopädie erlaubt der Phantasie (selbst der visuellen), voranzupreschen, und das beständige Gewebe der Semiose wird von Allianzen und Unvereinbarkeiten belebt.

Ein paar Zweideutigkeiten bleiben allerdings. Die Rose lebt einen Morgen und schließt sich zur Nacht, aber nur, um am nächsten Tag wieder das Licht zu sehen. Die Jungfrau stattdessen stirbt und wird nicht wiedergeboren. Muß man also überdenken, was über den Tod bei Menschen bekannt ist? Gibt es eine Wiedergeburt? Oder muß man überdenken, was über den Tod von Blumen bekannt ist? Ist die Rose, die wiedergeboren wird, morgen dieselbe wie gestern, oder ist die Rose von gestern die, die nicht gepflückt wurde? Die Wirkung der Verdichtung ist unstet; unter der Leichenstarre der Jungfrau pulsiert die Rose lange weiter. Wer gewinnt? Das Leben der Rose oder der Tod der Jungfrau? Offensichtlich gibt es keine Antwort, die Metapher ist in Wirklichkeit ›offen‹ – selbst wenn sie von einem Spiel intertextuell vertrauter Übercodierungen gestützt wird, das ans Manieristische grenzt.

3.11.5. Fünf Regeln

Wir sind jetzt in der Lage, eine Reihe von Regeln für die kotextuelle Interpretation einer Metapher zu skizzieren (wobei anzumerken ist, daß der Interpretationsprozeß den Produktionsprozeß umgekehrt abbildet):

(a) Man unternehme eine erste versuchsweise und teilweise Komponentendarstellung des metaphorisierenden Semems oder der metaphorisierenden Sememe (des *Vehikels*). Diese Darstellung soll nur jene Seme oder Eigenschaften herausstellen, deren Relevanz der Ko-Text nahelegt. (Für den Prozeß des *Vergrößerns* und *Narkotisierens* von Eigenschaften siehe Eco, 1979: 0.6.2.) Diese Operation stellt einen ersten *abduktiven* Versuch dar.

(b) Man suche abduktiv in der Enzyklopädie nach einem anderen Semem, das möglicherweise einige der in den Brennpunkt gestellten Eigenschaften des ersten Semems (oder der Sememe) teilt, während es andere *auf interessante Weise unterschiedliche* Eigenschaften aufweist. Dieses neue Semem wird zu einem plausiblen Kandidaten für die Rolle des metaphorisierten Semems (*Tenor*). Wenn es um diese Rolle miteinander konkurrierende Ausdrücke gibt, stelle man auf der Grundlage kotextueller Indizien weitere Abduktionen an. Es muß klar sein, daß wir mit ›identischen Eigenschaften‹ jene meinen, die durch denselben Interpretanten darstellbar sind. Mit ›auf interessante Weise unterschiedlichen Eigenschaften‹ meinen wir jene, die von Interpretanten darstellbar sind, die sich nicht nur voneinander unterscheiden, sondern die auch nach einer übercodierten Unvereinbarkeit zueinander in Opposition gestellt werden können
[123] (so wie offen/geschlossen, lebendig/tot usw.).

(c) Man wähle eine oder mehrere der jeweils unterschiedlichen Eigenschaften aus und baue darauf einen oder mehrere Porphyrische Bäume, so daß sich diese gegensätzlichen Paare an einem der oberen Knoten verbinden können.

(d) Tenor und Vehikel weisen eine interessante Beziehung auf, wenn sich ihre jeweils unterschiedlichen Eigenschaften im Porphyrischen Baum an einem so weit wie möglich oben liegenden Knoten treffen.

Ausdrücke wie ›auf interessante Weise unterschiedlich‹ oder ›ein so weit wie möglich oben liegender Knoten‹ sind nicht vage, sie beziehen sich auf eine ko-textuelle Plausibilität. Ähnlichkeiten und Unterschiede können nur nach dem ko-textuellen Erfolg der Metapher bewertet werden, und wir können nicht nach einem ›formalen‹ Kriterium suchen, das den angemessenen Grad von Unterschied und die angemessene Position in einem Porphyrischen Baum festlegt. Nach diesen Regeln beginnen wir mit den metonymischen Beziehungen (von Sem zu Semem) zwischen zwei verschiedenen Sememen und mit der Überprüfung der Möglichkeit einer doppelten Synekdoche (die sowohl Vehikel als auch Tenor betrifft); schließlich akzeptieren wir die Substitution eines Semems durch ein anderes. Auf diese Weise erscheint die *sememische Substitution* als die Wirkung einer *doppelten Metonymie,* die von einer doppelten Synekdoche verifiziert wird. Von diesem Punkt an hat eine fünfte Regel Geltung:

(e) Man überprüfe, ob aufgrund der ›abduzierten‹ Metaphern neue Beziehungen geschaffen werden können, die die kognitive Kraft des Tropus noch weiter bereichern.

3.11.6. Von den Metaphern zur symbolischen Interpretation

Wenn der Prozeß unbegrenzter Semiose einmal begonnen hat, ist es schwierig zu sagen, wo und wann die metaphorische Interpretation aufhört: es hängt vom Ko-Text ab. Es gibt Fälle, in denen der Interpret von einer oder mehreren Metaphern aus zu einer allegorischen Lektüre geführt wird oder zu einer symbolischen Interpretation, wobei die Grenzen zwischen Metapher, Allegorie und Symbol sehr unscharf sein können. (Zur Unterscheidung dieser drei Begriffe siehe Kapitel 4.)

In dieser Hinsicht hat Weinrich (1976) eine interessante Unterscheidung zwischen *Mikro-Metaphorik*, *Kontext-Metaphorik* und *Text-Metaphorik* getroffen. Wir wollen kurz seiner Analyse einer relativ langen Passage Walter Benjamins folgen und die hervorstechendsten Punkte hier zusammenfassen. In dem Text *Möwen* spricht Benjamin von einer Seereise, die er gemacht hat, einer Reise voller Metaphern, die hier nicht analysiert werden sollen. Zwei dieser Metaphern jedoch erscheinen Weinrich einzigartig: die Möwen, *Völker* geflügelter Kreaturen, geflügelte *Boten*, gebunden in eine Folge von Zeichen, die sich in einem bestimmten Moment in zwei Reihen teilen, eine schwarz, die sich nach Westen hin auflöst und verschwindet, die andere Reihe weiß, die nach Osten zieht, noch anwesend und zu
›enträtseln‹; und der Mast des Schiffes, der in der Luft eine [124]
Pendelbewegung beschreibt. Weinrich entwickelt zuerst eine *Mikro-Metaphorik* (z. B. von gemeinsamen und unterschiedlichen Eigenschaften von Mast und Pendel), dann eine *Kontext-Metaphorik*, wo er die verschiedenen ›Bildfelder‹ miteinander verbindet, die Benjamin aktiviert. Kurz gesagt, langsam tritt etwas hervor, das mehr und mehr wie eine allegorische Äußerung auszusehen beginnt und das im letzten Stadium der *Text-Metaphorik* seinen politisch-ideologischen Schlüssel enthüllt

(wodurch der Text auch hinsichtlich der historischen Umstände seiner Entstehung betrachtet wird): das Jahr 1929, die Krise der Weimarer Republik, die widersprüchliche Situation des deutschen Intellektuellen, der auf der einen Seite von der extremen Polarisierung von Kontrasten besessen (Freund *vs.* Feind), auf der anderen Seite unsicher ist, welche Position er einnehmen soll, und zwischen Neutralität und einer dogmatischen Hingabe an eine der Parteien hin- und herschwankt. Daher wird der Mast zur Metapher für das »Pendel historischer Ereignisse«, und so kommt es zu dem antagonistischen Kontrast zwischen den Möwen.

Ob nun Weinrichs Deutung richtig ist oder nicht, wir wollen zu der Mast-Pendel-Metapher zurückkehren, um ihren konstitutiven Mechanismus zu bestimmen, der alle die kontextuellen Schlüsse zulassen muß, die der (in diesem Fall als Modell-Leser postulierte) Leser möglicherweise ziehen kann. Wir überspringen die Stufe, auf der jener kontextuelle Druck gefunden wird, der den Leser dazu bringt, bestimmte Seme auf Kosten anderer auszuwählen, und zeichnen sogleich das komponentielle Spektrum der beiden Ausdrücke, die im Kontext anwesend sind: *Mast* und *Pendel.* In Wirklichkeit spricht der Text von »Pendelbewegungen«, so daß wir statt von einer Metapher von einem Vergleich sprechen sollten (der Mast bewegt sich, als wäre er ein Pendel). Aber die spezifische Wirkung der Verdichtung wird davon nicht berührt.

Die Darstellung von Mast und Pendel sieht folgendermaßen aus:

/Mast/ ⊃	*F*	*A*	*M*	*Z*
	Vertikal	*Kultur*	*Holz*	Halt für Segel
	Befestigt		*Eisen*	*Erlaubt Bewegung des Schiffes*
	An der Basis festgemacht			Raum
				Leichte Schwingung
				Schiff
/Pendel/ ⊃	*F*	*A*	*M*	*Z*
	Vertikal	*Kultur*	*Holz*	Gegengewicht
	Mobil		*Eisen*	*Erlaubt Bewegung der Hände*
	An der Spitze festgemacht			Zeit
				Spürbare Schwingung
				Zeitmesser

Wir erkennen sofort, an welchen Semen die Identität festgemacht und auf welche Seme der Unterschied gegründet werden kann. Eine oberflächliche Verbindung in einem gegebenen Por- [125] phyrischen Baum würde enttäuschende Ergebnisse erzielen: sowohl ein Mast als auch ein Pendel sind Handwerksarbeit, beide sind aus Holz oder Eisen, wenigstens gehören beide zur Klasse vertikaler Dinge. Das ist einfach nicht genug. Die einzigen erwähnenswerten Gegensätze scheinen die Opposition zwischen Fixierung und Schwingung zu sein und die Tatsache, daß der Mast auf Intervalle des *Raumes* bezogen werden muß und das Pendel auf Intervalle der *Zeit.* Beim zweiten Hinschauen erkennen wir, daß ein Mast selbst in fixierter Position immer ein wenig schwingen muß, so wie ein Pendel an einem Haken festgemacht sein muß, um zu schwingen. Aber das ist nun immer noch kein bemerkenswerter kognitiver Zugewinn. Ein Pendel, das an der Spitze festgemacht ist, schwingt und mißt die Zeit, und ein Mast, der an der Basis festgemacht ist, schwingt und ist in gewisser Weise an die Dimension des Raumes gebunden – was wir ja bereits wußten.

Wäre diese Metapher in einem Kontext aufgetaucht, der sie sofort wieder fallenläßt, ohne sie weiterzutragen, würde sie keine bemerkenswerte Erfindung darstellen. In seiner Analyse zeigt Weinrich, daß der intertextuelle Rahmen die Aufmerksamkeit des Interpreten auf das Thema Schwingung lenkt, darüber hinaus legt das Insistieren auf dem Wechselspiel der Möwen und auf der Opposition rechts/links und Ost/West in demselben Kontext eine Isotopie der Spannung zwischen zwei Polen fest. Es ist diese Isotopie, die auf den tiefsten Ebenen vorherrscht, nicht das, was durch das Thema ›Seereise‹ auf der Ebene der diskursiven Strukturen festgelegt wird (siehe Eco, 1979). Der Leser wird dazu gebracht, das Zentrum der Semiose auf das Sem Schwingung zu verlagern – was die primäre Funktion eines Pendels ist und für einen Mast sekundär (die Enzyklopädie muß nun eine Hierarchie der Seme ins Auge fassen). Darüber hinaus ist die Schwingung des Pendels genauer Messung funktional angepaßt, wohingegen die des Mastes unbestimmter ist. Das Pendel schwingt auf eine unfehlbare, konstante Weise ohne jeglichen Wechsel des Rhythmus, wohingegen der Mast Veränderungen unterworfen ist und schlimmstenfalls bricht. Die Tatsache, daß der Mast einem Schiff funktional angepaßt ist (offen für die Bewegung innerhalb des Raumes und für unbestimmte Abenteuer) und daß ein Pendel die Funktion des Zeitmessens hat, daß es im Raum befestigt und in seiner Messung der Zeit völlig regelmäßig ist, eröffnet den Weg für weitere Oppositionen: die Sicherheit eines Pendels gegen die Unsicherheit eines Mastes, das eine geschlossen, das andere offen ...; dann natürlich die Beziehung des Mastes (unsicher) zu den beiden widersprüchlichen Möwenvölkern ...; wie man sieht, kann unsere Deutung bis ins Unendliche weitergehen. An sich ist die Metapher nicht besonders reich, aber in ihrem Kontext trägt sie andere Metaphern und wird von ihnen getragen.

Andere haben versucht, den Wert einer Metapher nach einer größeren oder geringeren ›Entfernung‹ zwischen den Eigenschaften der in den Brennpunkt gestellten Ausdrücke zu bestimmen; mir scheint es jedoch nicht so, als gäbe es eine so strenge Regel. Das für den Zweck der Interpretation eines gegebenen Kontextes konstruierte enzyklopädische Modell setzt Zentrum und Peripherie der relevanten Seme *ad hoc* fest. Es bleibt das
[126] Kriterium der größeren oder geringeren Offenheit, d. h. wie weit uns eine Metapher auf den Wegen der Semiose reisen und die Labyrinthe der Enzyklopädie entdecken läßt. Im Verlaufe dieser Wege werden die in Frage stehenden Begriffe mit Eigenschaften angereichert, die die Enzyklopädie ihnen bis dato noch nicht zugestanden hatte. Diese Überlegungen legen noch kein endgültiges ästhetisches Kriterium fest, um ›schöne‹ Metaphern von ›häßlichen‹ zu unterscheiden. In dieser Hinsicht kommen sogar die strengen Beziehungen zwischen Ausdruck und Inhalt und zwischen Ausdrucksform und Ausdruckssubstanz ins Spiel (in der Dichtung könnte man von Musikalität sprechen, von der Möglichkeit, sowohl Kontrast als auch Ähnlichkeit festzuhalten, und dabei fallen einem Elemente wie Reim, Paronomasie und Assonanz ein). Aber diese Überlegungen erlauben uns, die geschlossene (oder nur schwach kognitive) Metapher von der offenen zu unterscheiden, wodurch wir befähigt werden, die Möglichkeiten der Semiose besser kennenzulernen oder – anders ausgedrückt – die Möglichkeiten des Kategorien-Indexes, von dem Tesauro sprach.

3.12. *Schlußfolgerungen*

Es gibt keinen Algorithmus für die Metapher, und sie kann auch nicht mit Hilfe eines Computers produziert werden, gleichgültig, welche Mengen organisierter Information oder präziser Instruktionen ich eingebe. Der Erfolg einer Metapher ist eine Funktion des soziokulturellen Formats der Enzyklopädie des interpretierenden Subjektes. Dementsprechend werden Metaphern allein auf der Grundlage eines reichen kulturellen Rahmens hervorgebracht, auf der Grundlage, heißt das, eines Inhaltsuniversums, das bereits in Netze von Interpretanten organisiert ist, die (semiotisch) über die Ähnlichkeiten und Unterschiede von Eigenschaften entscheiden. Gleichzeitig erhält allein ein Inhaltsuniversum, das man sich nicht rigide hierarchisch, sondern vielmehr gemäß dem Modell Q geformt vorstellen muß, aus der metaphorischen Produktion und Interpretation die Gelegenheit, sich in neue Knoten von Ähnlichkeiten und Unterschieden neu zu strukturieren.

Diese Situation der unbegrenzten Semiose schließt jedoch nicht die Existenz von ersten Tropen aus, mit anderen Worten, von ›neuen‹ Metaphern, von denen man noch nie gehört hat oder die man erlebt, als hätte man noch nie von ihnen gehört. Die Bedingungen des Auftretens solcher Tropen, die wir als metaphorisch ›auroral‹ bezeichnen könnten (die aber in Eco [1975] als Beispiele der *Erfindung* definiert werden) sind vielfältig:

(a) Es gibt immer einen Kontext, der eine codifizierte Katachrese oder eine tote Metapher neu vorstellen kann. Man kann sich einen Text der *école du regard* vorstellen, in dem mit Hilfe einer obsessiven Beschreibung unserer Wahrnehmungsaktivität die Kraft und die Anschaulichkeit eines Ausdrucks wie *der Flaschenhals* neu entdeckt wird.

(b) Durch den Übergang von einem semiotischen System zum anderen wird eine tote Metapher wieder neu und erfinderisch. Man denke an Modiglianis Frauenporträts, die, wie man sagen könnte, einen Ausdruck wie *Schwanenhals* neu erfinden (und [127]
uns gleichzeitig nötigen, den Ausdruck begrifflich und über verschiedene Vermittlungen auch verbal zu überdenken). Un-

tersuchungen der visuellen Metapher (siehe Bonsiepe, 1965) haben gezeigt, daß ein abgenutzter Ausdruck wie *flexibel* (der benutzt wird, um geistige Offenheit, Vorurteilslosigkeit in den Entscheidungen, Tatsachenbezogenheit anzudeuten) eine gewisse Frische wiedererlangen kann, wenn er durch die Darstellung eines flexiblen Objektes visuell übersetzt wird, anstatt verbal geäußert zu werden.

(c) Ein Kontext mit ästhetischer Funktion setzt seine eigenen Tropen immer als ›erste‹: sofern er dazu verpflichtet, sie auf neue Weise zu sehen, und eine Anzahl von Korrelationen zwischen den verschiedenen Ebenen des Textes arrangiert, so daß eine immer neue Interpretation des spezifischen Ausdrucks möglich wird (der niemals alleine funktioniert, sondern immer mit einem neuen Aspekt des Textes interagiert; vgl. das Bild Mast/Pendel bei Benjamin). Darüber hinaus ist es für Kontexte mit ästhetischer Funktion charakteristisch, *objektive Korrelative* zu erzeugen, die eine extrem ›offene‹ metaphorische Funktion haben, weil sie zu verstehen geben, daß Beziehungen der Ähnlichkeit oder Identität postuliert werden können, ohne daß die Möglichkeiten dieser Beziehungen weiter verdeutlicht werden. An diesem Punkt spricht man häufig von Symbol.

(d) Der abgenutzteste Tropus kann ›wie neu‹ sein für ein Subjekt, das sich auf ›jungfräuliche‹ Art zum ersten Mal der Komplexität der Semiose nähert. Es existieren sowohl ›restringierte‹ als auch elaborierte Codes. Stellen Sie sich jemanden vor, der noch nie gehört hat, daß ein Mädchen mit einer Rose verglichen wurde, der die intertextuellen Institutionalisierungen nicht kennt und der selbst auf die abgetragenste Metapher so reagiert, als entdeckte er die Beziehungen zwischen einem Frauengesicht und einer Blume zum allerersten Mal. Bestimmte Arten metaphorischer Kommunikation können ebenfalls auf dieser Grundlage erklärt werden; namentlich die Fälle, in denen ein »idiotisches« Subjekt eine figurative Sprache nicht verstehen kann oder ihre Funktionen auf sehr mühsame Weise wahrnimmt, sie nur als lästige Provokation empfindet. Situationen dieser Art entstehen auch bei der Übersetzung von Metaphern von einer Sprache in die andere; beides ist gleich wahrscheinlich: daß eine Übersetzung verwirrende Dunkelheit hervorbringt oder klarsichtige Verständlichkeit.

(e) Endlich gibt es die besonderen Fälle, in denen das Subjekt zum ersten Male eine Rose ›sieht‹, ihre Frische bemerkt, ihre Blütenblätter voller Tauperlen – weil die Rose für ihn zuvor nur ein Wort oder ein Objekt in den Schaufenstern von Blumenläden war. In solchen Fällen rekonstruiert das Subjekt sozusagen sein eigenes Semem, reichert es mit Eigenschaften an, die nicht alle verbalisiert werden oder verbalisierbar sind und von denen einige durch andere visuelle oder taktile Erfahrungen interpretierbar sind und interpretiert werden. In diesem Prozeß konkurrieren verschiedene synästhetische Phänomene darum, Netze semiosischer Beziehungen zu schaffen. Diese neu erfundenen
Metaphern entstehen aus demselben Grund, aus dem man dem [128]
Arzt Symptome auf uneigentliche Art und Weise schildert (*Meine Brust brennt ... Ich fühle Nadelstiche in den Armen ...*). Auf diese Weise wird eine Metapher auch durch Unkenntnis des Lexikons neu erfunden.

Und doch – selbst diese ersten Tropen kommen nur zum Vorschein, weil es immer ein zugrundeliegendes semiotisches Netz gibt. Vico würde uns daran erinnern, daß die Menschen wie Heroen sprechen können, weil sie schon wie Menschen sprechen können. Selbst die naivsten Metaphern werden aus dem Schutt anderer Metaphern gemacht – die Sprache spricht sich selbst –, und die Grenzlinie zwischen ersten und letzten Tropen ist sehr fein, nicht so sehr eine Frage der Semantik als eine der Pragmatik der Interpretation. Jedenfalls hat man zu lange geglaubt, daß es notwendig sei, den Code (oder die Enzyklopädie) zu kennen, um Metaphern zu verstehen: in Wahrheit ist die Metapher das Werkzeug, das es uns erlaubt, die Enzyklopädie zu verstehen. Das ist die Art von Wissen, das die Metapher für uns absteckt.

Um zu diesem Schluß zu kommen, mußten wir die Suche nach einer synthetischen, unmittelbaren, flammenden Definition der Metapher aufgeben: Substitution, Sprung, verkürzter Vergleich, Analogie ... Weil die Art, auf die man eine Metapher zu verstehen scheint, einfach ist, wird man nur allzu leicht zu der Annahme verführt, die Metapher könne auch mit Hilfe einer einfachen Kategorie definiert werden. Diese Einfachheit – das

muß angemerkt werden – dieser Glücksfall, Abkürzungen innerhalb des Prozesses der Semiose machen zu können, ist eine neurologische Tatsache. Semiotisch gesprochen ist der Prozeß der metaphorischen Produktion und Interpretation dagegen langwierig und quälend. Man kann eben nicht voraussetzen, daß unmittelbare physiologische oder psychische Prozesse ebenso unmittelbare Erklärungen haben müssen. In seiner Sammlung klassischer *Witze* zitiert Freud einen Aphorismus Lichtenbergs: »Er wunderte sich, daß den Katzen gerade an der Stelle zwei Löcher in den Pelz geschnitten wären, wo sie die Augen hätten.« Und Freud kommentiert: »Die Dummheit, die hier zur Schau getragen wird, ist nur eine scheinbare; in Wirklichkeit steckt hinter dieser einfältigen Bemerkung das große Problem der Teleologie im tierischen Aufbau; es ist gar nicht so selbstverständlich, daß die Lidspalte sich dort öffnet, wo die Hornhaut freiliegt, bis die Entwicklungsgeschichte uns dieses Zusammentreffen aufklärt« (1905 [1970: 89]). Hinter dem ›Geglücktsein‹ natürlicher (physischer und psychischer) Prozesse verbirgt sich
[129] eine langwierige Arbeit. Ich habe hier versucht, *einige* Phasen dieser Arbeit zu bestimmen.

Symbol

Was ist ein Symbol? Etymologisch gesprochen, kommt das Wort σύμβολον von συμβάλλω, zusammenwerfen, etwas mit etwas anderem zusammentreffen lassen: ein Symbol war ursprünglich ein Erkennungsmerkmal, das aus zwei Hälften einer Münze oder einer Medaille gemacht war. Zwei Hälften derselben Sache, jedwedes für das andere stehend, jedoch erst voll wirksam, wenn sie zusammenpaßten, um wieder das ursprüngliche Ganze auszumachen. In der semiotischen Dialektik zwischen Signifikant und Signifikat, Ausdruck und Inhalt oder Name und Ding wird eine solche Wiederzusammenfügung immer hinausgeschoben, die erste Hälfte des Paares wird immer durch unsere Substitution einer anderen ersten Hälfte eines anderen Paares *interpretiert* usw. *in infinitum,* so daß die anfängliche Lücke zwischen *signans* und *signatum* weiter und weiter wächst. Im Gegensatz dazu steckt in dem Konzept des Symbols ursprünglich der Gedanke einer letztendlichen Wiederzusammenfügung. Etymologien sagen jedoch nicht notwendigerweise die Wahrheit – oder zumindest sagen sie die Wahrheit nur in Hinsicht auf historische, nicht auf strukturelle Semantik. Was man oft bei vielen sogenannten Symbolen schätzt, ist gerade ihre Vagheit, ihre Offenheit, ihre fruchtbare Unfähigkeit, eine ›endgültige‹ Bedeutung auszudrücken, so daß man mit Symbolen und durch Symbole das andeutet, was immer *jenseits* der eigenen Reichweite liegt.

Gibt es in Speziallexika formalere (oder theoretischere) Definitionen dieser Kategorie und des entsprechenden Ausdrucks? Einer der rührendsten Momente in der Geschichte der philosophischen Terminologie ist der, als sich die Mitarbeiter des *Dictionnaire de philosophie* von Lalande (1926) zusammensetzen, um die Definition von /Symbol/ zu diskutieren. Diese Seite eines Begriffslexikons ist reiner Ionesco.

Nach einer ersten Definition, derzufolge ein Symbol etwas anderes kraft einer analogischen Korrespondenz repräsentiert (z. B. das Zepter: Symbol des Königtums – wobei nicht klar ist, wo die Analogie liegt, weil es sich hier um einen überragenden

[130] Fall von metonymischer *Kontiguität* handelt), wird eine zweite Definition vorgeschlagen, nämlich die, daß Symbole ein fortlaufendes System von Ausdrücken betreffen, von denen jeder ein Element eines anderen Systems repräsentiert. Das ist eine gute Definition für den Morsecode; unglücklicherweise geht die Definition mit einem »System aufeinanderfolgender Metaphern« weiter, und der Morsecode scheint nun allerdings nicht als metaphorisches System definierbar. An diesem Punkt fügt Lalande hinzu, daß ein Symbol auch ein »Ritualienbuch der Orthodoxie« sei und zitiert das *Credo* als Symbol von Nikäa. Es folgt eine Diskussion: Delacroix besteht auf der Analogie, Lalande macht geltend, daß O. Karmin ihm vorgeschlagen habe, jede konventionelle Repräsentation als Symbol zu definieren; Brunschvicg spricht von einer »inneren« darstellenden Kraft und erwähnt das archetypische Kreisbild der Schlange, die sich in den Schwanz beißt; van Biéma erinnert die Gruppe daran, daß der Fisch nur aus akronymischen Gründen Symbol für Christus war; Lalande fragt sich, wie ein Stück Papier zum Symbol für eine gegebene Menge Gold werden kann, während ein Mathematiker von Symbol für das Zeichen der Quadratwurzel spricht; in Delacroix regt sich der Verdacht, daß es keine Beziehung zwischen dem Zeichen für Quadratwurzel und dem Fuchs als Symbol der List gibt; jemand anderer unterscheidet zwischen intellektuellen und emotionalen Symbolen, und glücklicherweise endet der Eintrag an diesem Punkt. Doch waren Lalandes Bemühungen durchaus nicht fruchtlos, sie kommen zu dem Ergebnis, daß ein Symbol alles sein kann oder nichts. Wie schrecklich!

Zweifellos gibt es unter all den obigen Definitionen einige Familienähnlichkeiten. Aber Familienähnlichkeiten haben eine merkwürdige Eigenschaft (siehe z. B. Bambrough, 1961). Wir wollen drei Konzepte – A, B und C – betrachten, die durch die Komponenteneigenschaften a ... g analysierbar sind (Abb. 4.1). Es ist klar, daß jedes Konzept einige Eigenschaften der anderen Konzepte besitzt, jedoch nicht alle. Jetzt aber wollen wir die Serie nach demselben Kriterium erweitern (Abb. 4.2).

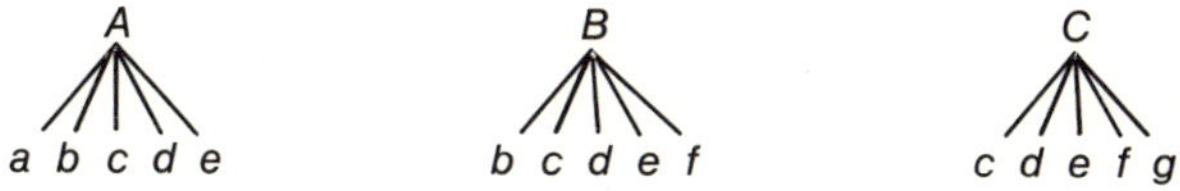

Abb. 4.1

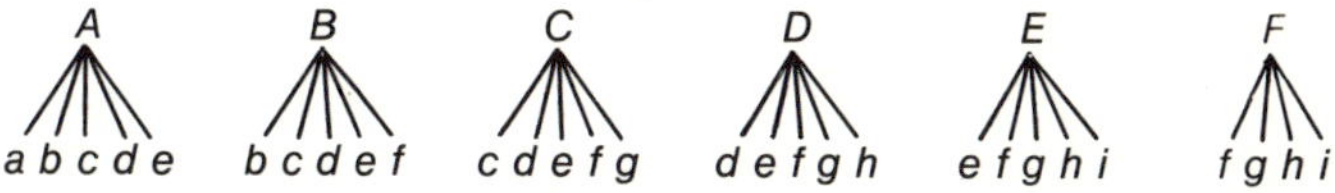

Abb. 4.2

Am Ende verbindet A mit F keine gemeinsame Eigenschaft mehr, nur noch die Tatsache, daß sie demselben Netz von Familienähnlichkeiten angehören ...

Wenn man vom Konzept des Zeichens spricht, scheint es möglich zu sein, eine einzige Definition zu skizzieren, die die verschiedenen Sinngebungen berücksichtigt, die diesem Aus- [131]
druck zugeschrieben werden. Auf diese Weise kann man ein richtiges, abstraktes Objekt für eine allgemeine Semiotik festlegen. Im Gegensatz dazu scheint eine solche Einheitlichkeit unmöglich zu sein, wenn man den verschiedenen Vorkommnissen eines Ausdrucks wie Symbol gegenübersteht.

Symbol ist kein Ausdruck der Umgangssprache. Ein Wort wie *Zeichen* erscheint in vielen fertigen Syntagmen, und wenn man keine eindeutige Definition des isolierten Begriffs geben kann, so kann man doch immer noch eine gewisse Interpretation dieser Syntagmen liefern. Dagegen ist es die Pseudo-Umgangssprache der Presse oder der Literaturkritik, die sagt, daß bestimmte Waren Symbol der Produktivität eines gegebenen Landes sind, daß Marilyn Monroe ein Sexsymbol war, daß die Terroristen aus symbolischen Gründen ein Attentat auf den amerikanischen Botschafter in Rom versuchten, daß ein bestimmtes Wort, eine Beschreibung oder Episode symbolisch zu verstehen sei. Ein ganz normaler Sprecher hätte sicher Schwierigkeiten, sollte er die ›richtige‹ Bedeutung dieser und anderer ähnlicher Ausdrücke erklären.

In seinem ausführlichen Überblick über den möglichen Gebrauch des Begriffes *Symbol* bemerkt Firth (1973), daß dieser Begriff anstelle von *Zeichen* im Falle einer gewissen Wirkungslosigkeit benutzt wird: eine ›symbolische‹ Geste versucht nicht, unmittelbare und konkrete Wirkungen zu erzielen. Firth bemerkt, daß es ein Gewebe kontrastierender Beziehungen gibt, das vom Konkreten zum Abstrakten (Fuchs für List), vom Abstrakten zum Konkreten (logische Symbole) verlaufen kann und auch vage Metaphern (Dunkelheit für Geheimnis) umfaßt; auf der ersten Ebene kann ein Symbol auch konventionell sein (die Schlüssel des hl. Petrus für die Macht der Kirche); sobald man aber das Symbol als durchsichtig ansieht, finden sich neue und weniger konventionelle Bedeutungen (weil nämlich unklar ist, was die Geste der Schlüsselübergabe an Petrus genau bedeutet – mehr noch, warum Jesus die Schlüssel gibt, nicht materiell, sondern ›symbolisch‹?).

Am Ende seines Überblicks neigt Firth zu einer vorläufigen und ›pragmatischen‹ Definition: »Bei der Interpretation eines Symbols sind die Bedingungen seiner Darstellung dergestalt, daß der Interpret normalerweise viel Raum zur Anwendung seiner eigenen Urteilskraft hat ... Von daher ist es eine Möglichkeit, grob zwischen Signal und Symbol zu unterscheiden, wenn man jene Darstellungen als Symbole einstuft, bei denen ein viel größerer Mangel an Übereinstimmung – vielleicht sogar absichtlich – in der Zuschreibung des Herstellers und des Interpreten besteht« (1973: 66–67). Eine vernünftige Schlußfolgerung, die die Vagheit der Bedeutung und die Kluft zwischen den Absichten des Senders und den Folgerungen des Adressaten betont. Wir können jedoch nicht übersehen, daß andere Theorien andere und weitaus gegensätzlichere Definitionen liefern.

Auf der provisorischen Grundlage von Firths Vorschlag werden wir drei komplementäre kritische Schritte versuchen:

(a) Wir müssen zunächst jene Fälle isolieren, in denen /Symbol/ eindeutig mit »Zeichen« gleichzusetzen ist, wie wir es in Kapi-
[132] tel 1 definiert haben. Diese erste Entscheidung ist sicher terminologisch voreingenommen. Es wäre durchaus eine legitime Entscheidung, was wir Zeichen genannt haben, Symbol zu nennen, und damit Zeichen als Subklasse von Symbolen zu betrachten. Warum sollen Zeichen die Gattung sein, von denen Symbole (wenn überhaupt) eine Art sind? Es gibt jedoch einen Grund für unsere Wahl: es gibt viele Leute, die Symbol nennen,

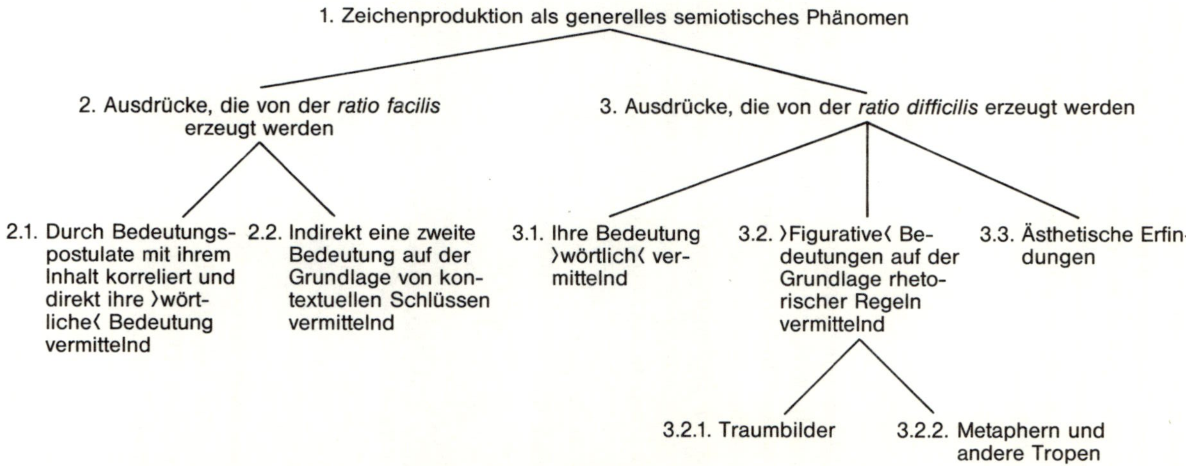
1. Zeichenproduktion als generelles semiotisches Phänomen
2. Ausdrücke, die von der *ratio facilis* erzeugt werden
3. Ausdrücke, die von der *ratio difficilis* erzeugt werden
2.1. Durch Bedeutungspostulate mit ihrem Inhalt korreliert und direkt ihre ›wörtliche‹ Bedeutung vermittelnd
2.2. Indirekt eine zweite Bedeutung auf der Grundlage von kontextuellen Schlüssen vermittelnd
3.1. Ihre Bedeutung ›wörtlich‹ vermittelnd
3.2. ›Figurative‹ Bedeutungen auf der Grundlage rhetorischer Regeln vermittelnd
3.3. Ästhetische Erfindungen
3.2.1. Traumbilder
3.2.2. Metaphern und andere Tropen

Abb. 4.3 [133]

was wir Zeichen nennen, aber weniger Leute, die Zeichen nennen, was andere Leute Symbol nennen. Anscheinend ist mit anderen Worten in dem Paar Zeichen/Symbol der zweite Ausdruck der *markierte;* es mag zwar Theorien geben, in denen *Symbol* unmarkiert ist, es gibt aber keine Theorien, in denen *Zeichen* markiert ist.

(b) Wenn *Zeichen* eine Gattung ausdrückt, dann werden wir viele Arten dieser Gattung herausarbeiten, die nicht die Eigenschaften aufweisen, die wir nach Firth versuchsweise der symbolischen Erfahrung zugeschrieben haben.

(c) Sodann suchen wir nach dem ›harten Kern‹ der Bedeutung von *Symbol,* d. h. nach einem spezifisch semantico-pragmatischen Phänomen, dem wir das Etikett *symbolischer Modus* zu geben beschließen.

Das Diagramm in Abb. 4.3 versucht also, die Reihe semiotischer Phänomene zu umreißen, die von vielen Theorien als symbolisch etikettiert werden und die in den folgenden Abschnitten (4.1.–4.3.) aus der Reihe der Symbole ausgeschlossen werden. Wir werden sehen, daß viele dieser Phänomene polysemische Interpretationen liefern können, aber daß diese Interpretationen immer von gewissen Regeln kontrolliert werden (seien sie nun lexikalisch, rhetorisch etc.). Nachdem wir einmal all diese unpassenden Bedeutungen eliminiert haben, werden wir einen Überblick über viele Beispiele eines zu recht so genannten symbolischen Modus geben können (siehe 4.4.) und auch eine versuchsweise Beschreibung der Textstrategien liefern, die ausgeführt werden, um Interpretationen im symbolischen Modus hervorzubringen (siehe 4.5.).

4.1. *Gattung und Art*

Zunächst einmal gibt es Theorien, die das Symbolische mit der semiotischen Aktivität insgesamt identifizieren. Unter diesem Gesichtspunkt ist die symbolische Aktivität jene, durch die der

Mensch seine eigene Erfahrung in ein System von Inhalten organisiert, dem ein Ausdruckssystem entspricht. Das Symbolische ist die Aktivität, durch die Erfahrung nicht nur koordiniert, sondern auch kommuniziert wird.

Goux (1973) hat gezeigt, daß der Marxschen Theorie eine solche Vorstellung von symbolischer Aktivität zugrundeliegt, die damit die Dialektik von Basis und Überbau in Gang setzt (siehe auch Rossi-Landi, 1974). Semiotische und symbolische Aktivitäten sind in Lévi-Strauss' Strukturalismus identisch: Kultur ist ein Ensemble »symbolischer Systeme« wie Sprache, Eheregeln, wirtschaftliche Beziehungen, Kunst, Wissenschaft und Religion (1950). Die Möglichkeit der gegenseitigen Transformation von Strukturen ist durch die Existenz einer tieferen symbolischen Fähigkeit des menschlichen Geistes gegeben, der die Gesamtheit unserer Erfahrungen nach denselben Modalitäten organisiert.

Das Symbolische und das Semiotische fallen auch in Lacans Denken zusammen. Die Register des psychoanalytischen Feldes sind das *Imaginäre,* das *Wirkliche* und das *Symbolische.* Das Imaginäre wird durch die Beziehung zwischen einem Bild und einem ähnlichen Objekt charakterisiert, aber die Ähnlichkeit, von der Lacan spricht, ist nicht die Ähnlichkeit sogenannter ikonischer Zeichen; sie ist ein Phänomen, das innerhalb des Wahrnehmungsmechanismus selbst stattfindet. Die Menschen erfahren die Beziehung der Ähnlichkeit (einer imaginären) im Spiegelstadium, in der erotisch-dualen Beziehung, in vielen Fällen von Isomorphismus. In »Seminar I« (1953) untersucht Lacan diese Bilder; man nennt sie in der Katoptrik ›wirkliche‹ Bilder, sie werden von gebogenen Spiegeln hervorgebracht (im Gegensatz zu den ›virtuellen‹ Bildern der ebenen Spiegel) und erscheinen und verschwinden je nach der Position des schauenden Subjekts. Diese physikalische Erfahrung wird als Allegorie der Konstitution des psychischen Subjekts benutzt, das als subjektive Selbst-Identität nur durch das Phänomen des Symbolischen hervorgebracht wird. Das Subjekt ist eine Wirkung des Symbolischen, das Symbolische ist die bestimmende ›Ordnung‹ des Subjekts. Wo das Imaginäre eine einfache Beziehung zwischen dem Ego und seinen Bildern ist, bringt das Symbolische das Subjekt durch die Sprache (*la parole*) hervor und realisiert

seine geschlossene Ordnung durch das Gesetz (den *Nom-du-père*). Nur durch das Symbolische ist das Subjekt mit dem Wirklichen verbunden, es ist sozusagen seine Nabelschnur. Bei Freud ist das Symbolische ein Vorrat an Traumsymbolen mit konstanter Signifikation (siehe 4.2.4.); d. h. Freud versucht, einen *Code* von Symbolen zu erstellen. Lacan dagegen flacht die Beziehung zwischen Ausdruck und Inhalt ab, wenn er nur die innere Logik der Signifikanten in Betracht zieht (siehe 1.5.4.). Genau wie Lévi-Strauss befaßt sich Lacan nicht mit der Organisation von Zeichenfunktionen; er beschäftigt sich vielmehr mit den strukturalen Arrangements von Signifikanten. In »Seminar I« sagt er, daß Denken bedeute, Elefanten durch das Wort
[134] *Elefant* zu ersetzen und die Sonne durch einen Kreis. Soweit sie jedoch von einem Kreis bezeichnet wird, ist die Sonne nichts, wenn sich dieser Kreis nicht in ein System anderer Formalisierungen einfügt, die in ihrer Gesamtheit die symbolische Ordnung ausmachen. Ein Symbol wird zu einer signifikanten Einheit, wenn es in eine Welt von Symbolen eingefügt wird (zweifellos ist die symbolische Ordnung für Lacan ein *S-Code*). In diesem Sinne spricht Lacan sowohl für ein Wort wie Elefant als auch für ein visuelles Zeichen wie den Sonnenkreis von Symbolen, wobei das symbolische Modell, das ihn am meisten interessiert, zweifellos das verbale Modell ist. Lacan ist nicht so sehr an einer Zeichentypologie interessiert als an einer allgemeinen Kategorie des Symbolischen. Es ist aber klar, daß für Lacan die symbolische Ordnung das ist, was wir die semiotische nennen können. Es ist wahr, daß er in seiner interpretativen Praxis Elemente dessen einführt, was wir den symbolischen Modus nennen werden. Aber dies geschieht auf der Ebene der Interpretation von Traum-Wort-Texten. Unter dem Gesichtspunkt einer allgemeinen Definition setzt Lacan das Symbolische mit dem Semiotischen im allgemeinen gleich.

Symbolisch und semiotisch sind auch für Cassirer dasselbe (*Philosophie der Symbolischen Formen*, 1923). Die Wissenschaft spiegelt nicht die Struktur des Seins, das als das unerreichbare Kantische Ding an sich gesehen wird: »Die Grundbegriffe jeder Wissenschaft, die Mittel, mit denen sie ihre Fragen stellt und ihre Lösungen formuliert, erscheinen nicht mehr als passive Abbilder eines gegebenen Seins, sondern als selbstgeschaffene intellektuelle Symbole« (*ibid.;* S. 5). Cassirer erwähnt Hertz' und Helmholtz' Theorie wissenschaftlicher Objekte als ›innere Scheinbilder‹ oder als Symbole äußerer Gegenstände, »... die von solcher Art sind, daß die denknotwendigen Folgen der Bilder stets wieder die Bilder seien von den naturnotwendigen Folgen der abgebildeten Gegenstände« (*ibid.*). Cassirer identifiziert Symbole nicht nur mit jenen *Modellen* oder *Diagramm*-Regeln durch *ratio difficilis* (siehe 4.3.1.), sein Ziel ist weiter gesteckt. Er geht mit der Kantischen Erkenntnistheorie um, als wäre sie eine semiotische Theorie (auch wenn die Cassirers *a priori* einem kulturellen Produkt ähnlicher ist als der transzendentalen Struktur des menschlichen Geistes): die symbolische Aktivität ›benennt‹ nicht eine bereits bekannte Welt, sondern legt die Bedingungen dafür fest, sie zu erkennen. Symbole sind nicht Übersetzungen unseres Denkens, sie sind seine Organe:

> »Die Logik der Sachen, d. h. der inhaltlichen Grundbegriffe und Grundbeziehungen, auf denen der Aufbau einer Wissenschaft beruht, kann nach der Grundüberzeugung, die er vertritt und festhält, von der Logik der Zeichen nicht getrennt werden. Denn das Zeichen ist keine bloß zufällige Hülle des Gedankens, sondern sein notwendiges und wesentliches Organ. Es dient nicht nur dem Zweck der Mitteilung eines fertiggegebenen Gedankeninhalts, sondern ist ein Instrument, kraft dessen dieser Inhalt selbst sich herausbildet und kraft dessen er erst seine volle Bestimmtheit gewinnt ... So findet alles wahrhaft strenge und exakte Denken seinen Halt erst in der Symbolik und Semiotik, auf die es sich stützt« (*ibid.;* S. 17–18). [135]

4.2. *Ausdruck durch* ratio facilis

4.2.1. Symbole als konventionelle Ausdrücke

Peirce definiert ein Ikon als »ein Zeichen, das auf das von ihm bezeichnete Objekt referiert nur kraft Eigenschaften, die es für sich genommen besitzt«, ein Index als »ein Zeichen, das auf das von ihm bezeichnete Objekt referiert durch die Tatsache, daß es wirklich durch jenes Objekt affiziert wird«, und ein Symbol als »ein Zeichen, das auf das von ihm bezeichnete Objekt referiert kraft eines Gesetzes, gewöhnlicherweise eine Verbindung allgemeiner Ideen ... Es ist daher selbst ein allgemeiner Typ« (*C.P.*, 2: 249).

Ein Symbol als solches ist mit seinem Objekt durch eine willkürliche und konventionelle Entscheidung korreliert. In diesem Sinne sind Wörter insofern Symbole, als ihr lexikalischer Inhalt von einer kulturellen Entscheidung abhängt. Da Peirce sich entschlossen hat, den Begriff *Zeichen* für das *genus generalissimum* der Semiotik zu benutzen, mußte er sich entscheiden, ob er *Symbol* für ikonische Zeichen reservieren sollte (wie Saussure und Hjelmslev, siehe 4.3.1.) oder für die Kategorie von willkürlichen Zeichen. Mit seiner Wahl folgte er einem ziemlich häufigen wissenschaftlichen Gebrauch, nach dem nämlich Symbole konventionelle Zeichen sind, die für chemische, physikalische oder mathematische Größen stehen. Es stimmt, daß Peirce sehr genau wußte, daß diese wissenschaftlichen Symbole viele ›ikonische‹ Qualitäten aufweisen (wie wir sehen werden, wenn wir in 4.3.1. von Ausdrücken sprechen, die von *ratio difficilis* erzeugt werden und eine ›wörtliche‹ Bedeutung vermitteln), aber es stimmt auch, daß Peirce niemals etwas als bloßes Symbol oder als bloßes Ikon betrachtete. Auf jeden Fall steht seine Entscheidung im Gegensatz zu der gebräuchlichsten terminologischen Verwendung, und bestimmt hat er nie geglaubt, daß Symbole eine vage Bedeutung übermitteln. Im Gegenteil, er spricht bei jenen Ausdrücken von Symbolen, die direkt und eindeutig das bedeuten, was sie bedeuten sollen.

Merkwürdig genug werden jene *Stilisierungen* (wie Flaggen, Embleme, astrologische und chemische Symbole), bei denen Peirce eine überreichliche Ausstattung mit ikonischen Qualitäten erkannt hätte, von vielen Symbole im Peirceschen Sinne genannt. Bei ihrer Entstehung wiesen das alchimistische Symbol für das Balneum Mariae und das astrologische Symbol für Löwe vermutlich eine mehr oder weniger evidente ›Analogie‹ mit ihrem Inhalt auf, heutzutage jedoch funktionieren sie als konventionelle Mittel. Embleme, Wappen und andere heraldische Mittel haben eine zweite Bedeutung: ein Bild stellt zunächst einen Baum dar, einen Hügel, eine Stadt, während seine heraldische Bedeutung eine andere ist. Aber es sind visuelle Allegorien, deren Bedeutungen bereits codiert sind – selbst wenn sie vielfältig und schwer zu erraten sind. Sie sind also entweder Symbole im Peirceschen Sinne oder ›wörtliche‹ Ausdrücke, die von *ratio difficilis* regiert werden; in beiden Fällen müssen sie aus der Reihe der Beispiele für einen symbolischen Modus ausgeschlossen werden.

4.2.2. Symbole als Ausdrücke, die eine indirekte Bedeutung vermitteln

Der volle Inhalt eines Zeichens kann nur durch fortschreitende Interpretation aktualisiert werden. Aber der Begriff der Interpretation (der in dem Begriff der Inferenz wurzelt) reicht nicht [136] hin, um den symbolischen Modus zu charakterisieren. Er charakterisiert jedes semiotische Phänomen im allgemeinen.

Es gibt jedoch viele Ausdrücke (normalerweise Sätze oder Texte), die jenseits ihrer *prima facie* interpretierbaren ›konventionellen‹ oder ›lexikalischen‹ Bedeutung eine zusätzliche ›intendierte Bedeutung‹ (siehe Grice, 1957) suggerieren. Wenn ich einer Frau erzähle, daß ich ihren Mann in einem gemütlichen Restaurant mit einem schönen Mädchen gesehen habe, versuche ich zweifellos, zusammen mit der wörtlichen Bedeutung die intendierte Bedeutung zu vermitteln, daß der Ehemann seiner Frau untreu ist. Diese zweite Bedeutung ist sicherlich ›indirekt‹, und als solche muß sie durch eine schlußfolgernde Aktivität seitens der Adressatin aktualisiert werden; aber dennoch ist sie weder vage noch zweideutig.

Im Bewußtsein der Schwierigkeit, dem Begriff *Symbol* einen eindeutigen Sinn zuzuschreiben, entscheidet sich Todorov (1978) dafür, einen Rahmen aufzustellen, in dem alle kontrastierenden Definitionen ihren Platz finden können; er will als »pluralisch« bewahren, was in der Tat nicht auf eine einzige Definition reduzierbar ist. Bei diesem Vorgehen akzeptiert er jedoch den oben kritisierten Gedankengang; er identifiziert Symbole mit der gesamten Skala indirekter und sogar direkter Bedeutungen: Konnotationen, Präsuppositionen, Implikationen, Implikaturen, Redefiguren, intendierte Bedeutung usw. Wieder einmal wird das Symbolische mit dem Semiotischen im allgemeinen gleichgesetzt, da es unmöglich ist, an Diskurse zu denken, die nicht irgendeine schlußfolgernde Reaktion hervorrufen.

Viele der Mittel, die die Menschen *Symbole* nennen, haben mit den Phänomenen ›indirekter‹ Bedeutung zu tun, aber nicht jedes Mittel, das eine indirekte Bedeutung vermittelt, kann symbolisch genannt werden. Jedes semiotische Mittel kann dazu benutzt werden, weitere Bedeutungen zu aktualisieren, wenn nicht aus der Perspektive des Senders, so doch zumindest aus der des Empfängers.

Alle diese Beispiele indirekter Bedeutung sagen auf der Basis von kontextuellen Schlüssen, die von semantischen oder pragmatischen Regeln geleitet werden, was sie sagen sollen. Was der Sender auszudrücken beabsichtigt, was er verstanden wissen will, ist so präzise, daß der Sender irritiert wäre, wenn der Adressat es nicht verstände. Die echten Beispiele eines symbolischen Modus scheinen dagegen jene zu sein, bei denen weder Sender noch Empfänger wirklich eine bestimmte Interpretation anstreben oder zu umreißen in der Lage sind.

4.3. *Durch* ratio difficilis *erzeugte Ausdrücke*

4.3.1. Symbole als Diagramme

Saussure nannte Symbole, was Peirce Ikons nannte, und Hjelmslev stufte Diagramme und Spiele unter die ›symbolischen Systeme‹ ein, wobei er mit symbolischen Systemen jene meinte, die *interpretierbar,* aber nicht *biplanar* sind. Also führte Hjelmslev unter Symbolen jene Zeichen auf, die mit ihrer Interpretation *isomorph* sind, z. B.

> »bezüglich der reinen Spiele, wo sich bei der Interpretation eine Inhaltsgröße ergibt, die jeweils einer Ausdrucksgröße entspricht
> [137] (Schachfigur oder dergl.), so daß, wenn die zwei Ebenen tentativ aufgestellt werden, das Funktionsnetz völlig gleich sein wird ... *Symbol* sollte demnach nur benutzt werden können für Größen, die mit ihrer Interpretation isomorph sind, Abbilder oder Sinnbilder wie Thorvaldsens Christus als Symbol der Barmherzigkeit, Hammer

und Sichel als Symbol des Kommunismus ... Es scheint eine Wesensverwandtschaft zwischen den interpretierbaren Figuren des Spiels und den isomorphen Symbolen zu bestehen, insofern als keines von ihnen eine weitere Analyse in Figuren ... zuläßt« (1943: 113–114 [dt. 1974: 109–110]).

Saussure und Hjelmslev sprechen in Wirklichkeit von Zeichen, die von *ratio difficilis* regiert werden (Eco, 1976: 3.4.9.), wo der Ausdruck nach vorher festgelegten Projektionsregeln einige Züge des entsprechenden Inhalts verzeichnet. In diesem Sinne kann man jene Ausdrücke Symbole nennen, die von der Algebra und formalen Logik benutzt werden, zumindest insoweit ihre syntaktische Struktur betroffen ist. Sie sind deshalb hier einzuordnen, weil jede Änderung, die an der syntaktischen Anordnung des Ausdrucks vorgenommen wird, ein mögliches Neu-Arrangement der Inhaltsstruktur widerspiegelt. Wenn man auf einer Landkarte die Grenzlinie zwischen Frankreich und Deutschland ändert, kann man voraussagen, was geschehen würde, wenn in einer möglichen Welt (wo der neue Inhalt mit dem manipulierten Ausdruck korrespondiert) die geopolitischen Abgrenzungen beider Länder unterschiedlich wären. Eine algebraische Formel und eine Landkarte sind *Diagramme.* Deshalb nannten in der Elektrotechnik Seinmetz und Kennelly (in der Nachfolge von Helmholtz) die Methode ›symbolisch‹, die zwei-eindeutige Entsprechungen zwischen dem Ensemble sinusförmiger Funktionen derselben Frequenz (die, nebenbei gesagt, von bloßen konventionellen und keinesfalls ›analogischen‹ Mitteln ausgedrückt werden) und dem Ensemble von Punkten auf einer Arnauld-Gauß'schen Ebene rotierender Vektoren postuliert. Die Rotation eines Vektors ist ein Diagramm, das verschiedene Sinusfunktionen impliziert.

Es ist jedoch klar, daß es einen Unterschied zwischen Diagrammen und anderen Phänomenen gibt, die als Symbole bezeichnet werden. Diagramme basieren auf präzisen, codierten Transformations- und Projektionsregeln, genauso wie in einer Partitur die ›symbolische‹ Beziehung zwischen aufsteigenden Punkten im Notensystem (räumliche Höhe) und Frequenzzunahme (phonische Höhe) von einem präzisen proportionalen Kriterium geregelt wird. Demgegenüber sind viele sogenannte Symbole durch die Unbestimmtheit ihres Inhalts charakterisiert

und durch die Tatsache, daß die Korrelation nicht präcodiert ist, sondern erst in dem Moment erfunden wird, in dem der Ausdruck erzeugt wird. In Hjelmslevs Definition umfaßt die Kategorie der Symbole beide Phänomene, ohne den tiefgreifenden Unterschied zwischen der Art, in der Thorvaldsens Christus ein Symbol der Barmherzigkeit ist, und der Art, auf die eine Bewegung auf dem Schachbrett symbolischen Charakter hat, zu berücksichtigen. Ein anderer Schachzug würde andere Interpretationen des weiteren Spielverlaufs beinhalten, wohingegen wir nicht wissen, wie vielen Manipulationen Thorvaldsens Christus unterworfen werden müßte, um für etwas anderes zu stehen als
[138] Barmherzigkeit.

Die Karte einer Untergrundbahn ist ein Diagramm und wird sicherlich von *ratio difficilis* regiert, aber sie ist weder vage noch indirekt: die Bedeutung ist ›wörtlich‹, man kann von den Lesevorgängen anhand der Karte einen präzisen möglichen Stand der Dinge extrapolieren. Man kann nicht sagen, dieser mögliche Stand der Dinge sei eine Art ›zweiter‹ Sinn, den die Karte vermittle. Genauso wie man das Wort *Vater* interpretieren kann, indem man schließt, daß es einen Sohn oder eine Tochter geben müsse, wenn es einen Vater gibt, kann man aus der Karte Schlüsse ziehen: Wenn man entdeckt, daß man den Punkt *B* passieren muß, wenn man von *A* nach *C* will, kann man schließen, daß *B* umgangen werden könnte, gäbe es eine direkte Verbindung zwischen *A* und *C*. In beiden Fällen sagen Wort und Karte, was sie sagen, sobald sie nach gegebenen kulturellen Kriterien korrekt interpretiert werden.

Ganz anders dagegen ist das Bild der Schlange, die sich in den eigenen Schwanz beißt. Es wird als Symbol definiert, weil man deutlich fühlt, daß das Bild nicht nur eine Schlange in einer ungewöhnlichen Position darstellt, sondern auch noch darauf abzielt, mehr als das mitzuteilen.

4.3.2. Symbole als Tropen

(a) Traumsymbole

In der *Traumdeutung* (1899) spricht Freud von Traumsymbolen. Träume vermitteln Bilder, die für etwas anderes stehen, und

Freud ist daran interessiert, festzulegen, wie ein »latenter Inhalt« durch die Traumarbeit in die Form eines »manifesten Inhalts« gebracht wird. Der latente Inhalt wird durch die Traumentstehung (*ibid.*, IV) umgeformt, und der Traum ist die verkleidete Erfüllung unterdrückter Wünsche. Freud interpretiert Träume nicht (wie die alte Traumdeuterei) als organische Allegorien. Allegorien haben eine Logik, Träume dagegen nicht. Die psychoanalytische Deutung bearbeitet nicht organische Traumdiskurse, sondern Fragmente und ihre idiosynkratischen Substitutionsmechanismen. Träume arbeiten mit Verdichtung und Verschiebung, und (selbst wenn Freud das nicht explizit sagt) da sie keine Logik haben, haben sie eine Rhetorik. Verdichtung und Verschiebung sind Modalitäten bildhafter Substitution.

In dem Traum von der botanischen Monographie (*ibid.*, VI. A.) *verdichtet* das botanische Symbol Prof. Gärtner, Flora, die vergessenen Blumen, die Blumen, die Freuds Frau liebt, und ein Universitätsexamen: »Jedes der Elemente des Trauminhalts erweist sich als *überdeterminiert*, als mehrfach vertreten« (*ibid.*, S. 286).

Freud weiß, daß das Traumbild mit seinem Inhalt durch eine Art *ratio difficilis* verbunden ist, da es bestimmte Züge aufweist, die in gewisser Weise äquivalente Züge des latenten Inhalts abzeichnen. Wie in allen Fällen von *ratio difficilis* findet die Abzeichnungs-Beziehung jedoch zwischen *ausgewählten Zügen*
des Ausdrucks und *ausgewählten Zügen* des Inhalts statt. Zu [139]
entscheiden, welche Eigenschaften gewählt werden müssen, d. h. welche Eigenschaften ko-textuell relevant sind, ist die typische Arbeit, die von Träumen ausgeführt wird, und zwar nach bestimmten Erfordernissen der Plastizität, der Unmittelbarkeit, der Darstellbarkeit (*ibid.*, VI. D.).

Freud weiß, daß Traumsymbole keine ›stenographischen‹ Zeichen mit einer vorher festgelegten Bedeutung sind, er versucht jedoch, diese Ausdrücke in einem interpretierbaren Inhalt zu verankern. Um eine solche Verankerung zu finden, unterscheidet Freud zwischen jenen Traumsymbolen, die aus idiosynkratischen Gründen hervorgebracht werden, die mit Hilfe der Assoziationen des Patienten als ihre ideolektale Enzyklopädie interpretiert werden müssen, und jenen, deren Symbolik nicht allein dem Traum angehört, »sondern dem unbewußten

Vorstellen, speziell des Volkes, und … im Folklore, in den Mythen, Sagen, Redensarten, in der Spruchweisheit und in den umlaufenden Witzen eines Volkes vollständiger als im Traume aufzufinden« ist (*ibid.*, S. 346). Es ist wahr, daß jeder Träumer eine bemerkenswerte Plastizität zeigt, indem er die disparatesten Bilder für symbolische Zwecke verwendet, aber Freud versucht wiederholt (siehe die verschiedenen Ausgaben des Buches von 1909, 1911, 1919), einen *Symbolcode* herauszufinden, um so die intersubjektive (oder kulturelle) Bedeutung von Schirmen, Stökken, Eisenbahnreisen, Treppen etc. herauszufinden.

Nach einem Traumcode zu suchen, bedeutet, an die Hypothese eines kollektiven Unbewußten zu rühren, wie es Jung tun wird; aber Freud begreift, daß man dabei Gefahr läuft, zurückzugehen bis zu den ersten Quellen menschlicher geistiger Tätigkeit, wo es keinen *Code* mehr gibt. Andererseits ist ein Code unerläßlich, um über die idiosynkratischen Haltungen der träumenden Subjekte hinaus intersubjektiv von einer Semantik der Träume zu sprechen. Also verbindet Freud die Decodierung von Traumsymbolen mit Sprachspielen, und damit deutet er an, daß das Wissen um sprachliche Mechanismen beim Verständnis der Traumstrategien der Verdichtung und Verschiebung helfen kann. (Die Lacansche Entscheidung, die Ordnung des Imaginären in der Ordnung des Symbolischen zu verankern, muß in diesem Sinne verstanden werden.) Freud meint, der Code könnte rekonstruiert werden und sei weder universal noch eingeboren, sondern historisch, semiotisch und abhängig von der kulturellen Enzyklopädie des Träumers.

Diese Annahme ist jedoch nicht ganz unzweideutig. Der Traum muß gemäß einer sprachlichen und kulturellen Kompetenz interpretiert werden (d. h. gemäß einer Kompetenz, die außerhalb der Welt der Träume liegt); dennoch kann jedes Traumbild polysem sein, wie Freud explizit sagt, und muß auf den Idiolekt des Träumers bezogen werden und auch auf den ganzen Traum als Ko-Text. Trotz dieser Verwirrungen und Widersprüche sucht Freud zweifellos nach ›richtigen‹ Traumdeutungen, und in diesem Sinne sind seine Traumsymbole nicht konstitutiv vage.

Freud hat also eine Traumrhetorik mit eigenen Regeln zur
[140] Erzeugung und zur Interpretation von Bildern entwickelt.

(b) Metaphern und andere Tropen

Müssen wir aus der Reihe der zu Recht so genannten Symbole auch Metaphern, Allegorien und andere Tropen ausschließen? Das versteht sich nicht von selbst, weil diese Unterscheidung in vielen literaturkritischen Theorien durchaus nicht klar ist. Metaphern sind jedoch trotz ihrer ›Offenheit‹ für verschiedene Interpretationen immer von rhetorischen Regeln geleitet und werden von ihren Ko-Texten kontrolliert.

Aber es gibt einen eindeutigen Test, mit dem man Metaphern von Symbolen unterscheiden kann: ein Tropus kann nicht ›wörtlich‹ genommen werden, ohne daß eine pragmatische Maxime verletzt wird, der zufolge ein Diskurs die Wahrheit sagen soll; er muß als Redefigur interpretiert werden, da er sonst sinnlos oder eklatant falsch wäre. Im Gegensatz dazu deuten die Beispiele des symbolischen Modus einen zweiten Sinn an, aber sie könnten auch wörtlich genommen werden, ohne daß die kommunikative Verbindung gefährdet würde. (Ich werde diesen Punkt in 4.5. weiter ausarbeiten.)

Offensichtlicher ist die codierte Natur von Allegorien. Sie können komplementär gedeutet werden (siehe Kapitel 4.4.3. zur mittelalterlichen Theorie der vier Bedeutungen der Schrift), diese Bedeutungen sind allerdings niemals vage oder unbestimmt.

Von den romantischen Theoretikern wurde ein radikaler Unterschied zwischen Symbol und Allegorie klar festgelegt, sie identifizierten jedoch auf gefährliche Weise das Symbolische mit dem Ästhetischen.

4.3.3. Das romantische Symbol als ästhetischer Text

Ursprünglich wurde ein Symbol durch die Zusammengehörigkeit zweier Teile einer Münze hergestellt, die ihren vollen Sinn durch die tatsächliche oder mögliche Wiedervereinigung erlangen sollten. Bei anderen Zeichensorten wird das *Signans* in dem Moment unwichtig, in dem sein *Signatum* gefunden wird (das *Signans* wird sozusagen weggeworfen); bei den Zeichen dagegen, die die romantischen Philosophen und Dichter Symbole nannten, erwirbt das *Signatum* seinen vollen Sinn nur, wenn es beständig mit der physischen Präsenz seines *Signans* verglichen wird.

Diese Idee deutet an, daß es Ähnlichkeiten zwischen symbolischer Aktivität und der ästhetischen Funktion einer Sprache gibt, bei der die Botschaft auf sich selbst abzielt und hauptsächlich von sich selber oder von der Beziehung zwischen *Signans* und *Signatum* spricht. Die Ästhetik der Romantik insistiert besonders auf dieser Verwandtschaft von Symbolik und Kunst. Das Kunstwerk wird als absolut kohärenter Organismus verstanden, in dem Ausdruck und Inhalt untrennbar sind. Ein Kunstwerk ist deshalb eine unübersetzbare und unsprechbare Botschaft (seine ›Bedeutung‹ kann nicht von dem Medium getrennt werden, das es übermittelt), und Kunst ist per definitionem symbolisch, weil ihr Diskurs nur undefinierbar oder unendlich definierbar sein kann. Schelling setzt Kunstwerke mit Symbolen gleich, weil sie Hypotyposen, Selbstpräsentationen sind; sie bezeichnen nicht eine künstlerische Idee, sie sind diese Idee *an sich.* Es gibt keine ›semantische‹ Interpretation eines Kunstwerks.

[141] Schelling unterscheidet Schemata, bei denen das Allgemeine uns mit dem Verständnis des Einzelnen versieht, von Allegorien, bei denen das Einzelne uns mit dem Wissen vom Allgemeinen versieht; in den ästhetischen Symbolen wirken beide Vorgänge gleichzeitig.

Dieselbe Richtung verfolgt Goethe, wenn er sagt, daß Allegorien direkt bezeichnen, während Symbole indirekt bezeichnen. Allegorien sind transitiv, während Symbole intransitiv sind. Allegorien sprechen die Intelligenz an, während Symbole die Wahrnehmung ansprechen. Allegorien sind willkürlich und konventionell, während Symbole unmittelbar und motiviert sind. Ein Symbol ist ein Bild, das natürlich und universell verständlich ist. Allegorien verwenden das Besondere als Beispiel für das Allgemeine; Symbole verkörpern das Allgemeine im Besonderen. Darüber hinaus sind Symbole polysem, unbestimmt interpretierbar; sie verwirklichen den Zusammenfall der Gegensätze; sie drücken das Unausdrückbare aus, da ihr Inhalt das Vermögen unserer Vernunft überschreitet:

> »Die Allegorie verwandelt die Erscheinung in einen Begriff, den Begriff in ein Bild, doch so, daß der Begriff im Bilde immer noch

begrenzt und vollständig zu halten und zu haben und an demselben auszusprechen sei.

Die Symbolik verwandelt die Erscheinung in Idee, die Idee in ein Bild, und so, daß die Idee im Bild immer unendlich wirksam und unerreichbar bleibt und, selbst in allen Sprachen ausgesprochen, doch unaussprechlich bliebe« (1809–32, Nr. 749–750).

In diesem Sinne fallen das Ästhetische und das Symbolische definitiv zusammen, aber sie definieren sich gegenseitig, in einer Kreisbewegung.

Tatsächlich erklärt die romantische Ästhetik nicht die semiotische Strategie, mit der beim poetischen Gebrauch von Sprachen bestimmte Bedeutungen übermittelt werden; sie beschreibt nur die Wirkung, die ein Kunstwerk hervorbringen kann. Und damit verflacht sie das Konzept der semiosischen Interpretation (das zweifellos in ästhetischen Texten einen besonderen Status erwirbt) zum Konzept des ästhetischen Genusses. Die Semiotik ihrerseits kann wohl das Phänomen des symbolischen Modus erklären, aber sie kann den ästhetischen Genuß nicht vollständig erklären, der von vielen außersemiotischen Elementen abhängt. In einem Kunstwerk ist der Ausdruck unbestimmt interpretierbar, weil der Interpret ihn beständig mit seinem Inhalt und mit der Gesamtheit seiner enzyklopädischen Kompetenz vergleichen kann, aber eine solche *semiosische* Interpretation stellt lediglich einen der verschiedenen Aspekte der ästhetischen Offenheit dar. Ein Kunstwerk kann auf viele Weisen ästhetisch interpretiert werden, weil wir seine Bedeutungen (im semiosischen Sinne *interpretiert*) mit der individuellen Struktur des gegebenen Ausdrucks vergleichen, der sie vermittelt. Indem es immer wieder neue und uncodierte mögliche Beziehungen zwischen diesen beiden Ebenen darbietet, ruft das Kunstwerk auch nicht-semiosische Reaktionen hervor wie Synästhesien, idiosynkratische Assoziationen, immer verfeinertere Wahrnehmungen der materiellen Textur des übermittelnden Ausdrucks.

Semiosisch zu interpretieren bedeutet, die Möglichkeiten der [142]
Enzyklopädie besser und besser kennenzulernen; ästhetisch zu interpretieren bedeutet auch, die Details eines individuellen Objektes mehr und mehr *intus et in cute* kennenzulernen. Mit Hjelmslev gesprochen hat die semiosische Interpretation mit *Formen* zu tun, die ästhetische dagegen mit *Substanzen.* Wenn

man also den Ausdruck *Symbol* benutzt, um die ästhetische Erfahrung zu beschreiben, dann muß man den Ausdruck für andere Formen des ›symbolischen‹ Verstehens vermeiden wie zum Beispiel für solche innerhalb mystischer Erfahrung (wo der Mystiker jenseits seiner eigenen visionären Erfahrung etwas empfängt).

Die romantische Tradition ist stattdessen in dieser Hinsicht sehr zweideutig. Einflußreiche Theoretiker des Symbolismus wie Creuzer (1810–12) fassen Symbole als Epiphanien des Heiligen auf. Die grundlegenden Ideen der etablierten religiösen Lehren entspringen Symbolen, die wie ein Lichtstrahl wirken, der aus der Tiefe des Seins hervorscheint (*ibid.*, I: 35). Derselbe Creuzer sagt jedoch, eine griechische Skulptur sei ein plastisches Symbol, und zeigt somit ein Schwanken zwischen der Vorstellung von Symbolen als unerreichbaren und transzendenten Enthüllungen und Symbolen als der selbst-verständlichen Gegenwart des in einer physischen Form verkörperten künstlerischen Wertes. Ist das romantische Symbol Beispiel einer *Immanenz* oder einer *Transzendenz?*

4.4. *Der symbolische Modus*

4.4.1. Das Hegelsche Symbol

Ein radikaler Versuch, die symbolische Erfahrung von der ästhetischen zu unterscheiden, wurde von Hegel (1817) in seiner Ästhetik unternommen.

Das Hegelsche Symbol stellt das erste Stadium der künstlerischen Schöpferkraft dar (die dialektisch von der symbolischen zur klassischen und zur romantischen Kunstform fortschreitet). »Symbol überhaupt ist eine für die Anschauung unmittelbar vorhandene oder gegebene äußerliche Existenz, welche jedoch nicht so, wie sie unmittelbar vorliegt, ihrer selbst wegen genommen, sondern in einem weiteren und allgemeineren Sinne verstanden werden soll. Es ist daher beim Symbol sogleich zweierlei zu unterscheiden; erstens die *Bedeutung* und sodann der *Aus-*

druck derselben. *Jene* ist eine Vorstellung oder ein Gegenstand, gleichgültig von welchem Inhalte, *dieser* ist eine sinnliche Existenz oder ein Bild irgendeiner Art« (*ibid.*, I: 299). Bei Symbolen ist die Korrelation zwischen Signifikant (Ausdruck) und Signifikat (Bedeutung) nicht konventionell (der Löwe ist Symbol der Stärke, weil er stark ist), und doch ist die Motivation, die die Korrelation bestimmt, in gewisser Hinsicht unbestimmt. Der Löwe zum Beispiel besitzt noch andere Qualitäten als bloße Stärke, aber diese Qualitäten sind nicht relevant für die symbolische [143] Absicht. Eben diese Auswahl oder Reduktion der relevanten Qualitäten ist es, die für die Zweideutigkeit von Symbolen sorgt. Hegel lehnt die Idee der ästhetischen Symbolik ab, wie sie bei Creuzer ausgedrückt wird: »In diesem Sinne sind die griechischen Götter, insoweit die griechische Kunst sie als freie, in sich selbständig beschlossene Individuen hinstellt, nicht symbolisch zu nehmen, sondern genügen für sich selbst« (*ibid.*, I: 308). Der symbolische Modus erhebt sich als eine Form von Vor-Kunst erst, wenn die Menschen natürliche Objekte so betrachten, als deuteten diese etwas Universelles und Wesentliches an, ohne strikte und absolute Identität zwischen Ausdruck und Bedeutung. In diesen ersten Stadien der künstlerischen Aktivität, in denen die Menschen versuchen, die Natur zu vergeistigen und das Universelle zu naturalisieren, werden fantastische und verworrene Produkte erzeugt; die symbolische Kunst erfährt die Unangemessenheit ihrer Bilder und reagiert auf das Gefühl ihrer Grenzen durch Deformierung dieser Bilder, um damit eine exzessive und rein quantitative »Erhabenheit« zu verwirklichen.

Hegel umreißt diese Phasen symbolischer Aktivität sorgfältig (unbewußte Symbolik, Symbolik der Erhabenheit, bewußte Symbolik der vergleichenden Kunstform), durch die die Menschheit fortschreitet von den Symbolen der östlichen Kunst und Religion zu westlichen Fabeln, Parabeln und Gleichnissen, zur Allegorie, zur Metapher, dem Vergleich und den Lehrgedichten. Aus Hegelscher Perspektive ist jedoch die Weigerung wichtig, das Symbolische und das Künstlerische gleichzusetzen. Das Symbol stellt immer eine gewisse Disproportion, eine Spannung, eine Ambiguität, eine analogische Unsicherheit zur Schau. In der »eigentlichen Symbolik« stellen sich die Formen nicht selber dar, vielmehr »deuten sie hin«, sie deuten auf eine umfassendere Bedeutung hin. Jedes Symbol ist ein Rätsel, und die Sphinx »ist das Symbol gleichsam des Symbolischen selbst« (*ibid.*, I: 352). In der uranfänglichen Symbolik hat ein Symbol eine Bedeutung, aber es ist unfähig, diese vollkommen auszudrücken. Die Bedeutung eines Symbols wird erst durch den vergleichenden Modus der Kunst voll ausgedrückt, aber an diesem Punkt ist man Zeuge des dialektischen »Todes« des symbolischen Modus, der sich in höhere und reifere Formen des rhetorischen Ausdrucks verwandelt. Hegels gesamte Argumentation ist außerordentlich klarsichtig, zumindest bei der Unterscheidung des Symbolischen vom Ästhetischen im allgemeinen und vom Rhetorischen. Hegel hilft uns, einen symbolischen Modus als spezifisch semiotisches Phänomen zu entwerfen, in dem ein gegebener Ausdruck mit einem *Inhaltsnebel* korreliert (siehe Eco, 1976: 3.6.10.).

4.4.2. Archetypen und das Heilige

Jungs Theorie der Symbole als Archetypen umreißt deutlich eine Vorstellung des symbolischen Modus, der von einer Analogie zwischen Ausdruck und Inhalt und von einer fundamentalen Vagheit des ausgedrückten Inhalts charakterisiert ist.

Jung (1934) stellte dem individuellen Unbewußten das kollek-
[144] tive gegenüber, das eine tiefere, eingeborene Schicht der menschlichen Psyche repräsentiert und Inhalte und Verhaltensweisen aufweist, die mehr oder weniger überall und bei allen Individuen gleich sind. Die Inhalte des kollektiven Unbewußten sind die Archtetypen, archaische Typen, universelle Bilder, *kollektive Repräsentationen*, lunare, solare, pflanzliche, metereologische Darstellungen, verständlicher in Mythen, offensichtlicher in Träumen und Visionen. Jung sagt explizit, daß diese Symbole weder bloße Zeichen sind (er benutzt den griechischen terminus technicus *sēmeîa*) noch Allegorien. Sie sind echte Symbole, gerade weil sie zweideutig sind, voller halb erspähter Bedeutungen und in letzter Instanz unerschöpflich. Sie sind paradox, weil sie widersprüchlich sind, genau von den Alchimisten der Geist als *senex et iuvenis simul* wahrgenommen wurde, als alter Mann und Jüngling zugleich. Wenn die Archetypen

unbeschreibbar und unendlich interpretierbar sind, kann ihre Erfahrung nur amorph sein, unbestimmt und unartikuliert. Symbole sind gleichzeitig leer und voller Bedeutung, und in diesem Sinne ist die Erfahrung der Mystiker, die streng mit symbolischen Visionen befaßt ist, eine paradoxe Erfahrung. Wie auch Scholem (1960) über die jüdische Mystik bemerkt, lebt das mystische Denken auf einer beständigen Schwelle zwischen Tradition und Revolution: einerseits wird der Mystiker von der Tradition genährt, andererseits kann die Interpretation seiner Visionen die traditionellen Wahrheiten in Frage stellen. Normalerweise benutzt der Mystiker alte Symbole, füllt sie jedoch mit neuem Sinn und fordert damit immer die Autorität heraus, d. h. das traditionelle Denken, dem er folgen und das er verstärken soll. Solcherart nihilistische Erfahrung wird durch die Geschichte des Bruder Niklaus von Flüe ausgezeichnet veranschaulicht, die bei Jung erwähnt wird. Bruder Niklaus hat die Vision einer sechsfach geteilten Mandala, in dessen Zentrum er das »gekrönte Antlitz Gottes« erblickt. Seine Erfahrung wird als »furchterregend« beschrieben, und der Humanist Wölflin (15. Jahrhundert) beschreibt sie mit den Worten, daß »alle, die zu ihm kamen, auf den ersten Blick von Schrecken erfüllt waren«. Jung bemerkt, daß Visionen wie die der Mandala das übliche und traditionelle Gegenmittel gegen chaotische Geisteszustände sind.

Bruder Niklaus muß zwischen einer freien und einer traditionellen Interpretation des Symbols wählen. Er verläßt sich auf das Erbauungsbüchlein eines deutschen Mystikers und nimmt an, daß er das Bild der Dreifaltigkeit gesehen hat. Auf diese Weise ›zähmt‹ der Mystiker seine unerträgliche Erfahrung sozusagen:

> »Diese ganz ohne Zweifel schreckenerregende Vision, welche ohne dogmatische Einleitung und ohne exegetischen Kommentar vulkanisch in die religiöse Anschauungswelt des Bruders eingebrochen war, bedurfte natürlicherweise einer längeren Angleichungsarbeit, um sie der Seele und ihrer Gesamtschau einzuordnen und damit das gestörte Gleichgewicht wieder herzustellen. Die Auseinandersetzung mit diesem Erlebnis erfolgte auf dem damals felsenfesten Boden des Dogmas, welches seine assimilierende Kraft dadurch bewies, daß es das furchtbare Lebendige rettend in die schöne Anschaulichkeit der Trinitätsidee verwandelte. Die Auseinandersetzung hätte aber

> [145] auch auf dem ganz anderen Boden der Vision selber und ihrer unheimlichen Tatsächlichkeit erfolgen können, wahrscheinlich zum Nachteil des christlichen Gottesbegriffes und zum unzweifelhaft noch größeren Nachteil des Bruders selbst, der nämlich dann nicht ein Heiliger, sondern vielleicht ein Ketzer (wenn nicht gar ein Kranker) geworden wäre und sein Leben vielleicht auf dem Scheiterhaufen geendet hätte« (1934: 20–21).

In der mystischen Erfahrung müssen Symbole gerade deshalb gezähmt werden, weil sie übertrieben ›offen‹ sind – ihre Kraft muß unter Kontrolle gebracht werden. Offensichtlich hängt die Entscheidung, ob diese Kraft einer heiligen Quelle entspringt oder lediglich die Art und Weise ist, wie ein Interpret idiosynkratisch den leeren Behälter des symbolischen Ausdrucks füllt, von den religiösen und philosophischen Überzeugungen des einzelnen ab. Firth (1973) bemerkt, daß das mystische Symbol privat sei; der Mystiker ist der »Detonator« des Symbols, aber unmittelbar darauf wird ein öffentlicher »Elaborator« benötigt, der gewisse kollektive und verständliche Bedeutungen des ursprünglichen Ausdrucks festlegt. In der Geschichte des Bruder Niklaus fallen Detonator und Elaborator zusammen. Firth erwähnt im Gegensatz dazu den Fall der Heiligen Marguerite-Marie Alacoque, die als Detonator die Vision des Heiligen Herzen Jesu erfährt, während ihr jesuitischer Beichtvater das symbolische Material interpretiert und elaboriert und so die katholische Glaubensgemeinschaft mit einem neuen Kult versorgt.

Der Fall dieser Vision ist übrigens auch deshalb interessant, weil die Relevanz der sogenannten analogen Eigenschaften betroffen ist: die Heilige Marguerite-Marie hatte ihre Vision zu einem Zeitpunkt, zu dem Wissenschaft und öffentliche Meinung entschieden davon überzeugt waren, daß physiologisch gesehen das Herz nicht der Sitz der menschlichen Gefühle sei; dennoch sprach Papst Pius XII. in der ersten Hälfte dieses Jahrhunderts immer noch vom Heiligen Herzen als einem »natürlichen Symbol« der Liebe Gottes. Ein Symbol, das nur für diejenigen ›natürlich‹ war, die mit einer unbewußten semiotischen Sensibilität die Natur mit der Enzyklopädie identifizierten. Pius XII. wußte natürlich, daß das menschliche Herz nicht der Sitz der Empfindungen ist, aber er wußte auch, daß es einer nichtspezialisierten Kompetenz zufolge (wie sie von vielen vorgefertigten Syntagmen und Liebesliedern ausgedrückt und unterstützt wird) immer noch als solcher betrachtet wurde. Was in der Symbolik des Heiligen Herzens zählt, ist nicht die Schwäche der analogischen Korrelation, sondern die Unbestimmtheit des korelierten Inhalts. Der Inhalt des Ausdrucks /Heiliges Herz/ (ob sprachlich geäußert oder bildlich dargestellt) ist keine Reihe von theologischen Aussagen, sondern ein unkontrollierbares Ganzes geistiger und gefühlsmäßiger Assoziationen, die jeder Gläubige auf das Herzsymbol projizieren kann. Andererseits ist das Symbol auch das Mittel, mit dessen Hilfe eine gegebene Autorität diese Assoziationen und die tiefen Triebe, die sie auslösen, kontrolliert – auf eben die Weise, auf die die Heilige selbst vermutlich eine Reihe von Zwangsvorstellungen in das mystische Symbol projiziert hatte, die sie ohne diese symbolische Disziplin in den Wahnsinn hätten treiben können.

Dies ist natürlich eine positivistische Interpretation einer mystischen Erfahrung. Normalerweise werden in der symbolischen [146]
Denkweise Symbole als Vehikel einer transzendenten Stimme angesehen, die durch sie spricht. Das ist auch die Perspektive von Ricœurs Hermeneutik (1962). Symbole sind undurchsichtig, weil sie analogisch sind, sie sind gebunden an die Verschiedenheit von Sprachen und Kulturen, und ihre Interpretation ist immer problematisch: »Es gibt keinen Mythos ohne Exegese, keine Exegese ohne Konfrontation.« Wenn es aber erkennbare Symbole gibt, dann muß es eine Wahrheit geben, die von den Symbolen ausgedrückt wird, Symbole sind Stimmen des Seins: »Die implizite Philosophie jeder Phänomenologie der Religion ist die Erneuerung einer Theorie der Erinnerung« (1962: 22). Ricœur weiß sehr gut, daß religiöse Symbole in einer Freudschen Perspektive nicht vom Heiligen sprechen, sondern von etwas, das weggenommen wurde; in seiner hermeneutischen Perspektive jedoch bleiben diese beiden Möglichkeiten komplementär, und Symbole können auf eine der beiden Weisen interpretiert werden. Sie erzählen uns von dem Unbewußten, das *wir waren*, und von dem Heiligen, das *wir werden sollen*. Freud und Heidegger werden in Hegelscher Stimmung neu gelesen. Die Eschatologie des menschlichen Bewußtseins ist eine beständige schöpferische Wiederholung seiner Archäologie. Auf diese Wei-

se kann natürlich niemand Symbolen eine letzte Wahrheit oder eine codierte Bedeutung zuschreiben.

4.4.3. Die symbolische Interpretation der Heiligen Schrift

Der symbolische Modus ist in vielen Kulturen eine wiederkehrende Tendenz und kann mit anderen Arten, Texte zu produzieren oder zu interpretieren, koexistieren. Da er in vielen historischen Stadien anzutreffen ist, wäre es schwierig, einzelne seiner Erscheinungen zu isolieren: eines seiner Charakteristika ist, daß er sich mit denselben Wesenszügen in verschiedenen Epochen reproduziert, so daß ein historischer Überblick nicht erschöpfend zu sein braucht und mit Hilfe von Beispielen vorgehen kann.

Wir können bei einem der einflußreichsten Beispiele des symbolischen Modus beginnen, das von der späten Antike und dem Mittelalter entwickelt wurde, nicht nur, weil es eines der eindrucksvollsten und langlebigsten Fälle des symbolischen Geistes darstellt, sondern auch, weil unsere Zivilisation in vieler Hinsicht noch immer von dieser historischen Erfahrung abhängt.

Heidnische Dichter glaubten mehr oder weniger an die Götter, von denen sie sprachen. Aber seit dem 6. Jahrhundert vor Christus versuchte Theagenes von Rhegion diese Dichter allegorisch zu lesen, und das taten viele Jahrhunderte später auch die Stoiker. Diese allegorische Lesart hatte weltliche Absichten; sie zielte darauf ab, einige ›natürliche‹ Wahrheiten unterhalb der mythischen Oberfläche zu entdecken. Nachdem diese Lesart jedoch einmal erfunden war, warum nicht die Methode und ihre Zwecke umkehren? Während also Philon von Alexandria noch im ersten Jahrhundert nach Christus eine weltliche Interpretation des Alten Testaments versuchte, unternahmen Clemens von Alexandria und Origenes das Gegenteil, d. h. eine nicht-weltliche und – wenn möglich – mystischere Deutung religiöser Texte. In dem Moment, in dem die neugeborene christliche Theologie
[147] von Gott zu sprechen wagte, erkannten die Kirchenväter, daß sie sich beim Sprechen über Ihn nur auf das verlassen konnten, was Er ihnen erzählt hatte: auf die Heiligen Schriften.

Die Heiligen Schriften waren das Alte und das Neue Testament. Zu jener Zeit hielten die Gnostiker nur das Neue Testament für wahr. Origenes wollte die Kontinuität zwischen den beiden Testamenten bewahren, aber er mußte sich entscheiden, auf welche Weise sie dasselbe sagten, da sie offensichtlich unterschiedlich sprachen. Also entschloß er sich, sie parallel zu lesen: das Alte Testament ist der Signifikant oder der ›Buchstabe‹, dessen Signifikat oder Geist das Neue Testament ist. Gleichzeitig spricht das Neue Testament auch über die Inkarnation, das Heil und die moralischen Pflichten. Der semiosische Prozeß wurde dadurch ziemlich kompliziert: ein erstes Buch, das allegorisch von dem zweiten spricht, und ein zweites, das – manchmal in Parabeln, manchmal direkt – von etwas anderem spricht. Darüber hinaus gibt es in diesem herrlichen Fall von unbegrenzter Semiose eine merkwürdige Einheit von Sender, Botschaft als Signifikant oder Ausdruck und Signifikat oder Inhalt und Referent, *interpretandum,* und Interpretant – ein verwirrendes Netz von Identitäten und Differenzen, das von einem zweidimensionalen Diagramm wie dem der Abb. 4.4 nur ansatzweise dargestellt werden kann. (Eine glänzende Diskussion dieser Punkte findet sich bei Compagnon, 1979.)

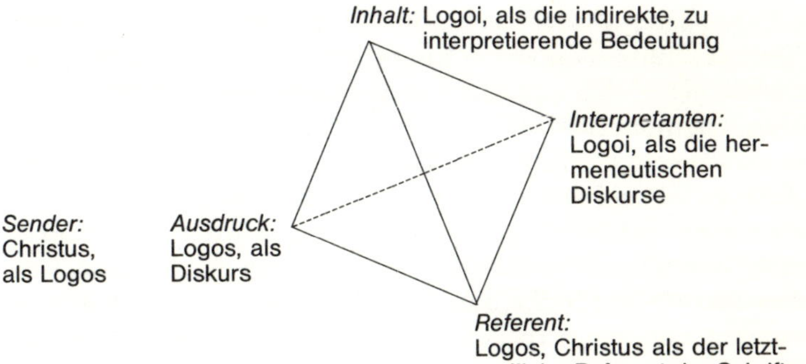

Abb. 4.4

Dieses semiosische Gewebe entstand leicht durch die Mehrdeutigkeit des Ausdrucks *logos,* der gleichzeitig *verbum mentis* und *verbum vocis* ist – genauso wie Name und Natur der zweiten Person der Dreieinigkeit. Darüber hinaus ist der erste Interpret

des alten Gesetzes immer noch Christus als *Logos*, und jeder Kommentar der Heiligen Texte ist eine *Imitatio Christi*, so daß im Lichte des *Logos* alle getreuen Interpreten *Logikoi* werden können. Um das Netz noch unentwirrbarer zu machen, ist Christus, soweit er *Logos* ist, d. h. das Wissen, das der Vater von Sich selbst hat, die Gesamtheit aller göttlichen Archetypen;
[148] deshalb ist er fundamental polysem.

Beide Testamente sprechen also von ihrem Sender und von ihrer eigenen polysemischen Natur, ihr Inhalt ist der Nebel aller möglichen Archetypen.

Die ersten Exegeten verstanden, daß die Schriften an diesem Punkt alles sagen konnten, alles ist aber zu viel, denn jede Exegese muß nach einer übertragbaren Wahrheit Ausschau halten. Die Kirche ist die göttliche Institution, die die Wahrheit erklären soll, die sie selbst Analphabeten verständlich machen soll. Die symbolische Natur der Bücher muß deshalb gezähmt und reduziert werden, genauso wie die mystische Vision des Detonators von ihrem Elaborator gezähmt werden muß. Der *symbolische* Modus muß in einen *allegorischen* umgewandelt werden. Potentiell hatten die Schriften jede mögliche Bedeutung, tatsächlich konnte ihre Auslegung von einem Code bestimmt werden, weil der mannigfaltige Sinn des Textes auf ein handhabbares Format gebracht werden mußte. Aus diesem Grunde schlugen die ersten Kirchenväter die Theorie der allegorischen Schriftdeutung vor. Am Anfang gab es drei Sinnebenen: wörtlich, moralisch oder psychisch und mystisch oder pneumatisch. Origenes zufolge traf der moralische Sinn auch auf Ungläubige zu und war damit unmittelbar abhängig vom wörtlichen Sinn. Später gab es vier Sinnebenen (wörtlich, allegorisch, moralisch und anagogisch). Dante erklärt in der *Epistula XIII* (die Theorie wurde allerdings von Beda bereits im siebten Jahrhundert voll ausgearbeitet) einen Vers wie *in exitu Israel de Aegypto* folgendermaßen: »Wenn wir auf den Buchstaben schauen, bedeutet er den Exodus der Kinder Israels aus Ägypten zur Zeit Moses; wenn wir auf die Allegorie schauen, bedeutet er unsere Erlösung durch Christus; wenn wir auf den moralischen Sinn schauen, bedeutet er die Umkehrung der Seele vom Unglück der Sünde zum Zustand der Gnade; wenn wir die mystische Bedeutung anschauen, bedeutet er die Reise des geheiligten

Geistes aus der Knechtschaft der Korruption zur Freiheit ewigen Ruhms.«

Mit dieser weiteren Ausarbeitung kann der moralische Sinn nur durch Vermittlung des allegorischen Sinnes verstanden werden und ist nur für die Gläubigen erreichbar. Die gesamte mittelalterliche Tradition bearbeitete dieses Thema, das mit einer Zeile von Nikolaus von Lyra zusammengefaßt werden kann: *»Littera gesta docet, quid credas allegoria, moralis quid agas, quo tendas anagogia.«* (Dieselbe Formulierung erscheint allerdings bei vielen anderen Autoren; ein beeindruckender Überblick über all diese Theorien findet sich bei De Lubac, 1959).

Die Theorie der vier Sinngebungen lieferte eine Art Garantie für die korrekte Decodierung der Bücher. Der patristische und scholastische Geist konnte allerdings das Gefühl der unerschöpflichen Tiefe der Schriften nicht umgehen; sie wurde häufig mit einem Wald oder einem Meer verglichen. Dem Hl. Hieronymus zufolge sind die Schriften *»infinita sensuum sylva«* (*Ep.*, 64.21) und *»oceanum mysteriosum Dei, ut sic loquar labyrinthum«* (*In Gen.*, 9.1). Origenes spricht von *»latissima sylva«* (*In Ez.*, 4) oder von einem Meer, das unseren Geist mit Furcht erfüllt und in dessen Wirbeln wir untergehen, wenn wir es mit
einem kleinen Boot befahren (*In Gen.*, 9.1). [149]

Gilbert von Stanford versucht zu zeigen, wieviele Sinngebungen in den Stromschnellen des göttlichen Diskurses gefunden werden können:

> »Scriptura Sacra, morem rapidissimi fluminis tenens, sic humanarum mentium profunda replet, ut semper exundet; sic haurientes satiat, ut inexhausta permaneat. Profluunt ex ea spiritualium sensuum gurgites abundantes, et transeuntibus aliis, alia surgunt: immo, non transeuntibus, quia sapentia immortalis est; sed manentes subsequuntur; ut unusquisque pro modo capacitatis suae in ea reperiat unde se copiose reficiat et aliis unde se fortiter exercent derelinquat« (*In Cant.*, 20.255).

Was heißen soll, daß keine Bedeutung der Schrift die anderen annulliert, selbst wenn sie unendlich sind, jede Bedeutung verstärkt vielmehr diesen immensen Vorrat an Bedeutungen, wo jeder findet, was er nach seinen interpretativen Fähigkeiten finden kann.

Die Metapher des Meeres oder des Waldes spielte auf die symbolische Struktur der Bücher an, und diese symbolische Struktur war die beständige Herausforderung an ihre allegorische Interpretierbarkeit. Entweder hatten die Bücher unendliche Lesarten (deshalb waren sie zweideutiger Ausdruck, der mit dem Inhaltsnebel aller möglichen Archetypen korreliert), oder sie hatten nur die vier kanonischen. Wenn aber die vier Sinngebungen codiert waren, gab es keine weitere Möglichkeit, die Bücher zu interpretieren, also ihre ganze wunderbare Tiefe auszuloten. Das Problem bestand darin, die beiden Richtungen miteinander zu versöhnen, um die Schriften lesen zu können, in ihren Seiten beständig wenn nicht gar neue Dinge, so doch dieselbe und immerwährende Wahrheit in immer neuen Formulierungen entdecken zu können: *non nova sed nove*, keine neuen, sondern dieselben Dinge, aber immer wieder auf eine neue Art erzählt.

Die frühe christliche Theologie mußte einen Weg finden, die freie Interpretation der (symbolischen und uncodierten) Natur der Bücher (durch einen allegorischen Code) zu kontrollieren. Wahrhaftig, eine ziemlich oxymorische Situation. An diesem Punkt müßte ein topologisches Modell, das diese Situation wiedergeben könnte, sogar noch komplexer sein (vielleicht ein Möbius'sches Band), denn die einzige Autorität, die die richtige Methode der Deutung der Bücher festlegen konnte, war die Kirche, die sich auf die Tradition gründete; die Tradition aber war nichts anderes als die Reihe der ›guten‹ Interpretationen der Heiligen Schriften. Mit anderen Worten: die Tradition leitet ihr Recht auf die Kontrolle der Interpretation der Bücher von der Interpretation der Bücher her. *Quis custodiet custodes?* Wie kann die Autorität die Interpretation legitimieren, wenn die Autorität selbst durch die Interpretation legitimiert ist?

Auf diese Frage gab es keine Antwort; keine Typentheorie oder Theorie der Metasprache wurde erarbeitet, um den Kreis der hermeneutischen Legitimation zu legitimieren (in Wirklichkeit kann keine Theorie der hermeneutischen Legitimation legitim sein, außer durch den Prozeß des hermeneutischen Lesens).
[150] Am Ursprung der hermeneutischen Praxis steht ein Zirkel, und es ist ganz unerheblich, wie heilig oder wie vitiös er ist.

Die einzig mögliche Antwort auf diese Frage war praktischer

Natur: die Regeln für gute Interpretationen wurden von den Türhütern der Orthodoxie geliefert, und die Türhüter der Orthodoxie waren die Sieger (politisch und kulturell gesehen) im Kampf um die Durchsetzung ihrer eigenen Interpretation. Eine solche Regel trifft auch für eine säkularere Hermeneutik zu: der Text wird die Wahrheit insofern sagen, als der Leser die rhetorische Macht hat, ihn sprechen zu lassen. Und der Leser wird sicher sein, richtig gesehen zu haben, insofern er – in dem Text – sein eigenes Bild gesehen hat. Dieselbe – wenn auch weniger säkulare – Prozedur trifft auf die interpretative Praxis der jüdischen Mystik zu: »Je präziser solche mystische Exegese, desto größer die Chancen der fortdauernden Anerkennung des so verwandelten Textes auch in seinem Wortsinn, der nur das Tor bildet, durch das der Mystiker schreitet, aber ein Tor, das er sich immer wieder offenhält. In einer denkwürdigen Exegese des *Sohar* über *Gen.*, 12: 1, spricht sich diese Haltung des Mystikers in größter Kürze aus. Gottes Wort an Abraham: *Lech l'cha* bedeutet nicht nur in seinem Wortverstande ›Ziehe hinaus‹, das heißt bezieht sich auf die Wanderung dessen, der auf Gottes Geheiß in die Welt zieht, sondern läßt sich in mystischer Wörtlichkeit auch lesen als ›Gehe zu dir‹, zu deinem eigenen Selbst« (Scholem, 1960: 26). Wir spüren hier eine Vorwegnahme der Freudschen, von Lacan erneut gelesenen Maxime: *Wo Es war, soll Ich werden.*

Die gesamte Geschichte mittelalterlicher Exegese ist eine Geschichte der Festlegung und zugleich fairen Herausforderung von exegetischen *auctoritates*. Zunächst einmal und von Augustinus' Zeiten an wurde entdeckt, daß die Bücher nicht nur mit ihren *Worten,* sondern auch durch die *Fakten,* über die sie berichten, immer etwas ANDERES erzählen. Die Allegorie ist nicht nur *in verbis,* sondern auch *in factis.* Wie konnte man also den Tatsachen einen allegorischen Wert zuschreiben, d. h. der Ausstattung der existierenden Welt, den Tieren, Pflanzen, Steinen, Handlungen, Gesten usw.? In *De Doctrina Christiana* kommt Augustin zu dem Schluß, daß der Exeget Physik, Geographie, Botanik, Mineralogie kennen muß, um die Schriften zu verstehen. Auf diese Weise nimmt die neue christliche Zivilisation (durch weitere und weitere neue Ausarbeitungen) das Wissen der klassischen Zivilisation, wie es von der späten römischen

Kultur ererbt wurde, in Form einer synkretistischen Enzyklopädie in den interpretativen Kreis, und das heißt in ihre eigene wachsende Enzyklopädie, herein. Das ist der Ursprung der Annahme des hellenistischen *Physiologus* und der nachfolgenden Produktion von Herbarien, Bestiarien, Lapidarien, *Imagines* und *Specula Mundi.*

Die Hauptcharakteristika dieser Texte sind die folgenden: (a) Da jede sichtbare Größe eine allegorische Bedeutung hat, werden die Weltkreaturen nicht aufgrund ihrer empirischen Eigenschaften beschrieben, sondern aufgrund jener Eigenschaften, die einige Analogie mit dem Inhalt aufweisen, den sie
[151] darstellen sollen. Der Löwe wird als Tier beschrieben, das mit dem Schwanz seine Spuren verwischt, um die Jäger zu täuschen, weil er diese Eigenschaft besitzen *muß*, um als Bild von Christus fungieren zu können, der durch Seine Fleischwerdung die Spuren der menschlichen Sünde beseitigt. (b) Die Eigenschaften dieser Kreaturen sind oft widersprüchlich, ob nun aufgrund einer wachsenden halluzinatorischen Fantasie oder aufgrund einer symbolischen Versuchung, die die Rechte der allegorischen Codierung in Frage stellt. Jedenfalls kann jedes Teilstück der mittelalterlichen Enzyklopädie alternative Bedeutungen annehmen: der Löwe ist die Figur Christi und gleichzeitig wegen seiner gräßlichen Kiefer die Figur des Teufels. Wie kann ein Interpret sicher sein, daß der Löwe in einem gegebenen Kontext für Christus steht und nicht für den Teufel? Der allegorische Code ist offen und kann zu einer symbolischen Matrix werden, bei der die Bedeutungen wenn nicht nebelhaft, so doch zumindest vielfältig sind. Die mittelalterliche Lösung besteht darin, daß eine vorangegangene *auctoritas* bereits die ›guten‹ kontextuellen Selektionen festgelegt hat: wieder einmal der vitiöse hermeneutische Zirkel. Der mittelalterliche Interpret hält beständig nach guten Autoritäten Ausschau, wobei er gleichzeitig weiß, daß jede Autorität eine Wachsnase hat, die so geformt werden kann, wie es der Interpret wünscht. Mit demütiger und heuchlerischer Flexibilität weiß der mittelalterliche Interpret, daß er ein Zwerg ist im Vergleich zu den *auctoritates*, aber ein Zwerg, der auf den Schultern von Riesen sitzt und deshalb ein wenig weiter vorausschauen kann: vielleicht sieht er keine neuen Dinge (*nova*), aber er sieht sie auf neue Weise (*nove*).

Auf diese Weise ist der allegorische Modus unentwirrbar und mehrdeutig mit dem symbolischen Modus verschlungen: der mittelalterliche Geist ist gespalten durch den Konflikt zwischen dem Vertrauen in eine unantastbare Wahrheit (die durch jedes Wort und jede Tatsache wiederholt wird) und dem Gefühl, daß Worte und Tatsachen beständig neu interpretiert werden müssen, um weiter und weiter über ihren anerkannten Sinn hinauszugehen, da das gesamte Universum *quasi liber scriptus digito Dei* ist, in diesem Buch jedoch *aliud dicitur, aliud demonstratur.*

Wie im Fall der Mystik hat die Versammlung der Gemeinde um die immer sprechenden Stimmen der Schriften und der Welt wieder einmal die Funktion der sozialen Kontrolle. Es ist gleichgültig, was das Buch und die Welt sagen; wichtig ist, daß sie *sprechen* und daß es in ihrer Rede ein Zentrum der Entwicklung gibt. Wenn sich Leute um eine Fahne versammeln, ist es unwichtig, was die Fahne symbolisch bedeutet, da sie vielfachen Sinn haben kann, wichtig ist nur, daß die Fahne *ihnen zweifellos etwas bedeutet.* Macht besteht darin, den Schlüssel für die richtige Interpretation zu besitzen oder (was dasselbe ist) von der Gemeinschaft als derjenige anerkannt zu werden, der den Schlüssel besitzt. Nicht nur im Mittelalter benötigt jede Gemeinschaft (sei es eine Kirche, ein Land, ein politisches Regime, eine wissenschaftliche Schule), in der der symbolische Modus Gültigkeit hat, eine *auctoritas* (den Papst, den Großen Bruder, den Meister). Die *auctoritas* ist unerläßlich, wenn es keinen Code gibt, und wo es einen Code gibt – als ein System zuvor festgelegter Regeln –, ist keine zentrale *auctoritas* vonnöten, die Macht wird über die Knotenpunkte der organisierten Kompe- [152]
tenz verteilt. Die eine Macht zerstört die andere. Zivilisationen und kulturelle Gruppen müssen eine Wahl treffen.

Der mittelalterliche symbolische Modus bricht zusammen, als mit der thomistischen Theologie *ein* Code die Oberhand gewinnt (die *Summae* sind eine Art institutionaler Code, sie gestatten keine vage Interpretation der Wirklichkeit und der Schriften). Thomas zerstört mit zwingenden Argumenten endgültig die mittelalterliche Tendenz zur allegorischen und symbolischen Deutung der Wirklichkeit und reserviert eine streng codierte allegorische Deutung nur für die Fakten, die vom Alten Testament berichtet werden.

Die Sprache der Schriften ist ganz und gar wörtlich: das Alte Testament erzählt uns von Tatsachen, die allegorisch interpretiert werden müssen, weil sie von Gott prädisponiert wurden, um uns zu lehren. Aber diese Tatsachen sind nur die Tatsachen, die vom Alten Testament erzählt werden. Nach der Fleischwerdung besteht nicht mehr die Möglichkeit, Tatsachen zu betrachten, als bedeuteten sie etwas anderes.

Soweit die Sprache (sei sie poetisch oder skriptural) betroffen ist, stellt jede rhetorische Strategie ein Vorkommen des *modus parabolicus* dar, aber *non supergreditur modum litterale* (*Quodlibetales,* 8.6.16. *ob* 1, *ad* 1). Da es rhetorische Regeln gibt, bedeutet dies, daß Tropen und Allegorien eindeutig interpretiert werden können, als wären sie wörtliche Ausdrücke. Rhetorik ist eine natürliche Sprache.

Wenn der symbolische Modus im westlichen Denken auch für eine Weile zusammenbricht, so überlebt er doch in anderen Formen des Mystizismus und wächst in verschiedene Richtungen. Ein überragendes Beispiel eines anderen symbolischen Modus ist die jüdische Mystik der Kabbala, wo sich das Buch, das die christliche Tradition verzweifelt an einer festen allegorischen Lesart zu verankern versuchte, in einer wirklich unbegrenzten Semiose sozusagen vergrößert, wobei es sogar die lineare Konsistenz seiner materiellen Ausdrucksebene verliert.

4.4.4. Die kabbalistische Drift

Scholem (1960) sagt, daß jüdische Mystiker immer versucht haben, ihr eigenes Denken auf die biblischen Texte zu projizieren; in Wirklichkeit hängt jede unausdrückliche Lesart einer symbolischen Maschinerie von einer solchen projektiven Haltung ab. In der Lektüre des Heiligen Textes nach dem symbolischen Modus sind »Buchstaben und Namen ... nicht nur konventionelle Mittel zur Kommunikation. Sie sind weit mehr als das. Jeder einzelne unter ihnen stellt eine Konzentration von Energie dar und drückt eine Sinnfülle aus, die in menschliche Sprache gar nicht oder zum mindestens nicht erschöpfend übersetzt zu werden vermag« (1960: 54). Selbst wenn Seine Äußerungen über jede menschliche Einsicht hinausgehen, ist für den

Kabbalisten die Tatsache wichtiger, daß Gott Sich ausdrückt, als jegliche spezifische und codierte Bedeutung, die Seine Worte vermitteln können.

Im *Sohar* steht, daß »in jedem Wort tausend Lichter leuchten« (3.202 *a*). Die Unbegrenztheit des Sinnes eines Textes beruht auf [153]
den freien Kombinationen seiner Signifikanten, welche in dem betreffenden Text nur zufällig so verbunden sind, wie sie verbunden sind, die aber anders kombiniert werden könnten. In einem Manuskript des Rabbi Elijahu Kohen Ittamari aus Smyrna lesen wir, warum die Rollen der Tora dem rabbinischen Gesetz zufolge ohne Vokale und Interpunktion geschrieben werden müssen:

> »... es ist ein Hinweis auf den Zustand der Tora, wie sie vor Gottes Antlitz existierte und bevor sie an die niederen Sphären weitergegeben wurde. *Denn es gab vor Ihm eine Anzahl Buchstaben, die nicht zu Wörtern vereinigt waren, wie es jetzt der Fall ist, weil die eigentliche jeweilige Anordnung der Wörter sich nach der Art und Weise richten würde, wie diese untere Welt sich verhielte* ... Die ursprüngliche Absicht Gottes in der Tora wird aber offenbar werden, wenn der Messias kommen wird, der den Tod für immer verschlingen wird ... Denn dann wird Gott die gegenwärtige Buchstabenkombination, die die Wörter unserer jetzigen Tora bilden, aufheben und wird die Buchstaben zu anderen Wörtern neu zusammenstellen, woraus dann neue Sätze sich ergeben werden, die von anderen Dingen reden« (Scholem, 1960: 101–102).

Wenn ein Mann die Worte der Tora ausspricht, hört er deshalb niemals auf, geistige Kräfte und neue Lichter zu schaffen: »Wenn er daher selbst den ganzen Tag nur diesen einen Vers liest, erlangt er die ewige Seligkeit, denn zu jeder Zeit, ja in jedem Augenblick ändert sich die Zusammensetzung [der inneren Sprachelemente] nach dem Zustand und der Rangordnung jenes Augenblicks, und nach den Namen, die in diesem Augenblick in ihm aufleuchten« (*ibid.*, 103). Eine solche Disposition, den Text nach einem symbolischen Modus zu befragen, beherrscht viele zeitgenössische hermeneutische Praktiken noch immer. Zwei alternative (allerdings an der Quelle eng verbundene) Wege können eingeschlagen werden. Die Sprache kann der Ort sein, an dem die Dinge authentisch beginnen: in Heideggers Hermeneutik ist das Wort nicht *Zeichen*, sondern *Zeigen*, und gezeigt wird die wahre Stimme des Seins. In einem solchen Gedankengang können Texte unendlich befragt werden, aber sie sprechen nicht nur von sich selbst, sie enthüllen etwas anderes und etwas mehr.

Auf der anderen Seite gibt es eine radikal säkularisierte Hermeneutik, wo der Text nicht mehr transparent und symptomatisch ist, da er nur von seiner Möglichkeit spricht, eine semiosische ›Drift‹ hervorzurufen. Der Text muß nicht nur ›abgehorcht‹, sondern (nach einer radikalen kabbalistischen Option) *dekonstruiert* werden, bis er seine eigene Ausdruckstextur zerbricht. Auf diese Weise spricht der Text nicht mehr von seinem ›Außen‹, er spricht nicht einmal von sich selbst, er spricht von unserer eigenen Erfahrung beim (dekonstruktiven) Lesen. Es gibt keine Dialektik mehr von *hier* und *dort,* von *Signans* und *Signatum.* Alles geschieht *hier* – und die Dialektik findet höchstens als eine weiter-und-weiter-Bewegung von Signans zu Signans statt.

In epistemologischen Rahmen, die keinen traditionellen Wahrheitsbegriff haben, kann der bloße Akt des Lesens nur auf diese Weise einen gewissen Zugang zu dem erschließen, was ein
[154] Text wirklich (wenn auch niemals definitiv) sagt. Unter diesem Gesichtspunkt ist es interessant, die faszinierende Diskussion zu lesen, die zwischen John Searle (der unwillentlich die Rolle des ›buchstabengläubigen‹ Mannes spielte, der glaubt, das Wort *copyright* bedeute konventionellerweise, das Exzerpt eines gegebenen Papiers dürfe nicht ohne Erlaubnis wiedergegeben werden) und Jacques Derrida stattfand, der in wahrhaft kabbalistischer Stimmung aus der unstabilen Kombination *copyright* unendliche Schlüsse auf die Unstabilität und Fragilität von Searles Sprache und auf die Dekonstruierbarkeit jeder sprachlichen Äußerung zieht. Als neue und ungläubige Tora in den Brennpunkt gerückt, erlaubt der Searlesche Text Derrida, in ihm etwas anderes zu lesen, als sein Gegner gemeint zu haben glaubte, etwas, durch das in Wirklichkeit er gemeint wurde:

»The questioning initiated by the logic and the graphics of *Sec* does not stop at the security of the code, nor at its concept. I cannot pursue this problem too far, since that would only add new complications to a discussion that is already too slow, overdetermined, and overcoded in all respects. I shall simply observe that this line of questioning is opened in the first of *Sec's* three parts, and to be exact by the following phrase: ›The perhaps paradoxical consequence of my here having recourse to iteration and to code: the disruption, in the last analysis, of the authority of the code as a finite system of rules, at the same time, the radical destruction of any context as the protocol of code‹ [S. 180]. The same direction, that of an iterability that can only be what it is in the *impurity* of its self-identity (repetition altering and alteration identifying), is charted by the following propositions: ›As far as the internal semiotic context is concerned, the force of the rupture is no less important: by virtue of its essential iterability, a written syntagm can always be detached from the chain in which it is inserted or given without causing it to lose all possibility of functioning, if not all possibility of ›communicating‹, precisely. One can perhaps come to recognize other possibilities in it by inscribing it or *grafting* it onto other chains. No context can entirely enclose it. Nor any code, the code here being both the possibility and impossibility of writing, of its essential iterability (repetition/alterity)‹ [S. 182]. And: ›... in so doing [i. e., by the iterability or the citationality that it permits] it [the sign] can break with every given context, engendering an infinity of new contexts in a manner which is absolutely illimitable. This does not imply that the mark is valid outside of a context, but on the contrary that there are only contexts without any center or absolute anchoring [*ancrage*]‹« (S. 185–186; Derrida, 1977: 203–204).

In dieser letzten Manifestation des symbolischen Modus wird der Text als Symbol nicht mehr gelesen, um in ihm eine Wahrheit zu finden, die *außen* liegt: die einzige Wahrheit (d. h. der alte kabbalistische Gott) ist gerade das Spiel der Dekonstruktion. Die letzte Wahrheit ist, daß der Text ein bloßes Spiel von Differenzen und Verschiebungen ist. Rabbi Levi Isaac sagte, daß »auch das Weiße, die Spatien in der Torarolla aus Buchstaben besteht, nur daß wir sie nicht wie das Schwarze der Buchstaben [155]
zu lesen verstehen. In der messianischen Zeit aber wird Gott auch das Weiße an der Tora, dessen Buchstaben jetzt für uns unsichtbar sind, offenbaren, und das ist mit der Rede von der ›neuen Tora‹ gemeint« (Scholem, 1960: 111).

Die Lacansche Anerkennung der Autonomie des Symbolischen als Signifikantenkette hat durch die Inspiration der neuen dekonstruktiven Praktiken die neue und atheistische Mystik der gottlosen Drift in Gang gesetzt, um bei jeder neuen Lesung die neue Tora unendlich umzuschreiben.

4.5. *Semiotik des symbolischen Modus*

Unsere Suche nach einem spezifischen symbolischen Modus wird von der dekonstruktiven Praxis ernsthaft gefährdet. Wenn in einen Text über seine konventionelle (und irreführende) Bedeutung hinaus alles hineingelesen werden kann, dann ist *jeder* Text ein Reservoir von Symbolen. Wieder einmal wird dann der symbolische Modus mit dem semiotischen gleichgestellt: jeder menschliche Diskurs spricht immer indirekt. Ein faszinierender, aber unbefriedigender Schluß. Symbole sahen so geheimnisvoll aus, sie versprachen einen so privilegierten Zugang zum Wissen, und nun stehen wir mit zwei gleichermaßen irritierenden Alternativen da: entweder liefert jede Äußerung dieses privilegierte Wissen (aber wo alles privilegiert ist, gibt es kein Privileg mehr) oder die Sprache ist immer symbolisch, aber nur einige wenige Glückliche können mit ihr als solcher umgehen. Dann ist unklar, was die anderen wirklich verstehen; vermutlich mißverstehen sie, aber man kann sie nicht darum verachten, denn Mißverstehen ist der einzige Weg der Interpretation. Oder gibt es einen Unterschied zwischen einem ›richtigen‹ und einem ›falschen‹ Mißverstehen?

Es gibt jedoch einen völlig säkularisierten Weg, den symbolischen Modus als auf spezifische Formen der Kommunikation begrenzt aufzufassen, und ein solcher wird von vielen modernen ästhetischen Theorien vorgeschlagen, die der Erfahrung des französischen Symbolismus entspringen. Auch wenn die kulturellen Wurzeln von Künstlern wie Baudelaire auf viele Strömungen mystischen Denkens zurückgehen, ist der Künstler in der Perspektive der modernen Ästhetik freier Detonator einer Vision, die er selbst produziert: eines Ausdrucks, dem er absichtlich vage Bedeutungen gegeben hat und der nicht in einem vorher festgelegten Code verankert werden kann (es gibt keine festgelegte Elaboration des Symbols). Das poetische Werk bleibt

offen. Das ist immer noch das romantische Ideal, nun aber ganz entschieden dominiert vom Ideal der poetischen Ambiguität. Es stimmt, daß uns das Baudelairesche Bild der Natur als Tempel (in »Correspondances«), dessen lebendige Pfeiler wirre Worte flüstern, so daß der Mensch dort hindurchgeht wie durch Wälder von Symbolen, in denen Farben, Düfte und Töne einander antworten, an die mittelalterliche Vorstellung von der Welt als Buch erinnert, das von der Hand Gottes geschrieben wurde. Aber Baudelaires Symbole (seien es Albatrosse, Katzen oder Schlangen) sind *privat*; man braucht keinen *Physiologus*, um ihre möglichen Bedeutungen zu erklären. Sie erhalten ihre volle Bedeutung erst innerhalb ihres poetischen Kontextes. Es [156]
stimmt, daß Mallarmés Idee eines Kontextes, der aus leeren und weißen Zwischenräumen besteht, an die rabbinische Idee der Rolle erinnert, auf der selbst die weißen Zwischenräume als Buchstaben gelesen werden sollen – aber dieses Mal gibt es keinen Gott, der das kombinatorische Spiel absichert (und davon benannt wird): das Buch ist nicht von Gott geschaffen, um von Ihm zu sprechen, im Gegenteil, es ist die ganze Welt, die existiert, um das Buch *(Le Livre)* zu gebären, und das Buch spricht nur von seinen unendlichen Kombinationsmöglichkeiten.

Radikaler wird der symbolische Modus in Joyces Theorie der Epiphanien und in Eliots Begriff eines objektiven Korrelativs poetisch säkularisiert. Hier erscheinen Ereignisse, Gesten, Dinge plötzlich als merkwürdige, unerklärliche, zudringliche Zeugnisse innerhalb eines Kontextes, der zu schwach ist, um ihre Anwesenheit zu rechtfertigen. So enthüllen sie, daß sie da sind, um etwas anderes zu enthüllen, und am Leser ist es zu entscheiden, was das ist.

Im Sinne dieser Überlegungen *kann nicht alles Symbol sein.* Ein Symbol muß textmäßig erzeugt werden, es erfordert eine bestimmte semiotische Strategie. Und eine solche Strategie sollte jetzt auf irgendeine Weise skizziert werden – zumindest in Form eines abstrakten Modells. Eine symbolische Strategie kann ästhetischen Genuß hervorrufen, aber zuallererst ist sie semiotische Maschinerie.

Wir wollen bei den normalen konversationellen Implikaturen beginnen, wie sie von Grice beschrieben werden (1967). Sie sind

Beispiele indirekter Signifikation (siehe 4.2.2. oben); aber nicht notwendigerweise Beispiele des symbolischen Modus: die zusätzliche Bedeutung, die von einer Implikatur übermittelt wird, ist nicht vage, zumindest soweit es die Absichten des Sprechers angeht (sie kann nur aufgrund des Mangels an Kooperation seitens des Hörers vage werden).

Die Mißachtung von Konversationsmaximen kann in einem Text als rhetorisches Mittel verwendet werden. Metaphern, Ironie, Hyperbeln verletzen die Maxime der Qualität, weil sie nicht (wörtlich) die Wahrheit sagen. Wenn ich von einem Helden sage, er sei ein Löwe, lüge ich im wörtlichen Sinne; mein Adressat, der einen so offensichtlichen Fall von Lüge erkennt, muß schließen, daß ich vermutlich etwas anderes sagen will. Da jedoch die richtige Interpretation dieser Metapher den Helden als einen mutigen oder wilden Mann bestimmt, vermittelt der metaphorische Ausdruck nicht notwendigerweise einen Inhaltsnebel (obwohl er es könnte). Viele Metaphern (und alle Katachresen) können ohne Vagheit aufgelöst werden.

Interessanter sind die Verletzungen der Maximen der Quantität, der Relation und der Modalität. Nicht jede rhetorische Verletzung dieser Maximen produziert auch den symbolischen Modus: Figuren wie Periphrase oder Lakonismus verletzen die Maxime der Quantität, ohne vage Bedeutungen zu übermitteln, und bestimmte Synekdochen und Metonymien verletzen die Maxime der Modalität, ohne sich auf nebelhafte Inhalte zu beziehen.

Auch wenn nicht alle Verletzungen dieser Maximen zur Erzeugung des symbolischen Modus führen, können wir dennoch sagen, daß der symbolische Modus bestimmten Verletzungen
[157] dieser Maximen entspringt und einen Fall von *Textimplikatur* darstellt.

Natürlich kann ein Text einen Fall von Gesprächsimplikatur *erzählen* und auf diese Weise den Interpreten dazu anregen, die angemessenen Schlüsse abzuleiten. Wenn ein narrativer Text eine Unterhaltung wiedergibt, in der der erste Sprecher einen zweiten Sprecher nach seinen Liebesaffären befragt, und wenn der zweite Sprecher mit einer Bemerkung über das Wetter antwortet, muß der Leser schließen, daß der zweite Sprecher eine Gesprächsimplikatur angewandt hat, die besagt »Mein Privatleben geht Sie gar nichts an«, und außerdem kann der Leser mit Hilfe von anderen kontextuellen Schlüssen zusätzliche Information über diese Person extrapolieren. Aber all diese Schlüsse folgen mehr oder weniger codierten rhetorischen oder psychologischen Gesetzen und beruhen auf vorher festgelegten Rahmen. Dieses Beispiel soll also nicht als Fall von Textimplikatur angesehen werden, sondern vielmehr als ein Fall einer wiedergegebenen Gesprächsimplikatur.

Im Gegensatz dazu riecht der Interpret eine unnormale Implikatur, wenn in einer Zen-Geschichte der Meister, der nach dem Sinn des Lebens gefragt wird, durch das Heben seines Stockes antwortet; eine Implikatur, deren Interpretationsschlüssel außerhalb vorher bestehender Rahmen liegt. Diese Geste bedeutet nicht nur, daß der Meister sich weigert zu antworten, sondern auch, daß seine (gestische) Antwort eine noch uncodierte Bedeutung hat, und vielleicht mehr als eine. Die Textimplikatur, die das Erscheinen des symbolischen Modus signalisiert, hängt von der Präsentation eines Satzes ab, eines Wortes, eines Objektes, einer Handlung, die gemäß den präcodierten narrativen oder diskursiven Rahmen, den anerkannten Regeln und dem allgemeinsten Sprachgebrauch *nicht* die Bedeutung haben *sollten,* die sie innerhalb dieses Kontextes annehmen.

Die Standardreaktion auf das Erscheinen des symbolischen Modus sollte eine Art Unsicherheit sein, die der Interpret empfindet, wenn er Zeuge eines unerklärlichen Zuges des Textes wird, das Gefühl, daß ein gewisses Wort, ein gewisser Satz, eine Tatsache oder ein Objekt nicht in den Diskurs hätten eingeführt werden sollen oder zumindest nicht hätten solche Bedeutung erlangen dürfen. Der Interpret empfindet einen Überfluß an Signifikation, da er errät, daß die Maximen der Relevanz, der Modalität oder Quantität nicht zufällig oder aus einem Irrtum heraus verletzt worden sind. Im Gegenteil: sie werden nicht nur verletzt, sondern sozusagen dramatisch verletzt.

»Unter einer Epiphanie verstand er [Stephen] eine jähe geistige Manifestation, entweder in der Vulgarität von Rede oder Geste oder in einer denkwürdigen Phase des Geistes selber. Er glaubte, daß es Aufgabe des Schriftstellers sei, diese Epiphanien mit äußerster Sorgfalt aufzuzeichnen, da sie selbst die *zerbrechlichsten* und *flüchtigsten* aller Momente seien« (*Stephen der Held*).

Bei der Herstellung der meisten seiner Epiphanien stellt Joyce sie in einen Ko-Text, der ihre Merkwürdigkeit und ihre enthüllende Zudringlichkeit explizit einführt und betont. Andere Autoren – zum Beispiel die objektiven Korrelative bei Eliot – präsentieren die irrelevanten Erscheinungen, ohne ihre Anwesenheit zu rechtfertigen. Was ihre Rolle signalisiert, ist die Tatsache, daß sie *nicht da sein sollten.* Nebenbei gesagt, begleitet das Gefühl, daß
[158] etwas nicht da sein sollte, in der frühen textsymbolistischen Theorie die Interpretation eines Ereignisses, eines Objektes, eines Gebotes in den Heiligen Schriften. Man sehe, wie Augustinus in der *Doctrina Christiana* erklärt, wann ein Ausdruck der Bibel im übertragenen und nicht im wörtlichen Sinne verstanden werden muß (wie wir in 4.4.3. gesehen haben, besteht Augustinus' Problem und das des Mittelalters darin, die symbolische Macht des Ausdrucks zu reduzieren, indem man ihn allegorisch interpretiert):

> »Mit der Warnung, einer figürlichen, d. h. übertragenen Redeweise nicht wie einer eigentlichen zu folgen, müssen wir die andere verbinden, nämlich eine eigentliche Redeweise nicht für eine figürliche zu nehmen. Daher muß zuerst eine Richtschnur angegeben werden, nach der bemessen werden kann, ob wir eine eigentliche oder eine figürliche Redeweise vor uns haben. Diese Richtschnur ist folgende: alles, was im Worte Gottes im eigentlichen Sinn weder auf die Sittenlehre noch auf die Glaubenswahrheit bezogen werden kann, muß man für figürlich halten« (*ibid.,* III.10.14.).

Der symbolische Modus, wie er in der Theorie der Décadents und in der zeitgenössischen Ästhetik erscheint, wurde in verschiedenen kulturellen Rahmen ausgeführt, was auch möglich ist. In Gérard de Nervals *Sylvie* durchlebt der Erzähler im ersten Kapitel einen Konflikt zwischen seiner tatsächlichen Liebe zu einer (als die unerreichbare Idealfrau gesehenen) Schauspielerin und der groben Wirklichkeit des täglichen Lebens. Eine Nachricht, die er zufällig liest, versetzt ihn (zu Beginn des zweiten Kapitels) in einen Zustand des Halbschlafes, in dem er sich an Ereignisse aus einer unbestimmten Vergangenheit erinnert – vermutlich an seine Kindheit in dem Ort Loisy. Die zeitlichen Konturen seiner Träumerei sind verschwommen und nebelhaft: er erinnert sich an die Erscheinung einer geheimnisvollen und ätherischen Schönheit, Adrienne, die für das Kloster bestimmt war.

Als er im dritten Kapitel aus seinem Zustand des Halbschlafes erwacht, vergleicht der Erzähler das Bild Adriennes mit dem der Schauspielerin und hat den Verdacht, daß sie ein- und dieselbe Person sind. In Wirklichkeit eine unvernünftige Hypothese; aber er argwöhnt trotzdem, daß er die beiden Bilder zusammengesehen hat, daß er das verschwundene Mädchen seiner Kindheit in der Gestalt der Schauspielerin seines Erwachsenenalters liebt. Plötzlich entschließt er sich, in die Realität zurückzukehren. Übrigens wechselt die Erzählung an diesem Punkt abrupt ins Präsens über, zuvor war die Geschichte im Imparfait erzählt worden (einem Tempus, das im Französischen die zeitlose Vagheit hervorhebt). Wieder in die Wirklichkeit versetzt, entschließt sich der Erzähler, nach Loisy zurückzukehren, nicht, um das Mädchen seiner Träume zu sehen, sondern um Sylvie zu treffen, die im zweiten Kapitel als Vertreterin der bescheidenen Realität im Gegensatz zu der zauberhaften Adrienne erschien. Er fragt sich, wie spät es ist, und stellt fest, daß er keine Uhr hat. Er begibt sich zum Pförtner, um diesen nach der Uhrzeit zu fragen. Mit dieser konkreten Information nimmt er eine Droschke, um räumlich und – ideell – auch zeitlich zurückzugehen.

Zwischen der ersten Frage nach der genauen Uhrzeit und dem
Besuch beim Concierge wird die narrative Sequenz jedoch durch [159]
folgende Beschreibung unterbrochen:

> »Inmitten all der Antiquitätenpracht, die man zu jener Zeit gern sammelte, um einer Wohnung das Stilgepräge vergangener Zeiten zu geben, strahlte in neuem Glanze eine Schildpattuhr aus der Renaissance. Ihre vergoldete Kuppel, auf der die Gestalt der Zeit ragt, wird von Karyatiden im Mediceerstil getragen, die ihrerseits wieder auf halb aufgebäumten Pferden stehen. Die übliche, an ihren Hirsch gelehnte Diana ist in Basrelief unter dem Zifferblatt zu sehen, auf dem sich die emaillierten Zahlen auf einem schwarzen Hintergrund verteilen. Das zweifellos vorzügliche Werk war seit zweihundert Jahren nicht mehr aufgezogen worden. – Doch nicht um die Uhrzeit abzulesen, hatte ich diese Standuhr in der Touraine gekauft« (Nerval, 1853; dt. Übers. S. 90).

Was ist nun die narrative Funktion dieser Beschreibung? Sie hat keine. Der Leser weiß bereits, daß der Erzähler keine verläßliche

Uhr hat. Auf der diskursiven Ebene fügt diese lange Abweichung dem Wissen über die Gewohnheiten der Figur nicht viel hinzu. Die Anwesenheit jener Uhr klingt merkwürdig und verzögert die Handlung auf merkwürdige Weise. Also muß die Uhr da sein, um etwas anderes zu bedeuten.

Was sie bedeuten könnte, kann im weiteren Verlauf der Geschichte geschlossen werden. Im vierten Kapitel erzählt Nerval nicht von der Reise nach Loisy. Am Ende des dritten Kapitels verläßt der Autor den Erzähler, der in der Droschke sitzt und seinen Erinnerungen nachhängt. Der Erzähler sinnt über eine Zeit nach, eine andere Zeit als die des zweiten Kapitels. Es ist ein zeitlicher Zustand zwischen der fernen Kindheit und der Zeit der Erzählung, ein unbestimmter Moment während der Jugend des Erzählers; er dauert von Kapitel vier bis Kapitel sechs. Zu Beginn des siebten Kapitels gibt es eine sehr kurze Rückkehr in die Gegenwart (Zeit und Tempus); dann beginnt der Erzähler eine neue Träumerei über eine verhexte Reise zur Abtei von Chaalis – wo er Adrienne ein zweites Mal gesehen zu haben *glaubt*. Die zeitlichen Konturen dieser Erfahrung sind absolut verschwommen: war er vor oder nach den Erlebnissen dort, die in den vorangehenden drei Kapiteln erinnert werden? Und hat er Adrienne überhaupt getroffen oder war es eine Halluzination? Dieses Kapitel ist ein vielsagendes Indiz, das den Leser zwingt, die folgenden wie auch die vorangegangenen Kapitel im Lichte einer erfolglosen Suche nach den Dingen der Vergangenheit zu sehen. Nerval ist nicht Proust, er kommt mit seiner Vergangenheit nicht ins Reine. Sylvie ist die Geschichte des Versagens der Erinnerung und des Versagens der Identität: der Erzähler ist nicht in der Lage, die Gegenwart von vergangenen Zeiten zu unterscheiden, ebensowenig wie er das Fantastische vom Wirklichen trennen kann. Sylvie, Adrienne und die Schauspielerin sind drei ›aktoriale‹ Verkörperungen desselben *Aktanten* – jede Frau wird ihrerseits zum Beispiel eines vergessenen und verlorenen Ideals, das zu der rauhen Gegenwart (oder zu Abwesenheit und Tod) der beiden anderen Frauen in Opposition steht. Dem Erzähler gelingt es nicht zu verstehen, welche der Frauen er
[160] wirklich liebt und welche er wirklich geliebt hat. An diesem Punkt erfaßt der Leser die *möglichen* symbolischen Bedeutungen der Renaissance-Uhr. Sie war Symbol, das für einen Nebel

alternativer und dennoch komplementärer Inhalte stand, nämlich für die Vagheit der Erinnerungen, die Belastung der Vergangenheit, die Vergänglichkeit der Zeit, für die Sehnsucht nach den Überresten einer idealisierten heroischen Ära – vielleicht ist die Uhr Symbol für *Sylvie* als Ganzes, eine Geschichte innerhalb einer Geschichte – undsoweiter *in infinitum.* Der Roman ermutigt so viele Interpretationen, wie es Lektüren gibt. Dieses Symbol ist *offen,* es ist jedoch *überbestimmt* vom Ko-Text. Es ist *zweifellos* ein Symbol, da seine Interpretation *zweifelhaft* ist, und es gab nur *zweifelhafte* Gründe für sein Erscheinen im Text.

Die Episode wird nun gerade insofern als symbolisch interpretiert, wie sie nicht definitiv interpretiert werden kann. Der Inhalt des Symbols ist ein *Nebel* möglicher Interpretationen, offen für eine semiosische Verschiebung von Interpretant zu Interpretant, das Symbol hat keinen autorisierten Interpretanten. Das Symbol sagt, daß es etwas gibt, was es sagen könnte, aber dieses Etwas kann nicht ein für alle Mal und deutlich buchstabiert werden, denn sonst würde das Symbol aufhören, es zu sagen. Das Symbol sagt nur eines deutlich, daß es nämlich eine semiotische Maschine ist, die erdacht wurde, um nach dem symbolischen Modus zu funktionieren.

In diesem Sinne unterscheidet sich ein Symbol von einer Metapher. Angesichts einer Metapher muß der Interpret bei der Entdeckung, daß der metaphorische Ausdruck nicht die Wahrheit sagt, den Ausdruck metaphorisch interpretieren. Ebenso muß man angesichts der Verletzung einer Konversationsmaxime annehmen, daß der Ausdruck etwas anderes ausdrücken soll.

Dagegen könnte der Interpret angesichts einer Allegorie auch entscheiden, sie wörtlich zu interpretieren. Der Umstand, daß sich Dante zu Beginn der *Göttlichen Komödie* in einem düsteren Wald befindet, kann als wörtlicher Bericht eines Ereignisses genommen werden, ungeachtet der Möglichkeit, ihn als Abenteuer einer menschlichen Seele zu sehen, die verloren ist im Wald der Sünde.

Sowohl das Symbol als auch die Allegorie werden schließlich von einem Gefühl der Wortverschwendung signalisiert, von dem Verdacht, daß es pragmatisch ›unökonomisch‹ ist, so viel Textenergie aufzuwenden, um *bloß dieses* zu sagen.

Der Unterschied zwischen Symbol und Allegorie besteht in

folgendem: auf der Allegorie wird mehr insistiert als auf dem Symbol, und darüber hinaus ist die Allegorie ein Stück verlängerter Narrativität, während ein Symbol normalerweise die plötzliche Erscheinung eines Phänomens ist, das den Verlauf der vorangegangenen Erzählung stört. Darüber hinaus sollte eine Allegorie ihren Schlüssel unmittelbar nahelegen, sie sollte auf einen Teil der Enzyklopädie hinweisen, der bereits die richtigen Rahmen zu ihrer Interpretation beherbergt (sie stellt eine explizite intertextuelle Gedächtnisstütze dar), wohingegen ein Symbol den Interpreten in der Konfrontation mit dem Uncodierten beläßt. Somit kann ein Symbol den Interpreten nicht auf eine zuvor codierte kulturelle Kompetenz zurückverweisen; es ist idiolektal, weil es nur für die Textumgebung gilt, in der es erscheint (sonst ist es nur ›Zitat‹ eines zuvor katachresierten
[161] Symbols). In diesem Sinne sind ästhetische Symbole jeder ›politischen‹ Kontrolle entzogen; sie *detonieren,* aber sie können nicht von außen *elaboriert* werden. Die ästhetische Erfahrung kann nicht mystisch sein, da sie nicht von einer externen Autorität interpretiert und gezähmt werden kann. Keine kritische Bemühung hat die Kraft, eine interpretative Tradition festzulegen; wenn dies geschieht, hat das ästhetische Symbol einstweilen (vielleicht für immer) seine Anziehungskraft verloren – es ist zu etwas geworden, das von den Mitgliedern einer kritischen Clique als ›Schibboleth‹ zitiert werden kann, als ›Geste‹ eines eingefrorenen Rituals, als bloße Erwähnung einer vorangegangenen symbolischen Erfahrung. Das lebendige Symbol ist von einem Kitschetikett ersetzt worden.

4.6. *Schluß*

Wenn man von aller möglichen zugrundeliegenden Metaphysik oder mystischen Behauptung abstrahiert, ist das Symbol keine bestimmte Zeichensorte, die mit geheimnisvollen Qualitäten versehen ist, und es ist auch keine bestimmte Art und Weise der Zeichenproduktion. Es ist eine *Textmodalität,* eine Art und Weise, die Aspekte eines Textes herzustellen und zu interpretieren. Gemäß meiner Typologie der Zeichenproduktion (siehe Eco, 1976: 3.6.) wird der symbolische Modus dann aktualisiert, wenn durch einen Prozeß der *Erfindung* ein Textelement erzeugt wird, das als bloßer *Eindruck* oder als *Kopie* oder als *Stilisierung* interpretiert werden könnte. Aber ebenfalls könnte es durch einen plötzlichen Erkenntnisprozeß als *Projektion* eines Inhaltsnebels durch *ratio difficilis* identifiziert werden.

Befestigen wir ein Wagenrad an der Tür eines Hauses auf dem Lande. Es kann Zeichen für die Werkstatt eines Wagenmachers sein (und in diesem Sinne ist es *Beispiel* für die ganze Klasse von Objekten, die dort hergestellt werden); es kann Zeichen für ein Restaurant sein (und ist so eine *Kostprobe, pars pro toto* jener ländlichen Welt, deren kulinarische Genüsse es ankündigt und verspricht); es kann *Stilisierung* für den örtlichen Sitz des Rotary Clubs sein. Man *kann auch* beschließen, es als Manifestation des symbolischen Modus zu sehen: man kann die Kreisform so betonen, daß sie die Fähigkeit andeutet, ad infinitum weiterzugehen, man kann die gleiche Entfernung der Nabe zu allen Punkten des Kreises betonen, die strahlende Symmetrie, durch die die Nabe mittels der Speichen mit dem Rand verbunden ist ... Man kann andere Eigenschaften als symbolisch irrelevant außer acht lassen (nämlich das hölzerne Material, den künstlichen Ursprung, die metonymische Verbindung zu Ochsen und Pferden ...). Von den ausgewählten Eigenschaften ausgehend, kann man in der eigenen enzyklopädischen Kompetenz entdekken, daß die als relevant erkannten Eigenschaften die Eigenschaften von etwas anderem abzeichnen, selbst wenn dieses andere ein Nebel von vielen Dingen ist. Zum Beispiel: die Zeit in ihrem Fortschreiten, die perfekte Symmetrie Gottes, die kreative Energie, die von einem einzigen Zentrum aus die kreisrunde Perfektion aller Wesen hervorbringt, das Fortschreiten der göttlichen Lichtstrahlen durch den Einfall von neuplatonischen Emanationen ... Das bewußte Rad kann uns auf all diese Eigenschaften von all diesen Größen zurückverweisen, und in seinem [162]
Inhaltsnebel vermittelt es sie alle, und alle können zur selben Zeit nebeneinander bestehen, ungeachtet ihrer gegenseitigen Widersprüchlichkeit. Der symbolische Modus löscht weder das Rad als physische Präsenz aus (der gesamte angedeutete Inhalt scheint *in und wegen des Rades zu leben*), noch löscht er das

Vorkommnis Rad als Vehikel einer ›wörtlichen‹, konventionalisierten Bedeutung aus. Für den Uneingeweihten könnte es immer noch Zeichen für die Werkstatt des Wagenmachers bleiben. So sieht der Uneingeweihte auch nur einen Schuster bei der Arbeit, wo der Kabbalist in dieser Tätigkeit die symbolische Handlung dessen erkennt, der »bei jedem Stich der Ahle nicht nur das Oberleder mit dem Unterleder, sondern alles Obere mit allem Unteren verband«, bei jedem Schritt »den Strom der Emanation vom Oberen aufs Untere herabzog (so daß also die profane Handlung in eine rituale verwandelt wurde), bis er selbst vom irdischen Henoch in jeden überirdischen Metatron transfiguriert wurde, dem seine Meditationen galten« (Scholem, 1960: 177).

Der symbolische Modus ist damit nicht nur ein Modus der Herstellung eines Textes, sondern auch ein Modus der Interpretation jedes Textes – kraft der pragmatischen Entscheidung: »Ich will diesen Text symbolisch interpretieren.« Er ist eine Modalität des Text*gebrauchs*.

Diese pragmatische Entscheidung produziert auf der semantischen Ebene eine neue Zeichenfunktion, indem sie neuen Inhalt – unbestimmten und vagen, so weit das möglich ist – mit Ausdruck assoziiert, der bereits mit einem codierten Inhalt korreliert. Das Hauptcharakteristikum des symbolischen Modus ist, daß der Text auf der wörtlichen oder figurativen Ebene mit Sinn versehen bleibt, wenn der Modus nicht interpretativ realisiert wird.

In der mystischen Erfahrung werden die symbolischen Inhalte auf bestimmte Weise von einer vorangegangenen Tradition nahegelegt, und der Interpret ist davon überzeugt (er muß davon überzeugt sein), daß sie nicht kulturelle Einheit sind, sondern *Referenten,* Aspekte einer außersubjektiven und außerkulturellen Wirklichkeit.

In der modernen ästhetischen Erfahrung werden die möglichen Inhalte vom Ko-Text und von der intertextuellen Tradition vorgeschlagen: der Interpret weiß, daß er keine externe Wahrheit entdeckt, sondern daß er vielmehr die Enzyklopädie in Höchstform arbeiten läßt. Der moderne poetische Symbolismus ist ein säkularisierter Symbolismus, in dem Sprachen von ihren Möglichkeiten sprechen. Auf jeden Fall gibt es hinter jeder

Strategie des symbolischen Modus, sei sie religiös oder ästhetisch, eine legitimierende Theologie, selbst wenn es die atheistische Theologie der unbegrenzten Semiose oder der Hermeneutik als Dekonstruktion ist. Eine produktive Art der Annäherung an jedwedes Auftreten des symbolischen Modus wäre die Frage: welche Theologie legitimiert ihn? [163]

Code

5.1. *Der Aufstieg einer neuen Kategorie*

5.1.1. Eine Metapher?

In der zweiten Hälfte dieses Jahrhunderts haben die Semiotik und verwandte Disziplinen den Gebrauch des Ausdrucks *Code* nachhaltig verbreitet. Die Bedeutung dieses Ausdrucks scheint äußerst weit geworden zu sein und deckt viele semantische Gebiete ab, zumindest all jene, die Sprachphilosophen als sprachliche Kompetenz, als Sprache, als System von Regeln, Weltwissen oder enzyklopädische Kompetenz, als Menge pragmatischer Normen usw. etikettieren würden; wie jedermann erkennt, erstrecken sich diese Gebiete, wenngleich sie sich häufig überschneiden, keinesfalls über denselben Raum.

Der Begriff der Enzyklopädie wurde vorgeschlagen, um zu erklären, wie Zeichen nach einem Inferenzmodell arbeiten und auf welche Weise ihre Bedeutung als Menge ko-textuell orientierter Instruktionen interpretiert werden kann. Wenn man einen so flexiblen Begriff mit dem Begriff des Codes vergleicht, so wie er in den ersten linguistischen, semiotischen und anthropologischen Schriften der fünfziger und sechziger Jahre ausgearbeitet wurde, fragt man sich, ob diese beiden Begriffe überhaupt etwas miteinander zu tun haben.

Die Idee der Enzyklopädie versucht, einen Interpretationsprozeß zu erklären, der die Form eines Schlusses annimmt ($p \supset q$), wohingegen Codes allgemein als Mengen von Punkt-zu-Punkt-Äquivalenzen ($p \equiv q$) angesehen werden.

Es wäre ausreichend, anzunehmen, daß das Konzept der Enzyklopädie das ›alte‹ Konzept des Codes verbessert und besser artikuliert, so daß es ratsam wäre, sich von einer so überholten Kategorie zu befreien. Doch wenn es auch weise ist, neue Prägungen auszuprobieren, wenn ein Konzept weiter aus-
[164] gearbeitet und umfassender wird, so ist es immer unvorsichtig, alte Konzepte wegzuwerfen, ohne zugleich mit ihrer Geschichte

zu erforschen, warum sie Konsens und Popularität genossen, und auch nach ihrer vielleicht noch unentdeckten Fruchtbarkeit zu suchen. Wir können mit Leichtigkeit von der Annahme ausgehen, daß der Ausdruck *Code,* so wie er auftauchte und gierig angewandt wurde, eine bloße Metapher ist. Aber wie in Kapitel 3 gezeigt wird, enthüllen Metaphern die zugrundeliegende Struktur einer Enzyklopädie, d. h. sie zeigen (wenn sie interpretiert werden) die ›Familienähnlichkeiten‹ verschiedener Konzepte. Sie sollten also nie als bloße ›poetische‹ Mittel abgetan werden. Wenn wir verstehen, *warum* sie geprägt wurden, wissen wir, *was* sie vorschlagen wollten. Und was vorgeschlagen wird, ist niemals bloß eine idiosynkratische Verbindung, es hat mit den semantischen Verbindungen etwas zu tun, die von einer gegebenen historischen Enzyklopädie zur Verfügung gestellt werden.

5.1.2. Wörterbücher

Bis zur zweiten Hälfte dieses Jahrhunderts wurde *Code* benutzt, wie es die Wörterbücher vorschlagen, d. h. in drei Bedeutungen: paläographisch, institutionell und korrelational.

Die *paläographische Bedeutung* liefert einen Hinweis zum Verständnis der beiden anderen: *codex* war auf lateinisch der Strunk oder Stamm eines Baumes, aus dem hölzerne Schreibtäfelchen gemacht wurden, die mit Wachs bestrichen wurden; auf diese Weise kam der Ausdruck dazu, Pergament oder Papierbücher zu bezeichnen. Ein Code ist also etwas, das etwas anderes sagt; es hat seit seinen fernsten Ursprüngen mit Kommunikation oder Signifikation zu tun.

Bei *korrelationalen Codes* gibt es auch ein Buch und eine Kommunikationsabsicht: der Morsecode ist ein *Codebuch* oder ein *Wörterbuch,* das eine Menge von Korrelationen zwischen einer Serie oder einem System elektrischer Signale (die als Punkte und Striche aufgeschrieben werden) und einer Reihe von Buchstaben des Alphabets zur Verfügung stellt. Wie wir sehen werden, wenn wir vom Unterschied zwischen Chiffren und ›Cloaks‹ sprechen, gibt es Codes, die Ausdrücke mit Ausdrücken, und Codes, die Ausdrücke mit Inhalten korrelieren.

Auch *institutionelle Codes* sind Bücher, weil sie nämlich eine »systematische Sammlung von Statuten« sind, »ein Gesetzeskörper, der so arrangiert ist, daß Inkonsistenz und Überschneidung vermieden werden ... ein Satz von Regeln für jegliches Thema«, und in diesem Sinne auch »die vorherrschende Moral einer Gesellschaft oder Klasse« (*Oxford English Dictionary*). Gesetzescodes, Benimmcodes, Ritter-Codices usw. sind Instruktionssysteme.

Auf den ersten Blick scheinen korrelationale Codes dem Äquivalenzmodell zu entsprechen, während institutionelle Codes dem Inferenzmodell zu entsprechen scheinen. Der Unterschied ist jedoch nicht so klar ausgeprägt. Zum Beispiel sieht das römische Recht (im Gegensatz zum angelsächsischen Common Law, das eher eine Beispielsammlung ist, die mit instruktionaler oder implikativer Macht ausgestattet ist) wie ein System von Korrelationen aus: der italienische *Codice Penale* (Strafgesetz) sagt nicht explizit, daß Mord schlecht sei und verbietet ihn nicht
[165] als solchen, sondern korreliert vielmehr verschiedene Formen des Totschlags mit verschiedenen Formen der Bestrafung. Der italienische *Codice Civile* (Zivilgesetz) ist dagegen eine Menge von Anweisungen, wie man handeln sollte, und gleichzeitig eine Menge von Sanktionen, die mit Verletzungen der Norm korreliert sind.

Wir fragen uns jedoch folgendes: Hatte die Vorstellung von Code, wie sie in der Jahrhundertmitte im strukturalistischen Milieu auftauchte, etwas mit einer oder mehreren dieser Vorstellungen zu tun? Und warum?

5.2. *Der Erdrutscheffekt*

Saussure spricht (im *Cours de linguistique générale*) vage von *le code de la langue.* Der Ausdruck verrät Verlegenheit: Saussure sagt nicht, daß eine Sprache ein Code ist, sondern daß es den Code einer Sprache gibt. Wir können sagen, daß dieser erste Hinweis bis in die fünfziger Jahre unausgebeutet blieb. Dieses Datum wählen wir aus mehreren Gründen: 1949 erscheint Shannons und Weavers *Mathematical Theory of Communication,* und 1956 erscheint ein Buch, das von den Forschungen der Informationstheorie beeinflußt wurde, nämlich Jakobsons und Halles *Fundamentals of Language.*

Im Anschluß an diese beiden wissenschaftlichen Ereignisse wogte die Codewelle hoch auf, und der Erdrutscheffekt der neuen Kategorie ließ keine Zeit für subtile formale Unterscheidungen. Man kann also Ausdrücke verzeichnen wie phonologischer Code, sprachliche Codes, semantische Codes, Verwandtschaftscodes, Codes von Mythen, literarische und künstlerische Codes, kulturelle Codes, genetischer Code, diskrete *vs.* analogische Codierung, codierte *vs.* uncodierte Kommunikation, Verhaltenscodes, gestisch kinetische, paralinguistische, proxemische, physiognomische, perzeptuelle Codes – um nur einige vorsichtige Beispiele anzuführen.

Selbst wenn der Verdacht der nachsichtigen Metaphorisierung gerechtfertigt ist, war es unmöglich, die Frage zu umgehen, ob dieser Codeboom eine Art epistemologischen Trends darstellte, der dem allgemeinen ›Formwillen‹ ähnelte, den Panofsky in der Domäne der Künste *Kunstwollen* nannte. War der Codeboom ein Beispiel des *Wissenschaftwollens,* der Beweis der zugrundeliegenden aktiven Präsenz des Hegelschen *Zeitgeistes* in den menschlichen Angelegenheiten? Die Kulturen kennen natürlich dieserart terminologische Verunreinigung: ein gegebener Begriff, der aus dem präzisen Rahmen einer Disziplin extrapoliert wird, wird schnell zu einer Losung, einem Schibboleth und bezeichnet schließlich nicht nur für eine Clique eine kulturelle Atmosphäre, eine Ära. ›Barocco‹ war der mittelalterliche Name eines Syllogismus und wurde zur *präzisen* Bezeichnung einer Methode, Kunst und Dichtung zu machen, einer Methode des Denkens, des Benehmens, des politischen Handelns, des Gottesglaubens (wie es auch mit dem Begriff ›Manierismus‹ geschah, der aus dem Malerjargon kam). In solchen Fällen haben diese Metaphern eine kognitive Macht und kündigen häufig einen plötzlichen Wechsel von einem wissenschaftlichen Paradigma zum anderen an, eine wissenschaftliche Revolution. [166]

5.3. *Codes und Kommunikation*

Ich habe gesagt, daß den drei kanonischen Definitonen von Code (paläographisch, korrelational und institutionell) eine Kommunikationsabsicht zugrundeliegt. Merkwürdig an der ganzen Sache ist allerdings, daß diese Absicht von Anfang an eher verhüllt oder angedeutet als offen bestätigt wird. Wie wir in 5.4.2. sehen werden, wird die Kommunikationsabsicht von der mathematischen Theorie und von der Jakobsonschen Phonologie impliziert, jedoch keineswegs in den Brennpunkt gestellt, und genauso ist es beim frühen Lévi-Strauss. Ich bestehe besonders auf Lévi-Strauss, weil der Codeboom im französischen strukturalistischen Milieu mit Lévi-Strauss' Kulturanthropologie beginnt, selbst wenn Lévi-Strauss die Idee eines Codes aufgrund seiner früheren, durch Jakobson vermittelten Kontakte mit den Informationstheoretikern ausarbeitete.

Les structures élémentaires de la parenté wurde 1949 veröffentlicht; hier aber taucht das Wort *Code* nur beiläufig auf, nie als *terminus technicus* (z. B. werden viele zeitgenössische ›Codes‹ vage erwähnt; Lévi-Strauss, 1949: 1.1.3). Lévi-Strauss' grundlegende Kategorien sind *Regel, System* und *Struktur.* Selbst als derselbe Autor 1945 seinen Vergleich zwischen Linguistik und Anthropologie vorstellte (Lévi-Strauss, 1945), sprach er von phonologischen »Systemen« (nicht von phonologischen Codes). Als Kategorie erscheint Code erst mit der Untersuchung von Mythen in »La geste d'Asdival« (Lévi-Strauss, 1958–59).

In dem abschließenden Kapitel von *Les structures élémentaires* wird eine Äquivalenz zwischen Regel, Kommunikation und Gesellschaft gesetzt. Lévi-Strauss stellt fest, »daß Linguisten und Soziologen nicht nur dieselben Methoden anwenden, sondern auch ein und denselben Gegenstand untersuchen. Tatsächlich haben in dieser Hinsicht ›Exogamie und Sprache dieselbe fundamentale Funktion – die Kommunikation mit dem Anderen und die Integration in die Gruppe‹« (1949, Kapitel 29). Lévi-Strauss sagt allerdings nicht, daß sowohl Verwandtschaft als auch Sprache Fälle von Kommunikation darstellen; er meint, die Gesellschaft kommuniziere auch auf der Verwandtschaftsebene, weil es einen allgemeineren Code gibt (ich interpretiere, weil das

Wort hier noch nicht gebraucht wird), der Verwandtschaft, Sprache, architektonische Formen und andere Phänomene regelt.

Der entscheidende Punkt ist: wo es Regel und Institution gibt, gibt es Gesellschaft und einen dekonstruierbaren Mechanismus. Kultur, Kunst, Sprache, hergestellte Objekte sind Phänomene kollektiver Interaktionen, die von denselben Gesetzen beherrscht werden. Das kulturelle Leben ist keine spontane geistige Schöpfung, sondern vielmehr regelgeleitet. Diese Regeln sind ein Forschungsobjekt, weil sie vermutlich tiefer und universeller sind als ihre vergänglichen und oberflächlichen Erscheinungen.

Zur Bestätigung dieser Auffassung, die besagt, daß das Konzept des Code weniger dazu dient, alles als Sprache und Kommunikation aufzufassen, sondern vielmehr dazu, die Regelab- [167]
hängigkeit jeder kulturellen Produktion zu bestimmen, gibt es den ersten Text (soweit mir bekannt ist), in dem Lévi-Strauss den Begriff ›Code‹ explizit einführt: sein Aufsatz »Language and the Analysis of Social Laws« (1951), in dem er erneut die These der *Structures élémentaires* aufgreift und insbesondere bei den Analogien zwischen Verwandtschaft und Sprache verweilt. Weil ihm bewußt ist, wie gewagt seine Hypothese ist, verweist er darauf, daß es nicht ausreicht, die Untersuchung auf eine einzige Gesellschaft zu beschränken oder sogar auf viele, wenn man nicht eine Ebene identifiziert, auf der ein *Übergang* von einem Phänomen zum anderen möglich ist. Das Problem ist also, einen ›universellen Code‹ zu entwerfen, der die Eigenschaften ausdrücken kann, die verschiedenen Phänomenen gemeinsam sind: einen Code, dessen Gebrauch sowohl bei der Untersuchung eines isolierten Systems legitim wäre als auch beim Vergleich von Systemen. Das letzte Ziel ist es, »ähnliche unbewußte Strukturen« zu finden, »eine wirklich grundlegende Ausdrucksform ... eine formale Beziehung« (Lévi-Strauss, 1951: 155–163 [dt. 185]).

Daher ist der Code bei Lévi-Strauss wie schon in der Jakobsonschen Phonologie weniger ein Mechanismus, der Kommunikation erlaubt, sondern eher ein Mechanismus, der Transformationen zwischen zwei Systemen erlaubt. Es ist unerheblich, ob es sich dabei um Kommunikationssysteme oder um etwas anderes handelt, wichtig ist allein, daß es *untereinander* kommunizierende Systeme sind.

Auf diese Weise hüllt sich die Idee des Codes schon bei ihrer Geburt in Zweideutigkeit: an eine pankommunikative Hypothese gebunden, ist sie keine Garantie für Kommunizierbarkeit, sondern vielmehr eine Garantie für strukturelle Kohärenz und den Zugang unter verschiedenen Systemen. Eine Ambiguität, die in der zweifachen Bedeutung von Kommunikation wurzelt: Kommunikation als *Transfer* von Information zwischen zwei Polen und als *Zugänglichkeit* oder *Passage* zwischen Räumen. Die beiden Konzepte implizieren einander. Ihre Verwirrung kann fruchtbar sein: vielleicht gibt es allgemeine Regeln für zwei getrennte Operationen, und vielleicht sind diese Regeln nicht unaussprechbar, sondern können (vielleicht) mit einem Algorithmus ausgedrückt werden. Mit anderen Worten: sie sind codiert. Ein Großteil des Widerstandes gegen den Begriff des Codes rührte aus der Furcht vor der Hyperrationalisierung her, als ob code-orientierte Theorien den menschlichen Geist einem Computer überantworten wollten. Auf der anderen Seite wies die Popularität der neuen Kategorie auch alle Charakteristika eines Exorzismus auf: stellte sie doch den Versuch dar, der Bewegung Ordnung aufzuzwingen, den Ereignissen Struktur und den Erdbeben Organisation. Von Codes zu sprechen, bedeutete für viele, ›Skripten‹ zu identifizieren, wo zuvor nur Willkür, blinder Impuls, unaussprechliche Kreativität, dialektische Widersprüche erkannt worden waren. Vielleicht war es nur eine kurze ›rationalistische‹ Saison, denn sobald wie möglich ersetzte der Poststrukturalismus Codes durch Triebe, *désirs,* Pulsionen, Driften.

Wir sind jedoch an dieser neuen Manifestation des ewigen Kampfes zwischen Apollo und Dionysos wenig interessiert. Wir wollen lieber die technische Geschichte unseres Konzepts verfolgen: das gegenwärtige Problem ist, daß die frühen *Offenbarungen* der Vorstellung von Code dem semantischen Feld ›Regel‹ näherstanden als dem semantischen Feld ›Kommunikation und/
[168] oder Signifikation‹.

5.4. *Codes als S-Codes*

5.4.1. Codes und Information

In den Texten der Informationstheoretiker findet sich eine scharfe Unterscheidung zwischen Information als statistischem Maß der Gleichwahrscheinlichkeit von Ereignissen an der Quelle und Bedeutung. Shannon (1948) unterscheidet die Bedeutung einer Botschaft, die irrelevant für eine Informationstheorie ist, von dem Maß an Information, das man empfangen kann, wenn eine gegebene Botschaft (die auch aus einem einzigen elektrischen Signal bestehen kann) aus einer Menge gleichwahrscheinlicher Botschaften ausgewählt wird.

Prima facie scheint es das Problem der Informationstheoretiker zu sein, wie man eine Botschaft nach einer Regel des folgenden Typs codiert:

$$\begin{aligned} A &\rightarrow 00 \\ B &\rightarrow 01 \\ C &\rightarrow 10 \\ D &\rightarrow 11 \end{aligned}$$

In Wirklichkeit jedoch ist das wahre Anliegen des Informationstheoretikers nicht die Korrelation von Signalen (als wären sie Ausdrücke von etwas) und ihrem *korrelierten* Inhalt. Das spezifische Anliegen der Theorie ist die ökonomischste Methode, eine Botschaft so zu senden, daß keine Ambiguität entsteht. Das Problem kann gelöst werden, indem man einen Code wie den folgenden erfindet, der redundantere Botschaften erlaubt, zum Beispiel:

$$\begin{aligned} A &\rightarrow 0001 \\ B &\rightarrow 1000 \\ C &\rightarrow 0110 \\ D &\rightarrow 1001 \end{aligned}$$

Es muß klar sein, daß das wirkliche Problem der Theorie die interne *Syntax* des Systems von Einsen und Nullen ist, nicht die Tatsache, daß die Ketten, die von dieser Syntax erzeugt werden, mit einer anderen Sequenz assoziiert werden können (z. B. mit

Buchstaben des Alphabets), um sie (als Ausdrücke) mit einer ›Bedeutung‹ zu korrelieren.

Der Code, von dem die Informationstheoretiker sprechen, ist also ein *monoplanes* System, ein nicht-korrelationales Mittel, und als solches habe ich es an anderer Stelle als *S-Code* (Eco, 1976) definiert.

5.4.2. Phonologischer Code

Der phonologische Code ist ebenfalls ein S-Code. Die unterscheidenden Merkmale, die Phoneme ausmachen, sind Elemente eines bloßen Systems gegenseitiger Positionen und Oppositionen, reines Paradigma. Sie bilden eine Struktur im Sinne der Lalandeschen Definition als »ein Ensemble von Elementen, seien sie materiell oder nicht, die voneinander reziprok abhängig sind, die ein organisiertes System bilden« (1926, »Struktur«).
[169] Ein Phonem wird von einem anderen durch die Anwesenheit oder Abwesenheit eines oder mehrerer Züge unterschieden, die das phonologische System bilden. Ein phonologisches System wird von einer strukturellen Regel beherrscht, aber diese Regel korreliert nicht etwas mit etwas anderem.

Saussure sprach vom »code de la langue«, aber zweifellos war es Jakobson, der den Begriff des Codes und andere aus der Informationstheorie extrapolierte und sie auf die Linguistik und Semiotik im ganzen ausweitete. Auf den ersten Blick scheint Jakobson für eine verwirrende Verallgemeinerung verantwortlich zu sein, durch die der Begriff *Code* für beides gilt, für ein syntaktisches System rein differentieller Einheiten ohne jede Bedeutung und auch für eine Korrelation zweier Serien von Elementen, die systematisch Terminus zu Terminus oder Sequenz zu Sequenz angeordnet sind, wobei die Einheiten der ersten Serie für die Einheiten der zweiten stehen. Tatsächlich schien sich Jakobson dieses Unterschieds deutlich bewußt zu sein, und zwar schon, als er den Begriff vorschlug (1961): nur dann liegt ein Code vor, wenn es ein Ensemble von vorhergesagten Möglichkeiten gibt, das auf der Korrelation eines gegebenen Signifikanten mit einem gegebenen Signifikat basiert. Aber »das außerordentlich reiche Repertoire genau bestimmter, codierter bedeutungstragender Einheiten (Morpheme und Wörter) wird durch das diaphone System ihrer rein differentiellen Komponenten, die selbst keine eigene Bedeutung haben (distinktive Züge, Phoneme und die Regeln ihrer Kombinierbarkeit), ermöglicht. Diese Komponenten sind Zeicheneinheiten *sui generis.* Das signatum solch einer Einheit ist das reine Anderssein, nämlich ein angenommener semantischer Unterschied zwischen den bedeutungstragenden Einheiten, zu denen es gehört, und jenen, die *ceteris paribus* nicht die gleiche Einheit enthalten« (1968: [dt. 1974: 174]). Es wäre dann natürlich fruchtbarer, diese Systeme sui generis einfach Systeme zu nennen und den Namen Code für die Korrelation der Elemente zweier verschiedener Systeme zu reservieren. Aber Jakobson spricht in beiden Fällen häufig von Code (vgl. z. B. Jakobson, 1970). Der Grund ist, glaube ich, in der entschieden konkreten Haltung verwurzelt, die Jakobson (getreu seiner phänomenologischen Inspiration) immer gezeigt hat. Die Vorstellung eines rein distinktiven und differentiellen Systems ist ziemlich abstrakt und könnte isoliert nur aus einer ›algebraischen‹ Sichtweise wie der Hjelmslevs betrachtet werden. Das hauptsächliche Ziel aller Forschungen Jakobsons ist im Gegensatz dazu die Sprache in Aktion. Die *langue* ist ein theoretisch nützliches Werkzeug, um zu erklären, wie und warum *langage* funktioniert. Deshalb kann Jakobson sich ein phonologisches System (oder jegliche ihm analoge Semiotik) nur als zur Signifikation bestimmt vorstellen. Die Menschen erfinden keine Phoneme, um sie ohne Signifikationsabsicht zu äußern (und auch nicht, um das System zu kontemplieren, ohne es zu benutzen); ein phonologisches System nimmt seine Form an, um Wörter zusammenzusetzen (die Bedeutungen haben und daher von einem Code im vollen Sinne des Wortes geregelt werden).

»Am Anfang der Lautsprache stehen nicht Verbindungen von sinnlosen Elementen, die nachträglich einen Sinn zeitigen oder mit einem solchen beladen werden. Am Anfang stehen vielmehr Lautverbindungen, die ihre spezifisch linguistische Form gerade im Hinblick [170]
auf eine Bedeutungsfunktion erhalten und ohne Rekurs auf diese Bedeutungsfunktion gar nicht definiert werden können ... Ein Phonem wird durch seine Zeichenfunktion bestimmt« (Holenstein, 1975: 84, 176).

Mit dieser Doppelbedeutung von Code spielend, hat Jakobson also die Betonung einer strengen methodologischen Unterscheidung aufgegeben, um die Einheit der Sprache in Aktion zu bewahren. Bei vielen Autoren, die von Jakobson inspiriert wurden, ging dieser Sinn für Konkretheit verloren, und es ist nur eine Art ungenauen Schwankens zwischen zwei sprachlichen Gebrauchsformen des Wortes geblieben.

5.4.3. Semantische S-Codes

Die strukturelle Semantik untersucht die Art, wie der Inhalt einer oder mehrerer Sprachen gemäß gewisser Relevanzkriterien segmentiert wird. In diesem Sinne sind viele Codes, die von der Kulturanthropologie untersucht werden (Verwandtschaft, kulinarische Codes, Mythen) semantische Strukturen, die aus Oppositionen gebildet werden wie roh *vs.* gekocht, Natur *vs.* Kultur, männlicher Partner *vs.* weiblicher Partner usw. Die Organisation des Inhalts einer gegebenen Kultur und die Organisation eines Inhaltssegments, das vielen Kulturen gemeinsam ist, sind S-Codes. Wir wollen das System von Verwandtschaften betrachten und eine dreifache Menge von Eigenschaften berücksichtigen: (a) Generationenhierarchie (G_0 ist der Ego-Parameter, $G+1$ das Individuum, das Ego erzeugte, und $G-1$ das Individuum, das durch Ego erzeugt wurde); (b) Geschlecht (mit der Opposition männlich *vs.* weiblich); (c) Stammbaum. Wir erhalten eine Matrix, die weiter ausgedehnt werden kann (Abb. 5.1). Eine solche Matrix kann alle Beziehungen innerhalb des Verwandtschaftssystems analysieren, selbst wenn wir keine Mittel zum Ausdruck bestimmter Positionen, d. h. bestimmter Inhaltseinheiten, die aus kombinierten Zügen des Systems gebildet werden, haben.

Nun ist es so, daß das Deutsche einen sprachlichen Ausdruck für jede der oberen Positionen hat (von 1 bis 9, Großvater, Großmutter, Vater, Mutter, Bruder, Schwester, Sohn, Tochter und Onkel); es ist aber eine Zivilisation denkbar, in der es für zwei Einheiten der Matrix einen einzigen Begriff gibt (so ist z. B. das Englische auch in der Lage, sowohl Position 7 als auch Position 8 durch den einzigen Begriff *sibling* zu bezeichnen),

	1	2	3	4	5	6	7	8	9	etc.
(a) Generation										
$G+2$	+	+								
$G+1$			+	+					+	
G_0					+	+				
$G-1$							+	+		
$G-2$										
(b) Geschlecht										
m	+		+		+		+		+	
w		+		+		+		+		
(c) Lineage										
L_1	+	+	+	+			+	+		
L_2					+	+			+	
L_3										

Abb. 5.1

und ebenfalls eine Zivilisation, die entweder keine Namen oder mehrere Namen für eine Position hat. Verschiedene Sprachcodes können verschiedene Ausdrücke mit jeder der oberen Position korrelieren; das System jedoch, der S-Code der Verwandtschaftspositionen, bleibt quer durch verschiedene Kulturen unverändert.

An diesem Punkt ist der Unterschied zwischen einer Sprache (als einem Code) und einem S-Code klar: eine Sprache korreliert die Einheiten eines S-Codes, der als Ausdrucksebene genommen wird, mit den Einheiten eines oder mehrerer anderer S-Codes, die als Inhaltsebenen genommen werden.

Eine Sprache ist ein Code, weil sie zunächst einmal ein
korrelatives Mittel ist. Ist jedes korrelative Mittel eine Sprache? [171]
Ist eine Sprache nur ein korrelatives Mittel? Was ist der Unterschied zwischen korrelativen und institutionellen Codes? Gibt es korrelative Codes, die anders sind als eine Sprache? Was ist der Unterschied zwischen einem institutionellen Code und einem S-Code? Solcherart sind die Fragen, die in den folgenden Abschnitten beantwortet werden sollten.

5.5. *Kryptographie und natürliche Sprachen*

5.5.1. Codes, Chiffren, Cloaks

Das elementarste Beispiel eines korrelativen Codes ist ein kryptographischer Code. In der Kryptographie ist ein Code eine Menge von Regeln, die einen *Klartext* (theoretisch ein begrifflicher Inhalt, praktisch eine Folge, die in einem semiotischen System ausgedrückt wird, sei es sprachlich oder nicht) in eine *codierte Botschaft* umsetzen, so daß ein Empfänger, der die Transkriptionsregel kennt, die codierte Botschaft auf den Klartext zurückführen kann.

Solche Transkriptionen können entweder durch Transposition oder Substitution erzielt werden. Die *Transposition* erfordert keine spezifischen Regeln außer einer Art Meta-Instruktion, die darauf hinweist, daß die codierte Sequenz ausgearbeitet werden muß, um die originale Anordnung des Ausdrucks wiederzufinden; typische Beispiele von Transposition sind Anagramm und Palindrom. Eine *Substitution* wird entweder durch Chiffren oder durch Cloaks erreicht.

Eine *Chiffre* ersetzt jedes kleinste Element des Klartextes durch ein Element aus einer anderen Menge von Ausdrücken,
[172] zum Beispiel jeden Buchstaben des lateinischen Alphabets durch eine Zahl oder durch einen Buchstaben des griechischen Alphabets usw. Chiffren arbeiten deutlich auf den Ausdrucksebenen von zwei verschiedenen semiotischen Systemen. Der Morsecode ist eine Chiffre.

Ein *Cloak* läßt ganze Reihen eines gegebenen Inhalts mit den Reihen oder Einheiten eines anderen semiotischen Systems korrespondieren. Ein Cloak kann von Inhalt zu Inhalt arbeiten. Zum Beispiel könnte ein Cloak, der festlegt, daß die codierte Botschaft /the sun also rises/ »the D-day will be tomorrow« bedeutet, ebenfalls bestens funktionieren, wenn die Ausdrücke auf chinesisch oder deutsch geschrieben oder buchstabiert wären. Es gibt andererseits Cloaks, die von Ausdrücken zu Inhalten arbeiten: ein deutsches Wörterbuch ist ein solcher Code (/Junggeselle/ »unverheirateter männlicher Erwachsener«, bei dem die Definition ohne Änderung der korrelativen Regel auch auf französisch ausgedrückt werden könnte); in einem zweisprachigen Wörterbuch korrespondiert der Ausdruck einer gegebenen Sprache mit einem Inhalt, der in einer zweiten Sprache (Definition) ausgedrückt wird, oder mit einem anderen Ausdruck derselben Sprache, der als absolut synonym genommen wird (wenn vorhanden).

Die Grenzlinien zwischen Chiffren und Cloaks sind häufig unpräzise. In welche Kategorie gehört zum Beispiel der folgende Code, der 1499 von Thritemius erfunden wurde?

$A \rightarrow$ Im Himmel
$B \rightarrow$ Für immer und immer
$C \rightarrow$ Welt ohne Ende
$D \rightarrow$ In einer Unendlichkeit ... (usw.)

Mit einem solchen Code kann /BAD/ als »Für immer und immer, Im Himmel, In einer Unendlichkeit« übersetzt werden. Der Code stellt eine Ausdruck-zu-Ausdruck-Chiffre dar, aber er funktioniert genauso, wenn die Sätze in eine andere Sprache übersetzt werden (der Originalcode war natürlich auf lateinisch), und deshalb scheint er auch einen Ausdruck-zu-Inhalt-Mechanismus zu ermöglichen.

Auf jeden Fall können wir jetzt schon sagen, daß es nur eine Kategorie von Codes gibt, die offenkundig Beispiele einer reinen Korrelation sind, und das sind Chiffren wie der Morsecode, die einen Ausdruck mit einem anderen verbinden. Wir können diese Chiffren *Substitutionstabellen* nennen. Weil sie nur korrelativ sind, implizieren sie keine Interpretation und bedeuten einen Fall von minimaler semiotischer Ebene. Wir werden jedoch im folgenden Abschnitt sehen, daß Substitutionstabellen einen sehr begrenzten und fast nur theoretischen Anwendungsbereich haben, abgesehen vom Morsecode, von bestimmten Codes, die Geheimagenten benutzen, und Alphabeten (wo ein gegebenes graphisches Zeichen mit einem gegebenen Laut korrespondiert). Jeder wirkliche Code korreliert immer einen Ausdruck mit einer Reihe kontextueller Instruktionen und löst schlußfolgernde Prozesse aus (Interpretation).

5.5.2. Von der Korrelation zur Inferenz

Man kann sagen, daß sogar Substitutionstabellen einige inferentielle Bemühungen implizieren. In einer minimalen Chiffre ist *p*
[173] äquivalent mit *q*, aber nur, wenn *p* als Vorkommnis eines Typs angesehen wird, der zu der Ausdrucksebene eines gegebenen Codes α gehört. Wenn der Code zufällig β wäre, dann wäre *p* das Vorkommnis eines anderen Ausdruckstyps und würde den Ausdruck einer anderen Zeichenfunktion darstellen (siehe Eco 1976, 2.1.). Eine solche einführende Wahl stellt einen Fall von *übercodierter Abduktion* dar. Auf dieselbe Weise impliziert das Wahrnehmen des geschriebenen Buchstabens /e/ als Äquivalent eines (oder mehrerer) Laute im Englischen eine gewisse abduktive Arbeit; im Italienischen würde derselbe Buchstabe einem anderen Laut entsprechen.

Jenseits dieses unvermeidlichen schlußfolgernden Charakters jedes kommunikativen Ansatzes gibt es Fälle, in denen eine scheinbar korrelative Chiffre in Wirklichkeit mit inferentiellen Instruktionen vermischt ist. Betrachten wir zum Beispiel den Fall eines Computerts, der in einer binären Sprache Instruktionen nach der folgenden Chiffre α erhält:

Ziffer	Zone	Numerisch
0	00	0000
1	00	0001
2	00	0010
3	00	0011
4	00	0100
5	00	0101
6	00	0110
7	00	0111
8	00	1000
9	00	1001

Der Programmierer programmiert Befehle in einem ›numerischen Operationscode‹, den wir Code β nennen werden:

00 → Unbedingter Sprung
01 → Lesen
02 → Drucken
03 → Multiplizieren

Angenommen, die Maschine erhält jetzt den Befehl MULTIPLIZIEREN 03 15 87, d. h. multipliziere den Inhalt von Zelle 03 mit dem Inhalt von Zelle 15 und speichere das Produkt in Zelle 87. Unter der Voraussetzung, daß ein Drei-Adress-Befehl das Format hat wie in Abb. 5.2, wird der Befehl wie in der Abb. 5.3 oder in binären Ziffern wie in Abb. 5.4 dargestellt.

Ziffer 1	Ziffer 2	Ziffer 3	Ziffer 4	Ziffer 5	Ziffer 6	Ziffer 7	Ziffer 8
Operationscode		Adresse 1		Adresse 2		Adresse 3	

Abb. 5.2 [174]

03 03 15 87

Abb. 5.3

000000 000011 000000 000011 000001 000101 001000 000111

Abb. 5.4

Man erkennt, daß es sowohl in der ersten als auch in der zweiten Position der Sequenz zwei binäre Ziffern gibt, die derselbe semiotische Ausdruck zu sein scheinen, sofern sie eine numerische Manifestation oder eine Serie von Impulsen sind. In Wirklichkeit ist das nicht so. Der Ausdruck /03/ in der ersten Position muß auf den Operationscode bezogen und als MULTIPLIZIEREN gelesen werden, während der Ausdruck /03/ in der zweiten Position auf den Adresse-1-Code bezogen und als ZELLE 03 gelesen werden muß. Genauso ›bedeutet‹ die Tatsache, in der zweiten bzw. in der dritten Position zu sein, daß 03 und 15 die Zellen sind, deren Inhalt miteinander multipliziert werden muß, während in der vierten Position zu sein bedeutet, daß die entsprechende Zelle diejenige ist, in die das Produkt gespeichert werden muß. Die Position legt also fest, von welcher Zeichenfunktion eine gegebene numerische Manifestation der Ausdruck ist. In diesem Sinne stehen wir hier drei verschiedenen Ebenen von Konventionen gegenüber: (a) einer Chiffre α, die jeden Dezimalausdruck mit einem binären korreliert, (b) einem Cloak β, der numerische Ausdrücke mit auszuführenden Operationen korreliert, und (c) einem Cloak γ, der eine unterschiedliche Adresse mit jeder Position in der Sequenz korreliert.

Eine solche Sprache, die aus vielen einfachen korrelativen Codes besteht, ist nicht mehr auf bloße Äquivalenzen gegründet. Ihre Funktionsweise ist die folgende: wenn – gemäß γ – Ziffer *x* in der Position *a* angetroffen wird, dann ist das Äquivalenzsystem β_1, wird es aber in der Position *b* angetroffen, dann ist das Äquivalenzsystem β_2 usw. Ein so komplexer Code impliziert *kontextuelle Selektionen* (vgl. Eco, 1976: 2.11.). Wir wollen den Einwand außer acht lassen, daß die Maschine keine Schlüsse zieht, wir sind nicht an der Psychologie der ›Maschine‹ interessiert, sondern vielmehr an der Semiotik des Codes, eines Codes, der theoretisch auch von menschlichen Wesen ›gesprochen‹ werden könnte und der zweifellos das Äquivalenzmodell inferentiell angereichert hat.

5.5.3. Codes und Grammatiken

Wir wollen jetzt einen Code betrachten, der für menschliche Wesen eindeutig erfaßbar, aber dem vorangegangenen struktu-
[175] rell nicht unähnlich ist. Wir wollen eine Methode erfinden, die Bücher einer Bibliothek zu etikettieren, um sie mit einer gewissen Leichtigkeit zu finden und um im voraus zu wissen, wo sie zu finden sind.

Wir wollen annehmen, daß jedes Buch von vier numerischen Ausdrücken bezeichnet wird, die auf Positions- oder Vektorenregeln basieren (*Vektoren* als Arten der Zeichenproduktion, siehe Eco, 1976: 3.6.). Von links nach rechts hat jede Position in der linearen Manifestation der codierten Botschaft eine andere Bedeutung entsprechend den Konventionen, wie sie in Abb. 5.5 aufgezeigt werden. So bedeutet der Ausdruck /1.2.5.33/ das dreiunddreißigste Buch auf dem fünften Regal der zweiten Wand des ersten Raumes. Nach Eco (1976: 3.4.9.) wird diese Art von Zeichenproduktion von *ratio difficilis* regiert, und die Form des Ausdrucks zeichnet die räumliche Organisation des Inhalts ab (oder ist von dieser bestimmt). Ein solcher Code hat ein Lexikon (eine Semantik) und auch Positionswerte (eine

Syntax) und arbeitet auf einer sehr primitiven Ebene als Grammatik.

Positionen in der linearen Manifestation der codierten Botschaft	System von architektonischen Positionen	Reziproke Positionen jedes Elements im System von architektonischen Positionen
Am weitesten linke Position	Raum	1 = erster Raum links unmittelbar nach dem Haupteingang 2 = zweiter Raum ... usw.
Mitte-links Position	Wand	1 = erste Wand links beim Betreten des Raumes 2 = zweite Wand ... usw.
Mitte-rechts Position	Regal	1 = erstes Regal vom Boden, usw., von unten nach oben
Am weitesten rechte Position	Buch	1 = erstes Buch links auf dem Regal usw., nach rechts

Abb. 5.5

Es ist ›eine Sprache‹, weil es möglich ist, mit ihr unendliche Botschaften zu erzeugen. Man kann sich den Ausdruck /3000.15000.10000.4000/ vorstellen, der bedeutet: »das viertausendste Buch des zentausendsten Regals auf der fünfzehntausendsten Wand des dreitausendsten Raumes«. Das einzige Problem wäre, ob eine solche Beschreibung in irgendeiner möglichen Welt einen Referenten hätte. Man kann sich leicht eine Bibliothek *à la* Borges mit Tausenden und Tausenden von riesigen Sälen vorstellen, die jeweils als insektenäugiges Megahedron mit Tausenden und Tausenden von Wänden gebaut sind, die Billionen von Regalen beherbergen, wobei die ganze Konstruktion den Gravitationsgesetzen nicht unterworfen ist. Ob ein solches Universum existiert oder nicht, ist ein metaphysisches Problem, ob es physisch existieren kann oder nicht, ist eine kosmologische Frage, ob unsere Vorstellungskraft, es erdenken kann oder nicht, ist ein interessantes psychologisches Rätsel; für [176]
den gegenwärtigen Zweck zählt nur, daß die strukturelle Logik dieses Codes Beschreibungen dieses Typs erlaubt. Unser Code

kann nur wahre oder falsche Sätze erzeugen (wie *da ist ein Buch Soundso an einem Platz Soundso*) und vermöchte kaum Texte zu erzeugen, es sei denn in einem ›Ich-Tarzan-du-Jane-Jargon‹. Er liefert eine Grammatik für eine sehr primitive holophrastische Sprache, aber er scheint im Vergleich mit respektableren formalen Grammatiken nicht besonders benachteiligt. Unsere Bibliothekssprache ist nicht nur ein System der Korrelation, sie enthält auch inferentielle Bewegungen und liefert Instruktionen.

Wiederholt wurde gesagt, eine natürliche Sprache sei kein Code, weil sie nicht nur Ausdrücke mit Inhalten korreliere, sondern auch diskursive Regeln liefere. Cherry verweist auf die scharfe Unterscheidung »zwischen Sprachen, die sich während einer langen Zeitspanne organisch entwickelt haben, und *Codes,* die für einen speziellen Zweck erfunden worden sind und expliziten Regeln folgen« (1957: 7 [dt. 1967: 20]). Wenn der Unterschied nur in historischem Gewachsensein besteht, ist er für unsere gegenwärtige Frage uninteressant. Wenn allerdings die Komplexität des historischen Gewachsenseins eine größere Organizität und Flexibilität impliziert, gibt es wirklich einen Unterschied zwischen Deutsch z. B. und dem obigen Bibliothekscode. Der Unterschied liegt jedoch in der Komplexität von inferentiellen Instruktionen, die die deutsche Sprache im Vergleich mit dem Bibliothekscode aufweist, in der irrgartengleichen Wirkung, die von dieser Komplexität erzeugt wird, und in der Tatsache, daß sich das Deutsche schneller ändert als der Bibliothekscode (dieser Unterschied würde beseitigt, wenn wir den Bibliothekscode jeden Tag komplizierter machten). In Hinblick auf ihre elementare Logik jedoch weisen beide Codes denselben Mechanismus auf, wobei Äquivalenzen durch Instruktionen kompliziert werden und wobei das Prinzip der Interpretierbarkeit für beide Gültigkeit hat. Selbst der Bibliothekscode kann viele Interpretationen seines Ausdrucks auslösen. Allerdings ist er ziemlich steif und erlaubt Interpretationen nur durch andere semiotische Systeme, er ist nicht selbst-interpretierbar wie eine natürliche Sprache. Das ist nun keinesfalls ein kleiner unbedeutender Unterschied, aber wir suchen hier auch nicht nach Unterschieden (die übrigens ziemlich intuitiv wahrgenommen werden), wir suchen nach grundlegenden Identitäten.

5.6. *S-Codes und Signifikation*

5.6.1. S-Codes können nicht lügen

Wir haben also jetzt verstanden, warum der Begriff Code benutzt wurde, um viele und unterschiedlich komplexe Systeme semiotischer Konventionen zu bezeichnen. Wie wir jedoch gesehen haben, gab es auch eine allgemeine Tendenz, S-Codes und Codes als fundamental gleichartig zu betrachten. Wir müssen also jetzt feststellen, in welchem Sinne diese scheinbare Konfusion stattfand und warum. Codes als semiotische Konstruktionen können benutzt werden, um Propositionen herzustellen, die sich auf Zustände der Welt beziehen oder sie bezeichnen. Daher können mit echten oder falschen Codes Behauptungen erzeugt werden.

Das läßt sich von syntaktischen Systemen oder S-Codes nicht sagen. Mit Systemen kann man nicht lügen. Wir setzen voraus, [177]
daß die Arithmetik ein System ist. Wenn nun jemand sagt, 2 + 2 sei gleich 5, lügt er nicht etwa; was er sagt, ist einfach *falsch*. Zu einer solchen falschen Aussage kommt es, wenn man den tautologischen Gesetzen des Systems nicht gehorcht. Zweifellos ist ein Lehrer denkbar, der seine Schüler betrügt und ihnen über grundlegende arithmetische Operationen falsche Vorstellungen vermittelt, es handelt sich dann jedoch nicht um einen Fall des Lügens *mit* der Arithmetik, es handelt sich um ein Beispiel für das Lügen über die Arithmetik, bei dem eine verbale oder graphische Sprache benutzt wird. Der betreffende Lehrer erzählt in der Tat eine Lüge *über* die Arithmetik, die wir in unserer ›wirklichen‹ Welt als die wahre anzusehen pflegen, aber er baut auch ein alternatives System auf, wie inkohärent es auch immer sein mag.

Auch jemand, der sagt, daß Vaterschaft im Verwandtschaftssystem durch die Position $G + 1$, L_1 ausgedrückt wird, sagt etwas Falsches. Wenn man allerdings sagt, das deutsche Wort /Vater/ korrespondiere mit dieser Verwandtschaftsposition, lügt man *über* den deutschen Code.

Man kann lügen, indem man die verbalen oder graphischen *Namen* der Zahlen benutzt (wenn man z. B. sagt, daß drei Äpfel auf dem Tisch liegen, und in Wirklichkeit sind es vier). Aber Zahlen als Namen sind nicht Zahlen als Elemente eines mathematischen Systems: erstere können benutzt werden, um Mengen zu bezeichnen, die nicht vorhanden sind, letztere erlauben nur tautologische Behauptungen.

Nichtsdestotrotz können S-Codes, auch wenn sie keine Referenzakte oder Beschreibungen möglicher Situationen erlauben, sondern nur tautologische Operationen, Ausdrucksstränge erzeugen, die kraft der inneren Logik des Systems einen bestimmten Verlauf von systematischen Ereignissen erwarten lassen. Mit anderen Worten: ein S-Code hat eine Art elementarer Signifikationskraft, die Sequenz *5, 10, 15* läßt als folgendes Ereignis nämlich *20* erwarten.

Dies führt zu dem Problem der Signifikationskraft von monoplanaren Systemen (siehe dazu Hjelmslev, 1943: 111–14; und für die gegenteilige Ansicht Eco, 1976: 2.9.2.). Ein monoplanares System kann Signifikation hervorbringen, nicht indem es Korrelationen liefert, sondern indem es Interpretationen erlaubt oder auslöst.

Eine gegebene Position auf dem Schachbrett kann im Hinblick auf den weiteren Verlauf des Spieles richtig oder falsch sein (da das Spiel innerhalb des Systems von Schachpositionen darauf abzielt, Fälle von Vereinbarkeit und Unvereinbarkeit zu schaffen). Aber eine gegebene Position auf einem gegebenen Schachbrett (token) wird nicht nur zu dem Ausdruck, dessen Inhalt der Typ von Position auf einem Typ Schachbrett ist (Fall reiner Monoplanarität), er wird auch zu dem Ausdruck, dessen Inhalt die Menge möglicher Voraussagen ist und daher eine Menge annehmbarer Instruktionen, wie in dem Spiel vorgegangen werden soll.

Systeme und Codes unterscheiden sich also, aber Codes beherbergen institutionelle und instruktionale Elemente, und Systeme weisen die Möglichkeit eines korrelativen Gebrauchs ihrer Elemente auf, da ein gegebenes syntaktisches Ereignis eines oder mehrere weitere Ereignisse ›bedeutet‹ (oder mit ihnen korreliert werden kann) – es gibt auch Handbücher, die die plausibelste
[178] (oder korrekteste) der möglichen Korrelationen verzeichnen.

Als Jakobson 1919 über Futurismus, Kubismus und nichtgegenständliche Malerei spricht, antizipiert er (ohne sich semiotischer Terminologie zu bedienen) die Substanz dessen, was in *Coup d'œil sur le développement de la sémiotique* (1974) besser definiert ist, d. h. die Funktion von internem und gegenseitigem *referral* oder *renvoi*, die von allen Elementen einer rein syntaktischen Sequenz ausgeführt wird: »Significance underlies all the manifestations of the ›artifice‹« (1980: 25). Als er 1932 von Musikwissenschaft und Linguistik spricht, schreibt Jakobson die musikalischen Töne dem Reich der Zeichen mittels einer Art Husserlscher Definition zu: die Elemente der Musik sind nicht einfache Töne (sonische Substanzen), sondern zählen insofern, als sie Ziel einer *intentionalen* Handlung sind. Die Töne in der Musik funktionieren als Elemente eines Systems und erwerben einen Wert aufgrund spezifischer Relevanzkriterien: ein Afrikaner, der anstelle einer Tonhöhe eine relevante Klangfarbe erzeugt, nimmt als dieselbe Melodie wahr, was ein Europäer als zwei verschiedene Melodien empfindet, die auf zwei verschiedenen Instrumenten gespielt werden. In diesem Essay (Jakobson, 1932) wird das phonologische Konzept der Opposition als Hauptwerkzeug zur Untersuchung von musikalischen Systemen dargestellt. Dieser Essay wie auch die Untersuchungen der phonemischen Größen (Jakobson, 1949) regt ein Vierteljahrhundert später das erste bedeutsame Interesse an einer linguistischen Annäherung an die Musik an.

Jakobson gibt zwar zu, daß es rein syntaktische Systeme wie Schach gibt (die Hjelmslev im Gegensatz zu den semiotischen *symbolische* Systeme nannte), aber er versucht sofort, die Möglichkeit einer inneren Signifikation in ihnen zu finden oder »die Verweisung einer semiotischen Tatsache auf eine äquivalente Tatsache im selben Kontext ... Die musikalische Verweisung, die uns vom gegenwärtigen zu dem erwarteten oder erinnerten Ton führt, wird in der abstrakten Malerei durch eine reziproke Verweisung der fraglichen Faktoren ersetzt« (1980: 23–25). Wenn es wie in der Musik eine Sprache gibt, die sich selbst bedeutet, ermöglichen unterschiedlich aufgebaute und angeordnete Parallelismen in der Struktur es dem Interpreten »von jedem unmittelbar wahrgenommenen musikalischen signans auf weitere entsprechende Konstituenten (z. B. Folgen) und das zusammenhängende Ganze dieser Konstituenten zu schließen und es zu antizipieren ... Der Code der wiedererkannten Äquivalenzen zwischen den Teilen und ihrer wechselseitigen Beziehung zum Ganzen beruht zum großen Teil auf einer erlernten Anzahl von Parallelismen, die als solche im Rahmen einer gegebenen Epoche, Kultur oder Musikschule akzeptiert worden sind« (1968: 12 [dt. 1974: 170–171]).

5.6.2. S-Codes und institutionelle Codes

In dieser Hinsicht gibt es einen Unterschied zwischen tautologischen S-Codes (das Zahlensystem, der phonologische Code usw.) und jenen S-Codes, die wir institutionelle Codes genannt haben. Institutionelle Codes sind (wie eine Gesetzessammlung) S-Codes, aber S-Codes einer spezifischen Art. Sie folgen keiner *alethischen* Logik, sondern einer deontischen oder einer Logik der Präferenz.

Bei der numerischen Sequenz *5, 10, 15* ist das erwartete Resultat *20*, wenn die Sequenz eine einfache Progression ist, *30*,
[179] wenn ihre Glieder Addenda einer Addition sind, *750*, wenn ihre Glieder Multiplikanten sind usw. Hat man einmal das ›Thema‹ der Serie gefunden, ist ihr erwarteter weiterer Verlauf so, wie er sein *muß*.

Die Erwartung, die ein gegebener musikalischer Verlauf, die ein Zug beim Schachspiel und das Auftreten einer gegebenen narrativen Funktion im Verlauf eines Märchens auslöst, ist anders geartet: sie kann nämlich enttäuscht werden. Diese Erwartung kann mehr oder weniger plausibel sein, aber niemals erfüllt sie sich mit mathematischer Sicherheit.

Sicherlich implizieren institutionelle Codes als deontische Systeme eine Art Kalkül, das sich jedoch von einem logisch-mathematischen unterscheidet. Ein System von Verhaltensinstruktionen wie ein moralischer Code oder ein Benimmcode impliziert die Annahme oder Ablehnung, es eröffnet die Möglichkeit von Verletzungen, führt Imperative sein, Untermauerung durch Gesetze und Konzessionen, es ist offen für *Mögliches,* ein solches System ist das Kalkül einer modalen Ordnung.

In diesem Sinne weisen institutionelle Codes wie der italienische Codice Civile (siehe oben, 5.1.2.), der scheinbar gewisse korrelationale Züge hatte, selbst im Vergleich zu streng korrelationalen Codes einen weiteren Unterschied auf. Wenn wir annehmen, daß ein Lexikon ein korrelationaler Code ist, der Ausdrücke mit Definitionen paart, so daß *definiens* und *definiendum* absolut reziprok sind (wir haben jedoch in Kapitel 1 gesehen, daß eine solche Vorstellung dem eigentlichen Wesen des sprachlichen Zeichens entgegensteht), dann liefert der Strafcode keine *definientia,* die mit den *definienda* reziprok sind. Wenn § 580 vorschreibt, daß man zwischen einem und fünf Jahren Gefängnis erhält, wenn man einen anderen Menschen zum Selbstmord verleitet, so impliziert das keineswegs, daß jeder, der zwischen einem und fünf Jahren Gefängnis erhält, jemand anderen zum Selbstmord verleitet hat. Und zwar ist der Grund dafür nicht, daß ein solcher Code korrelational und mit vielen synonymen Ausdrücken ausgestattet ist (deren konstante ›Bedeutung‹ ein bestimmtes Strafmaß ist), der Grund ist vielmehr, daß es in einem solchen Code keine Korrelation zwischen Verbrechen und Strafe gibt, sondern zwischen einem gegebenen Verbrechen und einer gegebenen Menge von Instruktionen. Diese Instruktionen sind offen für Kontext- und Umfeldentscheidungen (der Richter muß abwägen, ob der Schuldige ein oder mehrere Jahre verdient), relevanter jedoch ist die Tatsache, daß Instruktionen eine Verpflichtung vorschreiben (oder den Vorschlag machen), etwas zu tun. Wie bei anderen S-Codes auch kann man nicht sagen, daß ein Richter lügt, wenn er das Diktat des Strafcodes mißachtet, man kann lediglich konstatieren, daß er sich nicht korrekt verhält.

Dennoch können institutionelle Codes benutzt werden, um Signifikation zu erzeugen und um jemandem etwas mitzuteilen. Wir wollen vier Beispiele betrachten:

A. Wenn ich den Regeln eines gegebenen institutionellen Codes gehorche, so steht dies für meine Entscheidung, der Institution gegenüber treu zu erscheinen. Wir wollen einmal annehmen, daß ich vorgeben möchte, ein Gralsritter zu sein. Ich könnte das tun, indem ich mir ein passendes Wappen zulege (in diesem Fall
lüge ich, indem ich einen Emblemcode benutze), oder indem ich [180]
eine schutzlose Jungfrau rette, selbst wenn ich normalerweise nicht so eifrig für die Unterdrückten eintrete. Daß ich mit dem S-Code lügen kann, liegt in der Tatsache begründet, daß die

Regeln des Ritterkodex nicht verbindlich, sondern proairetisch sind, daß sie auf einer Logik der Präferenz basieren und folglich zurückgewiesen werden können. Da die Regeln des Rittertums nicht für alle Menschen verbindlich sind, gebe ich vor, daß ich sie alle akzeptiere, wenn ich mindestens eine einhalte. Die Nicht-Verbindlichkeit eines S-Codes macht das Akzeptieren einiger seiner Instruktionen signifikant.

B. Wir wollen jetzt annehmen, daß ich in Gegenwart von Achim mit Ernst telefoniere und möchte, daß Achim denkt, Ernst habe mir eine Frage gestellt. Deshalb äußere ich den Satz *Also, das glaube ich nicht* oder *Natürlich, das mach ich.* Wenn ich Achim so hinter's Licht führe, beziehe ich mich auf eine Konversationsregel, die er ebenfalls kennt, nämlich die, daß Antworten normalerweise Reaktionen auf Fragen sind, so daß eine Antwort das Zeichen (im Sinne des stoischen *sēmeîon*) dafür ist, daß eine Frage vorausging. Durch die Konsequenz, die ich künstlich und fälschlicherweise hervorgerufen habe, wird Achim dazu gebracht, das wahrscheinlichste Antezedens anzunehmen. In diesem Falle benutze ich Achims Präsupposition, daß Konversationsregeln für jeden streng normativ sind, um die Konsequenz für das Antezedens signifikant zu machen. Im Fall A *gebe ich vor,* ein System von nicht-obligatorischen Regeln anzuerkennen (das allerdings ein einengendes System ist, hat man es einmal akzeptiert), und um das vorgeben zu können, halte ich eine seiner Regeln ein; im Fall B setze ich voraus, daß jeder an ein System von quasi-obligatorischen Regeln gebunden ist, und gebe vor, eine von ihnen zu beachten (während ich sie in Wirklichkeit verletze). Fall A ist ein Beispiel des Lügens *über* die Regeln, während Fall B ein Beispiel des Lügens *mit* den Regeln ist.

C. Man kann auch lügen, indem man die Modalitäten eines literarischen Genres (das ein institutionelles System ist) nicht korrekt benutzt: man kann ein Gedicht wie ein Epos beginnen lassen und die Erwartung des Lesers durch eine plötzliche Antiklimax enttäuschen, indem man vom Heroischen zum Grotesken wechselt. In einem Märchen kann man eine Figur ins Spiel bringen, die scheinbar die Position des Helfers einnimmt und sich dann als Gegenspieler entpuppt. Man kann den Helden mit den Charakteristika eines Bösewichts ausstatten (›*hardboiled*‹ *novel*) oder den Bösewicht mit den Charakteristika eines Helden (›*gothic*‹ *novel*). Alle C-Fälle sind eine Mischung aus A und B, denn einerseits erlaubt die Nichtverbindlichkeit der Regel, sie zum Schein zu akzeptieren, und andererseits erlaubt es der einschränkende Charakter der Regeln (nachdem das Genre einmal offenkundig gewählt wurde), die Verletzung signifikant zu machen.

D. Neben all diesen Fällen bösartigen oder kunstvollen Lügens kann ich auch die offenkundige Verletzung von Regeln signifikant machen. Um zu zeigen, daß ich kein Ritter bin, befolge ich die Regeln der ritterlichen Etikette nicht, aber auch, um zu zeigen, daß ich die Gültigkeit dieser Regeln nicht anerkenne. In [181]
einer Situation, in der die Umgangsformen es zwingend vorschreiben, schüttele ich einer Person, die ich verabscheue, nicht die Hand, um anzuzeigen, daß sich diese Person außerhalb der Reichweite meiner höflichen Begrüßung befindet.

Auf diese Weise können also institutionelle S-Codes als korrelationale Codes fungieren.

Bei unserer Untersuchung der inneren Logik sowohl korrelationaler als auch institutioneller Codes sind wir auf die Schwierigkeit gestoßen, Äquivalenzen deutlich von Schlüssen zu trennen. Es scheint, als gäbe es weder rein korrelationale Codes noch rein institutionelle Codes – außer bei den seltenen und offenkundigen Fällen von Transkriptionstabellen wie dem Morsecode und den elementarsten Chiffren, die Ausdruck mit Ausdruck gleichsetzen. In jedem anderen Fall sind wir auf ein unentwirrbares Netz von Pseudokorrelationen gestoßen, die auf der einen Seite Instruktionen und Schlüsse beinhalten und auf der anderen Seite Instruktionsmengen, die Beziehungen der Signifikation und Kommunikationsprozesse erzeugen können. Wenn im semiotischen Milieu das Wort *Code* ausgesprochen wurde, um sowohl S-Codes als auch semiotische Codes zu bezeichnen, können wir sagen, daß jedes Mal diese ›starke‹ Bedeutung des Ausdrucks im Spiel war.

Um mehr Begründungen zur Rechtfertigung dieser Haltung zu finden, sollten wir jetzt einen Fall betrachten, bei dem der Begriff *Code* scheinbar auf sehr naive metaphorische Weise gebraucht wurde, nämlich auf einen Prozeß oder eine Reihe von Prozessen bezogen, die keineswegs ›kommunikativ‹ genannt werden können, da sie Fälle reiner physischer Stimulation darstellen.

5.7. *Der genetische Code*

Zeichen erfordern immer eine Interpretation. Stimuli dagegen erzeugen oder lösen eine blinde Reaktion aus (siehe Eco, 1976: 0.7.1.). Dennoch wurde der Begriff *Genetischer Code* seit den Entdeckungen Cricks und Watsons (in den fünfziger Jahren) – und seit Jacob und Monod 1961 den Transkriptionsprozeß von DNS zu RNS entdeckten – in der Biologie ausgiebig benutzt.

Offensichtlich sollten wir zunächst einmal zwischen dem Geschehen in der Zelle und der Metasprache, die ein Wissenschaftler zur Beschreibung dieses Geschehens benutzt, unterscheiden. Sofern die unten angeführten Äquivalenzen von einem Wissenschaftler benutzt werden, um zu erfahren oder zu sagen, was geschieht, wenn RNS die Botschaft reproduziert, die von DNS übermittelt wird, klingen sie wie Chiffren. Wir könnten uns also darauf beschränken, dann von einem genetischen Code zu sprechen, wenn Genetiker ein metagenetisches Mittel benutzen, um miteinander über genetische Phänomene zu sprechen. Trotzdem muß man sich wieder einmal fragen, warum diese ›Metapher‹ und keine andere so erfolgreich war.

[182] Bekanntlich sind Proteine durch eine Sequenz von Aminosäuren in dem Polypeptid definiert, und diese Sequenz wird durch eine Sequenz von Nucleotiden in einem Fragment der DNS bestimmt. Da das DNS-Fragment in der Zelle ist, während die Proteinsynthese im Ribosom stattfindet, muß die Information, die von der DNS übermittelt wird, zum Ribosom gebracht werden, und dieser Transfer erfordert eine Reihe von ›Übersetzungen‹. Also wird die Botschaft der DNS in Botschafter-RNS und in Transfer-RNS übersetzt, wobei spezielle Enzyme die kovalente Assoziation der Aminosäure mit dem RNS Molekül katalysieren. ›Übersetzung‹ und ›Transkription‹ sind Meta-

phern, tatsächlich sind die betreffenden Elemente aufgrund einer *stereochemischen Komplementarität* gepaart, und zwar aus denselben Gründen, wenn man so sagen will, aus denen auch ein gegebener Schlüssel in ein gegebenes Schlüsselloch paßt.

Um zu zeigen, welcher Schlüssel in welches Schlüsselloch paßt, kann man dieses Phänomen jedenfalls durch eine Art Chiffre ausdrücken. Die Nucleotiden der DNS sind Adenin, Guanin, Cytosin und Thymin (A, G, C, T), während im Boten RNS Thymin durch Uracil (U) ersetzt wird. Der Code, der die Transkription von DNS zu Boten RNS regelt, kann folgendermaßen dargestellt werden:

A → U
T → A
G → C
C → G

Um eine Aminosäure zu bestimmen, benötigt man eine Dreiergruppe von Nucleotiden; vier Nucleotide können 64 ›Wörter‹ mit drei Buchstaben erzeugen, und da es nur 20 Aminosäuren zu spezifizieren gibt, können viele verschiedene Dreiergruppen dieselbe Aminosäure spezifizieren (und verwirklichen so eine Art Synonymie). Bestimmte Dreiergruppen, die keine Aminosäure bezeichnen, spielen die Rolle von Interpunktionszeichen, um den Anfang und das Ende einer gegebenen Sequenz von Nucleotiden festzulegen.

Wir haben jetzt einen zweiten Code, bei dem der Ausdruck (aus Gründen der Einfachheit) in der ›Sprache‹ der Boten-RNS geschrieben ist und bei dem die Aminosäuren der korrepondierende ›Inhalt‹ (oder das Ergebnis) sind:

GCU	GCC	GCA	GCG			→	Alanyl
GCU	CGC	CGA	CGG	AGA	AGG	→	Arginyl
AUU	AAC					→	Asparagyl

(undsoweiter)

So gesehen, sieht der Code wie ein System von Äquivalenzen aus (wenngleich zwischen einem einzigen Inhalt und synonymen Ausdrücken). Da jedoch die Transkription durch einen Prozeß sterischer Stimuli stattfindet, könnte der Prozeß als instruktio-

nal beschrieben werden. Die Protagonisten des gesamten Prozesses ›wissen‹ (aufgrund einer Art blinder materieller Weisheit), *wenn* eine gegebene Reihe von Stimuli geliefert wird, *dann* muß
[183] eine gegebene Einfügung ausgeführt werden. Prodi (1977) behauptet, daß ein solches grundlegendes Phänomen ein elementares, aber keinesfalls metaphorisches Beispiel von *Interpretation* im Peirceschen Sinne darstellt. Jedes Element in dem Prozeß interpretiert ein früheres und läßt damit den Prozeß wachsen. Ein Fall von Semiose, wenn auch keiner unbegrenzten.

Der genetische Code (aber dieses Mal können wir von dem Code des Organismus sprechen, nicht nur von dem der Genetiker) scheint also ein S-Code zu sein, der aus kleineren S-Codes besteht, in denen jedes Element durch seine (sterische) Position und Opposition zu anderen Elementen definierbar ist, aber auch ein Code im starken Sinne des Wortes, sowohl korrelational als auch institutionell, bei dem nicht nur *x* mit *y* korrespondiert, sondern bei dem auch *wenn x, dann y* aktualisiert werden muß. Er gleicht eher einem mathematischen System als einem juristischen deontischen Code, er wird von der Notwendigkeit regiert; offensichtlich kann er irren (Mutationen, Krebs), aber er ist nicht optional.

Die Fruchtbarkeit der genetischen Metapher besteht nicht etwa darin, daß sie sagen könnte, ob die genetischen Prozesse semiotisch sind oder nicht. Die Metapher enthüllt vielmehr, daß es selbst auf dieser elementaren Ebene biologischer Phänomene keinen spürbaren Unterschied (a) zwischen S-Codes und Codes und (b) zwischen Korrelation und Instruktion gibt, d. h. es gibt keinen spürbaren Unterschied zwischen Äquivalenz und Inferenz, da jede Äquivalenz eine quasi-automatische Inferenz ist.

Vielleicht geht es zu weit, anzunehmen (wie es Prodi vorschlägt; vgl. Prodi, 1983), daß die Bio-Logik das Modell, die Quelle, die materialistische Grundlage der ›kulturellen‹ Logik darstellt, und damit die Grundlage jeder Semiotik. Sicher ist jedoch, daß wir Schwierigkeiten haben, wenn wir bei der Untersuchung der Bio-Logik und der begrifflichen Logik Korrelation von Instruktion zu unterscheiden versuchen, S-Codes von Codes. Oder, um es vernünftiger auszudrücken, wir können theoretische Unterscheidungen umreißen, indem wir verschiedene abstrakte Modelle ausarbeiten, aber wir werden zu der Erkenntnis gezwungen, daß all diese Modelle in der tatsächlichen Semiose zur selben Zeit aktualisiert werden. Das erklärt den ›großzügigen‹ *Code*-Gebrauch so vieler Disziplinen während der letzten Jahrzehnte (selbst wenn es ihn vielleicht nicht vollkommen rechtfertigt).

Zweifellos ist der Begriff der Enzyklopädie flexibler als der des Code und beschreibt die Art von Kompetenz besser, die benötigt wird, um Texte in einer natürlichen (nicht notwendigerweise verbalen) Sprache auszudrücken und zu interpretieren. Im Hinblick auf ihre inneren Strukturen jedoch sind Codes und Enzyklopädien nicht radikal verschieden. Beide sind komplexe Netze von komplexen Pseudo-Äquivalenzen und mehr oder weniger zwingenden und einschränkenden Instruktionen. Der Begriff der Enzyklopädie mag sich von dem des Codes insofern unterscheiden, als er unter anderen Instruktionen auch Systeme von *Rahmen* und *Skripten* umfaßt. Strukturell gesprochen, schließt ein Code im starken Sinne jedoch diese Art von Instruktion nicht aus. Institutionelle Codes aber tun eben dies. [184]

5.8. Annäherung an einen vorläufigen Schluß

Wir können nunmehr eine Menge augenscheinlicher Unvereinbarkeiten und Widersprüche in der gängigen Literatur über Codes entwirren. Viele Arten des Gebrauchs, die eher metaphorisch und sogar innerhalb desselben theoretischen Rahmens widersprüchlich in sich selbst wirkten, enthüllen jetzt ihre tiefer liegende Kohärenz.

In *Das Rohe und das Gekochte* (1964) vermittelt Lévi-Strauss den Eindruck, daß er sowohl von S-Codes als auch von korrelationalen Codes spricht. Zum Beispiel sagt er, er sei an »dem System von Axiomen und Postulaten« interessiert, »die den bestmöglichen Code definieren, welcher geeignet ist, unbewußten Schöpfungen eine gemeinsame Bedeutung zu geben, Schöpfungen, die das Ereignis des Geistes, einer Gesellschaft und einer Kultur sind, ausgewählt unter denjenigen, die untereinander die größte Entfernung aufweisen. Wie die Mythen selber auf Codes zweiter Ordnung beruhen (wobei die Codes erster Ordnung jene sind, worin die Sprache besteht), würde dieses Buch also den Entwurf eines Codes dritter Ordnung darstellen, der dazu bestimmt ist, die wechselseitige Übersetzbarkeit mehrerer Mythen zu sichern« (1964: 22 [dt. 1971: 26]). Hier bezieht er sich entschieden auf einen S-Code als ein System von Transformationen. Er verfolgt das Projekt, das später in *Der nackte Mensch* skizziert wird: der Fehler anderer Mythologen war,

> »daß sie die Mythen mittels eines einzigen und exklusiven Codes verstehen wollten, während immer mehrere gleichzeitig am Werk sind. Der Mythos läßt sich durch keinen einzeln herausgegriffenen Code reduzieren, und er resultiert auch nicht aus der Addition mehrerer. Man müßte vielmehr sagen, daß eine Mythengruppe durch sich selbst einen Code konstituiert, der von höherer Potenz ist als jeder einzelne all derer, die sie verwendet, um vielfältige Botschaften zu chiffrieren. Als wahrer »Intercode« – wenn man uns diesen Neologismus gestattet – erlaubt er die wechselseitige Konvertibilität dieser Botschaften gemäß Regeln, deren Repertoire den verschiedenen Systemen immanent bleibt, die durch seine Operation eine globale und von den ihren verschiedene Bedeutung aufscheinen lassen« (1971: 41 [dt. 1975, I: 45]).

Wie aus diesem letzten Zitat deutlich wird, entstehen jedoch selbst in den Maschinerien eines solchen Intercodes Signifikationen – im selben Sinne, wie auch institutionelle Codes, die an sich S-Codes sind, eine immanente Strategie der inneren Signifikation erkennen lassen, wie wir oben gezeigt haben.

In demselben Werk (*Das Rohe und das Gekochte*, zu Beginn des Kapitels »Dreistimmige Inventionen«) scheint sich Lévi-Strauss anders zu entscheiden und nennt »Gerüst« eine Kombination aus Merkmalen, die in zwei oder mehreren Mythen invariant bleiben (der Intercode?) und »Code« das System der Funktionen, die jeder Mythos diesen Merkmalen zuschreibt. Hier scheint der Code einer Vorstellung von Korrelation näher. Im Gegensatz dazu sehen die vielen alimentären, astronomischen, vestimentären und geographischen Codes, die Lévi-
[185] Strauss so häufig in seinen Arbeiten anführt, Inhaltsstrukturen ähnlicher, semantischen S-Codes, Wertsystemen und auch Systemen von Vorschriften. Wenn er jedoch vom »Übergang vom alimentären Code zum vestimentären« spricht (in *Der Nackte*

Mensch, aber mit Bezug auf eine umfassendere Analyse in *Das Rohe und das Gekochte,* dt. Übers. S. 449f.), scheint er von einer Korrelation gegenseitiger Signifikation zwischen den Elementen zweier Inhaltssysteme zu sprechen.

Auf diese Weise sehen Lévi-Strauss' Codes gleichzeitig wie syntaktische Systeme aus, wie Institutionen, die Normen vorschreiben, denen entweder gehorcht werden kann oder die man mißachtet, wie Sammlungen von Textfunktionen, die Vorhersagen über ihre möglichen Transformationen auslösen, und wie Zeichensysteme, weil z. B. im Verwandtschaftscode die Wahl eines bestimmten Partners für die Verpflichtung signifikant wird, seine oder ihre Verwandte zu unterhalten. Codes, die aus Codes bestehen, ein flexibles Netz von Codes, ein unentwirrbares Gefüge von internen und externen Signifikationen, in dem es unmöglich ist, das Semantische vom Syntaktischen zu trennen.

Sogar noch umfassender und komplexer ist der Code-Begriff in der Kulturtypologie (Lotman und Uspenskij, 1971). Ein Code ist eine Methode, die Welt zu modellieren: verbale Sprachen sind primäre Modelliersysteme, während alle anderen kulturellen Strukturen sekundäre Modelliersysteme sind, von der Mythologie bis zur Kunst. Für diese Autoren besteht ein deutlicher Unterschied (selbst wenn der Begriff *Code* ihn zu verdekken scheint) zwischen Äquivalenzen (Verdoppelung zweier oder mehrerer Ketten von Elementen, die zu verschiedenen semiotischen Systemen gehören) und pragmatischen Codes, wohingegen ihr Textbegriff im Gegensatz zu ihrem Grammatikbegriff eine deutliche Vorstellung der inneren Bedeutung instruktioneller Mittel enthält. Lotman untersucht weitschweifig verschiedene institutionelle Codes (Lotman, 1969), die Systeme von Normen oder Werten sind, und wieder einmal spiegelt die Opposition ›Grammatik *vs.* Text‹ den Unterschied zwischen verpflichtenden Institutionen und Textmodellen, die mittels Beispielen vorschlagen oder vorschreiben (ein gegebenes Verhalten wird als *Emblem,* als *Kostprobe,* als *Muster* vorgeschlagen; die Instruktion könnte etwa so klingen: wenn du die charismatische Kraft dieses Textes erkennst, dann solltest du entsprechend handeln). In Lotmans Semiotik sind korrelationale und institutionelle Aspekte kaum unterscheidbar, und zwar weil bei ihm jede soziale Aktivität einen tiefen kommunikativen Zweck hat.

Roland Barthes benutzt das Wort ›Code‹ häufig (und tatsächlich gehörte er zu den für den Codeboom der beginnenden sechziger Jahre Verantwortlichen). Der Code der Mode (Barthes, 1967) ist ein S-Code, ein korrelationaler und ein institutioneller Code zugleich. Es gibt systematische Verbindungen von vestimentären Einheiten, Korrelationen zwischen Kleidertypen und sozialen Einstellungen, zwischen Wörtern und Kleidern usw.

In *S/Z* (1970) zählt Barthes fünf sogenannte Codes auf: den semischen, kulturellen, symbolischen, hermeneutischen und proaïretischen Code. Der Verdacht der Metaphorisierung ist nur schwer zurückzuweisen, und im Vergleich mit traditionelleren
[186] Definitionen scheinen sich Barthes' Codes zu überschneiden. Durch den *semischen* Code entdeckt der Leser, daß der Name Sarrasine eine Konnotation von Weiblichkeit hat (wegen des /e/ am Ende), und in dieser Hinsicht sieht der semische Code nicht viel anders aus als sogenannte sprachliche Codes. Es ist der *hermeneutische* Code, durch den derselbe Name, der der Geschichte als Titel vorangestellt wird, eine Frage formuliert, ihre mögliche Antwort, die Vielfalt zufälliger Ereignisse, die die Antwort verzögern können; dieser Titel ist ein Rätsel, und der Leser wird dazu gebracht, sich zu fragen: »*Sarrasine, was ist das?* Irgendeine Benennung? Ein Eigenname? Eine Sache? Ein Mann? Eine Frau?« (Barthes, 1970: 24 [dt. 1975: 21]). Der *symbolische* Code scheint eine ungenaue Menge intertextueller Evokationen zu sein, die von dem Eröffnungssatz suggeriert werden (»Ich war in eine jener tiefen Träumereien versunken«) und ebenfalls von den folgenden Antithesen (Garten *vs.* Salon, Leben *vs.* Tod, außen *vs.* innen). Der *proaïretische* Code schlägt eine Logik von Handlungen vor, von möglichen narrativen Entwicklungen, und löst Voraussagen über den weiteren Verlauf der Ereignisse aus. Der *kulturelle* oder Referenz-Code organisiert eine Gesamtheit von Weltwissen, auf die durch den Text Bezug genommen wird.

In diesem Sinne, betont Barthes, ist ein Code keine bloße Liste von Äquivalenzen:

> »Der Code ist eine Perspektive aus Zitaten, eine Luftspiegelung von Strukturen. Von ihm kennt man nur Weggehen und Rückkehr. Die

> aus ihm hervorgegangenen Einheiten (die in der Inventur auftauchen) sind selber immer wieder Textausgänge, Markierung, Merkpunkt einer virtuellen Abschweifung auf den übrigen Katalog hin (die *Entführung* verweist auf alle bereits geschriebenen Entführungen); sie sind ebensoviele aufleuchtende Splitter von diesem Etwas, das immer *schon* gelesen, gesehen, getan, gelebt war: der Code ist die Pflugspur von diesem *Schon.* Wenn er auf das verweist, was geschrieben worden war, das heißt auf das große BUCH (der Kultur, des Lebens, des Lebens als Kultur), macht er aus dem Text den Prospekt dieses BUCHES ... jeder Code ist ... eine der STIMMEN, aus denen der Text gewebt ist« (*ibid.*, 27–28 [dt. 25]).

Prima facie hält Barthes Codes hier irrtümlich für den unendlichen Prozeß der Semiose oder für das, was später Intertextualität genannt werden wird. Aber wenn er sich im Hinblick auf den schwachen Sinn von *Code* auch irrt, so hat Barthes im Hinblick auf den starken Sinn doch recht. Was er hier Code nennt, ist die Gesamtheit der enzyklopädischen Kompetenz als der Vorrat dessen, was bereits bekannt und von einer Kultur organisiert ist. Es ist die Enzyklopädie und deshalb die Regel, aber als Labyrinth. Eine kontrollierende, aber gleichzeitig Möglichkeiten eröffnende Regel erlaubt Erfindungen über sich hinaus, erlaubt neue Wege, neue Kombinationen innerhalb des Netzes. Wenn der Code nicht nur eine einfache Verdoppelung von Systemen oder eine Korrelation ist, sondern auch ein System von Schlüssen, so ist dies und nichts anderes sein Schicksal.

Ein Code ist nicht nur eine Regel, die *schließt*, sondern auch eine Regel, die *öffnet*. Er sagt nicht nur ›du mußt‹, er sagt auch ›du kannst‹ oder ›es wäre auch möglich, jenes zu tun‹. Wenn er eine Matrix ist, so ist er eine Matrix, die unendliche Vorkommnisse möglich macht, von denen einige noch nicht einmal vorhersagbar sind, er ist Quelle eines Spiels. Nicht zufällig oder aus
absichtlicher Untreue gingen in den sechziger Jahren sogenannte [187]
Poststrukturalisten einfach vom Modell des Codes und vom Modell des sprachlichen Zeichens aus, um jenseits oder unterhalb der Regel und der Organisation den ›Wirbel‹, die Differenz, die *béance* zu finden. Von Anfang an war die Idee des Codes nicht notwendigerweise eine Garantie für Waffenstillstand und Frieden, für Law und Order: sie signalisierte auch das Nahen eines neuen Krieges.

Codes wurden eingeführt, um Ereignisse der Kontrolle von Strukturen zu unterwerfen, aber sehr bald (vielleicht schon mit Lévi-Strauss; siehe Eco, 1968) wurde so heftig nach einer letzten Natur der letzten Codes (oder dem Ur-Code) gesucht, daß der Begriff in den eines formlosen ›Ursprungs‹ umschlug. Dabei wurde der Code unhandlich, weil der Verdacht aufkam, daß wir ihn nicht *setzen,* sondern daß wir – als denkende kulturelle Subjekte – *von ihm gesetzt werden.*

So bedeutete also die Anerkennung von Codes (oder des CODES), daß wir keine Götter sind und daß wir von Regeln gelenkt werden. Worum es jedoch ging, war die Frage, ob wir keine Götter sind, weil wir von Regeln bestimmt werden, die gesellschaftlich im Verlauf der menschlichen Geschichte entwikkelt wurden, oder weil Gott die REGEL ist, die hinter uns und der Geschichte unserer Gesellschaft steht. Mit anderen Worten (und die Geschichte ist ziemlich alt), der Code kann entweder *nomos* oder *physis* sein, entweder Gesetz der Polis oder epikuräisches *clinamen.* Da er für viele Poststrukturalisten *physis* und *clinamen* war, war er folglich nicht Struktur, sondern Abwesenheit jeder Struktur.

Diese Schlußfolgerung war ganz und gar unnötig und von vorgängigen metaphysischen Voraussetzungen bestimmt. Es ist möglich, an eine offene Matrix zu denken, an eine unbegrenzte Regel, ohne daß man annehmen muß, sie könne nicht kulturell erzeugt sein. Es ist möglich, an die Enzyklopädie als Labyrinth zu denken, ohne daß man zwangsläufig annehmen muß, man könne sie nicht beschreiben und ihre Entstehungs- und Entwicklungsweisen nicht erklären.

Den metaphorischen Gebrauchsformen von *Code* lag zumindest eine Vereinheitlichungsobsession zugrunde und die ewige Dialektik von Gesetz und Kreativität. Mit den Worten Appolli-
[188] naires: der beständige Kampf zwischen *l'ordre et l'aventure.*

Bibliographie

Zitate aus klassischen oder mittelalterlichen Autoren beziehen sich auf heute verfügbare Ausgaben. Insbesondere für Aristoteles und Sextus Empiricus: Loeb Classical Library (London/Cambridge); für Augustinus und Boethius: *Corpus Scriptorum Ecclesiasticorum Latinorum* (Wien/Leipzig); für Abälard: *Editio Super Porphyrium: Scritti di Logica*, hrsgg. von M. Dal Pra (Florenz: Nuova Italia, 1969); für Porphyrios: *Commentaria in Aristotelem Graeca* (englische Übersetzung: Porphyry the Phoenician, *Isagoge* [Toronto: Pontifical Institute, 1975]); für Thomas von Aquin: die Marietti-Ausgabe (Turin).

Balme, D. M.

1975 »Aristotle's Use of Differentiae in Zoology.« In *Articles on Aristotle*, Bd. I, *Science*, hrsgg. von J. Barnes *et al.* London: Duckworth.

Baltrusaitis, J.

1978 *Le Miroir.* Paris: Elmayan-Seuil.

Bambrough, R.

1961 »Universals and Family Resemblances.« In *Proceedings of the Aristotelian Society*, 50. (Ebenso in *Universals and Particulars*, hrsgg. von M. L. Loux. Notre Dame, Ind.: University Press, 1970.)

Barthes, R.

1967 *Système de la mode.* Paris: Seuil; dt. *Die Sprache der Mode.* Frankfurt/M.: Suhrkamp, 1985.

1970 *S/Z.* Paris: Seuil; dt. *S/Z.* Frankfurt/M.: Suhrkamp, 1975.

Bergmann, M.

1979 »Metaphor and Formal Semantic Theory.« *Poetics*, 8.

Bettetini, G. F.

1975 *Produzione del senso e messa in scena.* Mailand: Bompiani.

Bierwisch, M.

1970 »Semantics.« In *New Horizons in Linguistics*, hrsgg. von J. Lyons. Harmondsworth: Penguin.

1971 »On Classifying Semantic Features.« In *Semantics*, hrsgg. von D. D. Steinberg und L. A. Jakobovits. London: Cambridge University Press.

Bierwisch, M., und Kiefer, F.

1970 »Remarks on Definitions in Natural Languages.« In *Studies in*

Syntax und Semantics, hrsgg. von F. Kiefer. Dordrecht: Reidel.

Black, M.
1955 »Metaphor.« In *Proceedings of the Aristotelian Society*, N. F., 55.

Bonfantini, M. A., und Proni, G.
1983 »To Guess or Not to Guess.« In *The Sign of Three: Dupin, Holmes, Peirce*, hrsgg. von U. Eco and T. A. Sebeok. Bloomington: Indiana University Press; dt. in *Der Zirkel oder Im Zeichen der Drei*, München: Fink, 1985.

Bonsiepe, G.
1965 »Visuell/Verbale Rhetorik.« *Ulm*, 14–16.

Borges, J. L.
1953 *Historia de la eternidad*. Buenos Aires: Emecé; dt. *Geschichte der Ewigkeit*, München: Hanser, 1981.

Brooke-Rose, C.
1958 *A Grammar of Metaphor*. London: Secker and Warburg.

Buyssens, E.
1943 *Les langages et le discours*. Brüssel: Office de Publicité.

Carnap, R.
1947 *Meaning and Necessity*. Chicago: University of Chicago Press; dt. *Bedeutung und Notwendigkeit*. Wien: Springer, 1972.
1955 »Meaning and Synonymy in Natural Languages.« *Philosophical Studies, 7*.
1966 *Philosophical Foundations of Physics: An Introduction to the Philosophy of Science*. New York: Basic Books.

Cassirer, E.
1923 *Philosophie der symbolischen Formen*. Leipzig: Bruno Cassirer.

Charniak, E.
1975 »A Partial Taxonomy of Knowledge about Actions.« Working Paper 13. Castagnola: Institute for Semantic and Cognitive Studies.
1980 »Ms. Malaprop: A Language Comprehension Program.« In *Frame Conceptions and Text-Understanding*, hrsgg. von D. Metzing. Berlin: De Gruyter.

Cherry, C.
1957 *On Human Communication*. New York: Wiley; dt. *Kommunikationsforschung – eine neue Wissenschaft*. Frankfurt/M., 1967.

Compagnon, A.
1979 *La seconde main*. Paris: Seuil.

Cooper, D. E.
1974 *Presupposition.* Den Haag: Mouton.
Creuzer, G. F.
1810–12 *Symbolik und Mythologie der alten Völker.* Leipzig-Darmstadt: Leske.
d'Alembert, J. Le R.
1751 »Discours préliminaire.« *Encyclopédie.* Paris: Briasson, David, Le Creton, Durand; dt. »Einleitung zur Enzyklopädie.« Hamburg: Meiner, 1975.
Dean Fodor, J.
1977 *Semantics: Theories of Meaning in Generative Grammar.* New York: Crowell.
Deely, J.
1969 *The Philosophical Dimension of the Origins of Species.* Chicago: Institute for Philosophical Research.
1982 *Introducing Semiotics.* Bloomington: Indiana University Press.
Deleuze, G., und Guattari, F.
1976 *Rhizome.* Paris: Minuit; dt. *Rhizom.* Berlin: Merve, 1977.
De Lubac, H.
1959 *Exégèse médiévale.* 4 Bde., Paris: Aubier.
De Mauro, T.
1971 *Senso e significato.* Bari: Adriatica.
Derrida, J.
1977 »Limited Inc.« *Glyph,* 2.
Di Cesare, D.
1981 »Il problema logico funzionale del linguaggio in Aristotele.« In *Logos Semantikos,* hrsgg. von J. Trabant. Berlin: De Gruyter; Madrid: Gredos.
Doroszewski, W.
1973 *Elements of Lexicology and Semiotics.* Den Haag: Mouton.
Dupré, J.
1981 »Natural Kinds and Biological Taxa.« *The Philosophical Review,* 90.
Eco, U.
1968 *La struttura assente.* Mailand: Bompiani; dt. *Einführung in die Semiotik.* München: Fink, 1972 u. ö.
1976 *A Theory of Semiotics.* Bloomington: Indiana University Press; dt. *Semiotik. Entwurf einer Theorie der Zeichen.* München: Fink, 1986.
1979 *The Role of the Reader.* Bloomington: Indiana University Press.
1983 »Horns, Hooves, Insteps: Some Hypotheses on Three Types

of Abduction.« In *The Sign of Three: Dupin, Holmes, Peirce,* hrsgg. von U. Eco und T. A. Sebeok. Bloomington: Indiana University Press; dt. »Hörner, Hufe, Sohlen. Einige Hypothesen über drei Typen von Abduktion.« In *Der Zirkel oder Im Zeichen der Drei.* München: Fink, 1985.

Fann, K. T.

1970 *Peirce's Theory of Abduction.* Den Haag: Nijhoff.

Fillmore, C.

1968 »The Case for Case.« In *Universals in Linguistic Theory,* hrsgg. von E. Bach und R. T. Harms. New York: Holt.

1970 »Types of Lexical Information.« In *Studies in Syntax and Semantics,* hrsgg. von F. Kiefer. Dordrecht: Reidel.

1975 »An Alternative to Checklist Theories of Meaning.« *BLS,* I.

1976*a* »Frame Semantics and the Nature of Language.« In *Origins and Evolution of Language,* hrsgg. von J. Harndard *et al. Annals of the New York Academy of Sciences,* 5.

1976*b* »Topics in Lexical Semantics.« In *Current Issues in Linguistics Theory,* hrsgg. von R. Cole. Bloomington: Indiana University Press.

1977 »The Case for Case Reopened.« In *Syntax and Semantics,* Bd. 8, hrsgg. von P. Cole und J. L. Morgan. New York: Academic Press.

1981 »Ideal Reader and Real Readers.« Mimeograph. Georgetown University.

Firth, R.

1973 *Symbols Public and Private.* London: Allen und Unwin.

Frede, M.

1978 »Principles of Stoic Grammar.« In *The Stoics,* hrsgg. von J. M. Rist. Berkeley und Los Angeles: University of California Press.

Freud, S.

1899 *Die Traumdeutung.* Leipzig/Wien: Deuticke; hier zitiert nach: Freud-Studienausgabe, Bd. II. Frankfurt/M.: Fischer, 1972.

1905 *Der Witz und seine Beziehung zum Unbewußten.* Leipzig/Wien: Deuticke; hier zitiert nach: Freud-Studienausgabe, Bd. IV. Frankfurt/M.: Fischer, 1970.

1953–1974 *The Standard Edition of the Complete Psychological Works of Sigmund Freud.* London: Hogarth; dt. *Gesammelte Werke.* Frankfurt/M.: Fischer, 1940–1968.

Gilson, E.

1947 *Le Thomisme.* Paris: Vrin.

Ginzburg, C.
1983 »Morelli, Freud and Sherlock Holmes: Clues and Scientific Method.« In *The Sign of Three: Dupin, Holmes, Peirce*, hrsgg. von U. Eco und T. A. Sebeok. Bloomington: Indiana University Press; dt. »Indizien«, in *Der Zirkel oder im Zeichen der Drei.* München: Fink, 1985.

Goethe, J. W. von
1797 *Über die Gegenstände der bildenden Kunst.* In *Sämtliche Werke*, Bd. 33. Stuttgart-Berlin: Cotta, 1902–12.
1809–32 *Maximen und Reflexionen.* In *Werke.* Leipzig: Bibliographisches Institut, 1926.

Goodman, N.
1968 *Languages of Art.* New York: Bobbs-Merrill.

Goux, J.
1973 *Freud, Marx: Économie et symbolique.* Paris: Seuil; dt. *Freud, Marx – Ökonomie und Symbolik.* Berlin: Ullstein, 1975.

Graeser, A.
1978 »The Stoic Theory of Meaning.« In *The Stoics*, hrsgg. von J. M. Rist. Berkeley und Los Angeles: University of California Press.

Greimas, A. J.
1966 *Sémantique structurale.* Paris: Larousse.
1970 *Du sens.* Paris: Seuil.
1973 »Les actants, les acteurs et les figures.« In *Sémiotique narrative et textuelle*, hrsgg. von C. Chabrol. Paris: Larousse.

Greimas, A. J., Hrsg.
1972 *Essais de sémiotique poétique.* Paris: Larousse.

Greimas, A. J., und Courtès, J.
1979 *Sémiotique: Dictionnaire raisonné de la théorie du langage.* Paris: Hachette. (Englische Übers. von L. Crist and D. Patte, *Semiotics and Language: An Analytical Dictionary.* Bloomington: Indiana University Press, 1982.)

Greimas, A. J., und Rastier, F.
1968 »The Interaction of Semiotic Constraints.« *Yale French Studies*, 41.

Grice, H. P.
1957 »Meaning.« *Philosophical Review*, 46.
1967 »Logic and Conversation.« In *Syntax and Semantics*, Bd. 3, hrsgg. von R. Cole und J. L. Morgan. New York: Academic Press, 1975; dt. »Logik und Gesprächsanalyse.« In *Sprechakttheorie. Ein Reader.* Wiesbaden 1980.
1968 »Utterer's Meaning, Sentence-Meaning und Word-Meaning.« *Foundations of Language*, 4.

Gruppe μ
1970 *Rhétorique générale.* Paris: Larousse. (Englische Übers. von P. B. Burrell und E. M. Slotkin. *A General Rhetoric.* Baltimore und London: Johns Hopkins University Press, 1981; dt. J. Dubois *et al.: Allgemeine Rhetorik.* München: Fink, 1974.)
Guenthner, E.
1975 »On the Semantic of Metaphor.« *Poetics,* 4.
Haiman, J.
1980 »Dictionaries und Encyclopedia.« *Lingua,* 50.
Harman, G.
1977 »Semiotics and the Cinema.« *Quarterly Review of Film Studies,* 2. (Auch in *Film Theory und Criticism.* hrsgg. von G. Mast und M. Cohen. New York: Oxford University Press, 1979.)
1979 »Eco-location.« In *Film Theory und Criticism,* hrsgg. von G. Mast und M. Cohen. New York: Oxford University Press.
Hegel, G. W. F.
1817–29 *Ästhetik.* Berlin: Aufbau Verlag, 1955.
Henry, A.
1971 *Métonymie et métaphore.* Paris: Klincksieck.
Hjelmslev, L.
1943 *Omkring sprogteoriens grundlaeggelse.* København: Munksgaard. (Englische Übers. von F. J. Whitfield, *Prolegomena to a Theory of Language.* Madison: University of Wisconsin, 1961; dt. *Prolegomena zu einer Sprachtheorie.* München: Hueber, 1974.)
1957 »Pour une sémantique structurale.« In *Essais Linguistiques.* København: Nordisk Sprog-og Kulturforlag, 1959.
Holenstein, E.
1975 *Roman Jakobsons phänomenologischer Strukturalismus.* Frankfurt/M.: Suhrkamp.
Jakobson, R.
1932 »Musikwissenschaft und Linguistik.« *Prager Presse* (7. Dezember).
1949 »On the Identification of Phonemic Entities.« *Travaux du Cercle Linguistique de Copenhague,* 5.
1954 »Two Aspects of Language and Two Types of Aphasic Disturbance.« In R. Jakobson und M. Halle, *Fundamentals of Language.* Den Haag: Mouton, 1956.
1961 »Linguistics and Communication Theory.« In *Structure of Language and Its Mathematical Aspects,* hrsgg. von R. Jakobson. *Proceedings of Symposia in Applied Mathematics,* 12.

1968 »Language in Relation to Other Communication Systems.« *Linguaggi nella società e nella tecnica.* Mailand: Comunità, 1970; dt. »Die Sprache in ihrem Verhältnis zu anderen Kommunikationssystemen.« In *Form und Sinn. Sprachwissenschaftliche Betrachtungen.* München: Fink, 1974.

1970 »Linguistics.« *Main Trends of Research in the Social and Human Sciences,* I. Den Haag: Mouton.

1974 *Coup d'œil sur le développement de la sémiotique.* Bloomington: Indiana University Publications, 1975.

1980 *The Framework of Language.* Michigan Studies in the Humanities.

Jakobson, R., und Halle, M.

1956 *Fundamentals of Language.* Den Haag: Mouton.

Jung, C. G.

1934 »Über die Archetypen des kollektiven Unbewußten.« In *Von den Wurzeln des Bewußtseins. Studien über den Archetypus.* Zweite Aufl. Zürich: Rascher, 1954.

Katz, J. J.

1972 *Semantic Theory.* New York: Harper.

1977 *Propositional Structure and Illocutionary Force.* New York: Crowell.

1979 »The Neoclassical Theory of Meaning.« In *Contemporary Perspectives in the Philosophy of Language,* hrsgg. von P. A. French *et al.* Minneapolis: University of Minnesota Press.

Kerbrat-Orecchioni, C.

1976 »Problématique de l'isotopie.« *Linguistique et sémiologie,* I.

Kripke, S.

1972 »Naming and Necessity.« In *Semantics of Natural Languages,* hrsgg. von D. Davidson und G. Harman. Dordrecht: Reidel.

Kristeva, J.

1969 *Sémeiotiké.* Paris: Seuil.

1974 *La révolution du langage poétique.* Paris: Seuil.

Kuhn, T.

1962 *The Structure of Scientific Revolutions.* Chicago: University of Chicago Press; dt. *Die Struktur wissenschaftlicher Revolutionen.* Frankfurt/M.: Suhrkamp, 1973.

Lacan, J.

1953 »Le séminaire I.« In *Le Séminaire de J. Lacan.* Paris: Seuil, 1975; dt. *Freuds technische Schriften.* Olten/Freiburg: Walter, 1978.

1966 *Ecrits.* Paris: Seuil; dt. *Schriften.* Olten/Freiburg: Walter, 1973ff.

Lakoff, G.
1980 »Getting the Whole Picture.« *BLS,* 6.
Lakoff, G., und Johnson, M.
1980 *Metaphors We Live By.* Chicago: University of Chicago Press.
Lalande, A., Hrsg.
1926 *Vocabulaire technique et critique de la philosophie.* Paris: P. U. F.
Lausberg, H.
1960 *Handbuch der literarischen Rhetorik.* München: Hueber.
Leech, G.
1974 *Semantics.* Harmondsworth: Penguin.
Levin, S.
1977 *The Semantics of Metaphor.* Baltimore: Johns Hopkins University Press.
Lévi-Strauss, C.
1945 »L'Analyse structurale en linguistique et anthropologie.« *Word,* I, 2. (Auch in *Anthropologie structurale.* Paris: Plon, 1958; dt. *Strukturale Anthropologie.* Frankfurt/M.: Suhrkamp, 1967.)
1949 *Les Structures élémentaires de la parenté.* Paris: P. U. F., ²1967; dt. *Die elementaren Strukturen der Verwandtschaft.* Frankfurt/M.: Suhrkamp, 1981.
1950 »Introduction à l'œuvre de Marcel Mauss.« In M. Mauss, *Sociologie et Anthropologie.* Paris: P. U. F.; dt. M. Mauss, *Soziologie und Anthropologie.* München: Hanser, 1974.
1951 »Language and the Analysis of Social Laws.« *American Anthropologist,* 53. (Auch in *Anthropologie structurale.* Paris: Plon, 1958; dt. *Strukturale Anthropologie.* Frankfurt/M.: Suhrkamp, 1967.)
1958–59 »La geste d'Asdival.« *Annuaire de l'École Pratique des Hautes Études,* 5. (Auch in *Anthropologie structurale deux.* Paris: Plon, 1973; dt. *Strukturale Anthropologie,* II. Frankfurt/M.: Suhrkamp, 1975.
1960 »Discours au Collège de France.« *Annuaire du Collège de France,* 40. (Auch in *Anthropologie structurale deux.* Paris: Plon, 1973; dt. *ibid.)*
1964 *Le Cru et le Cuit.* Paris: Plon; dt. *Das Rohe und das Gekochte.* Frankfurt/M.: Suhrkamp, 1971.
1971 *L'Homme nu.* Paris: Plon; dt. *Der nackte Mensch.* Frankfurt/M.: Suhrkamp, 1975, 2 Bde.
Lieb, H. H.
1981 »Das ›Semiotische Dreieck‹ bei Ogden und Richards: Eine

Neuformulierung des Zeichenmodells von Aristoteles.« In *Logos Semantikos,* hrsgg. von J. Trabant. Berlin: De Gruyter; Madrid: Gredos.

Lotman, J. M.
1969 »O Metayazyke tipologiceskick opisanij kul'tury.« *Trudy po znakovym sistemam,* 4.

Lotman, J. M., und Uspenskij, B. A.
1971 »O Semiotičeskom mechanizm kul'tury.« *Trudy po znakovym sistemam,* 5.

Lyons, J.
1977 *Semantics.* 2 Bde. London: Cambridge University Press.

Malmberg, B.
1977 *Signes et symboles.* Paris: Picard.

Manetti, G., und Violi, P.
1977 »Grammatica dell'arguzia.« *VS,* 18 (Sondernummer).

McInerny, R.
1961 *The Logic of Analogy.* Den Haag: Nijhoff.

Minsky, M. M.
1974 »A Framework for Representing Knowledge.« AI Memo 306. Cambridge: MIT Press.

Moody, E. A.
1935 *The Logic of William of Ockham.* New York: Sheed and Ward.

Morris, C.
1938 *Foundations of a Theory of Signs.* Chicago: University of Chicago Press; dt. *Grundlagen der Zeichentheorie.* Berlin: Ullstein, 1979.

Neubauer, F., und Petöfi, J. S.
1981 »Word Semantics, Lexicon System, and Text Interpretation.« In *Words, Worlds and Contexts,* hrsgg. von H. J. Eikmeyer und H. Rieser. Berlin: De Gruyter.

Nef, F.
1979 »Case Grammar *vs.* Actantial Grammar: Some Remarks on Semantic Roles.« In *Text vs. Sentence,* hrsgg. von J. S. Petöfi. Hamburg: Buske.

Nerval, G. de
1853 *Sylvie;* dt. *Aurelia. Sylvia.* Stuttgart 1971.

Nida, E.
1975 *Componential Analysis of Meaning.* Den Haag: Mouton.

Peirce, C. S.
1931–58 *Collected Papers.* Cambridge: Harvard University Press; dt. *Schriften,* hrsgg. von K.-O. Apel, Frankfurt/M.: Suhrkamp, 2 Bde., 1967–70.

Pelç, J.
1981 »Theoretical Foundations of Semiotics.« *American Journal of Semiotics,* I.
Petöfi, J. S.
1976*a* »Lexicology, Encyclopedic Knowledge, Theory of Text.« *Cahiers de Lexicologie,* 29.
1976*b* »A Frame for Frames.« *Proceedings of the Second Annual Meeting of the Berkeley Linguistic Society.* Berkeley: University of California Press.
Petöfi, J. S., Hrsg.
1979 *Text vs. Sentence.* 2 Bde. Hamburg: Buske.
Popper, K.
1968 *Conjectures and Refutations.* New York: Harper.
Prieto, L.
1966 *Messages et signaux.* Paris: P. U. F.
1975 *Pertinence et pratique.* Paris: Minuit.
Prodi, G.
1977 *Le basi materiali della significazione.* Mailand: Bompiani.
1982 *La Storia Naturale della Logica.* Mailand: Bompiani.
Putnam, H.
1975 *Mind, Language and Reality,* Bd. 2. London: Cambridge University Press; dt. *Die Bedeutung von »Bedeutung«.* Frankfurt/M.: Klostermann, 1979.
Quine, W. van Orman
1951 »Two Dogmas of Empiricism.« *Philosophical Review,* 50.
1969 »Natural Kinds.« In *Ontological Relativity and Other Essays.* New York: Columbia University Press; dt. *Ontologische Relativität und andere Schriften.* Stuttgart: Reclam, o. J.
Rey, A.
1970 *La lexicologie.* Paris: Klincksieck.
1973 *Théories du signe et du sens.* Paris: Klincksieck.
Rey-Debove, J.
1971 *Étude linguistique et sémiotique des dictionnaires français contemporains.* Den Haag: Mouton.
Ricœur, P.
1962 »Herméneutique et réflexion.« In *Demitizzazione e immagine,* hrsgg. von E. Castelli, Padua: Cedam.
1975 *La métaphore vive.* Paris: Seuil; dt. *Die lebendige Metapher.* München: Fink, 1986.
Rosenstiehl, P.
1971 »Labyrinthologie mathématique (I).« *Mathématique et Sciences Humaines,* 9.

1980 »Les mots du labyrinthe.« *Cartes et figures de la terre*. Paris: Centre Culturel Pompidou.

Rosenstiehl, P., Fiksel, J. R., und Holliger, A.
1972 »Intelligent Graphs: Networks of Finite Automata Capable of Solving Graph Problems.« In *Graph Theory and Computing*. New York: Academic Press.

Rossi-Landi, F.
1974 »Linguistics and Economics.« In *Current Trends in Linguistics*, Bd. 12, hrsgg. von T. A. Sebeok. Den Haag: Mouton.

Russell, B.
1940 »The Object-Language.« In *An Inquiry into Meaning and Truth*. London: Allen and Unwin, 1950.

Saussure, F. de
1906–11 *Cours de linguistique générale*. Paris: Payot, 1916; dt. *Grundfragen der allgemeinen Sprachwissenschaft*. Berlin: de Gruyter, [2]1967.

Schank, R.
1975 *Conceptual Information Processing*. Amsterdam: North Holland.
1979 »Interestingness: Controlling Inferences.« *Artificial Intelligence*, 12.

Schank, R., und Abelson, R. P.
1977 *Scripts, Plans, Goals and Understanding*. Hillsdale, N. J.: Erlbaum.

Schank, R., und Riesbeck, C. K.
1981 *Inside Computer Understanding*. Hillsdale, N. J.: Erlbaum.

Schmidt, S.
1973 *Texttheorie*. München: Fink.

Scholem, G.
1960 *Zur Kabbala und ihrer Symbolik*. Zürich: Rhein. Erneut Frankfurt/M.: Suhrkamp, 1973.

Schwartz, S. P., Hrsg.
1977 *Naming, Necessity and Natural Kinds*. Ithaca: Cornell University Press.

Scruton, R.
1980 »Possible Worlds and Premature Sciences.« *The London Review of Books* (7. Februar).

Searle, J. R.
1971 Einleitung zu *The Philosophy of Language*, hrsgg. von J. R. Searle. London: Oxford University Press.
1979 *Expression and Meaning*. London: Cambridge University Press; dt. *Ausdruck und Bedeutung. Studien zur Sprechakttheorie*. Frankfurt/M.: Suhrkamp, 1981.

Sebeok, T. A.
1976 *Contributions to the Doctrine of Signs.* Bloomington: Indiana University Press.
Sebeok, T. A., und Sebeok-Umiker, J.
1979 »You Know My Method: A Juxtaposition of Charles S. Peirce and Sherlock Holmes.« *Semiotica,* 26. (Auch in *The Sign of Three: Dupin, Holmes, Peirce,* hrsgg. von U. Eco und T. A. Sebeok. Bloomington: Indiana University Press, 1983; dt. »Sie kennen ja meine Methode«, in *Der Zirkel oder Im Zeichen der Drei.* München: Fink, 1985.)
Shannon, C. E.
1948 »The Mathematical Theory of Communication.« *Bell System Technical Journal* (Juli-Oktober). (Auch in C. Shannon und W. Weaver, *The Mathematical Theory of Communication.* Urbana: University of Illinois Press, 1949.)
Shibles, W. A.
1971 *Metaphor: An Annotated Bibliography and History.* Whitewater, Wis.: Language Press.
Speciale, E.
1978 *La teoria della metafora in E. Tesauro.* Diss. phil. Universität Bologna.
Stump, E.
1978 »Differentia and the Porphyrian Tree.« In *Boethius's De Topicis Differentiis.* Ithaca: Cornell University Press.
Thagard, P. R.
1978 »Semiotic and Hypothetic Inference in C. S. Peirce.« *VS,* 19–20.
Tesauro, E.
1655 *Il cannocchiale aristotelico.* Zweite Auflage, Venedig: Baglioni.
Todorov, T.
1977 *Théories du symbole.* Paris: Seuil.
1978 *Symbolisme et interprétation.* Paris: Seuil.
van Dijk, T. A.
1972 »Aspects d'une théorie générative du texte poétique.« In *Essais de sémiotique poétique,* hrsgg. von A. J. Greimas. Paris: Larousse.
1975 »Formal Semantics and Metaphorical Discourse.« *Poetics,* 4.
1977 *Text and Context.* New York: Longman.
Vico, G.
1744 *La scienza nuova giusta l'edizione del 1744.* Bari: Laterza, 1967; dt. *Die neue Wissenschaft über die gemeinschaftliche Natur der Völker.* Reinbek: Rowohlt, 1966.

Weinreich, U.
1972 *Explorations in Semantic Theory.* Den Haag: Mouton.
1980 *On Semantics.* Philadelphia: University of Pennsylvania Press.

Weinrich, H.
1976 »Streit um Metaphern.« In *Sprache in Texten.* Stuttgart: Klett.

Wierzbicka, A.
1972 *Semantic Primitives.* Frankfurt: Athenäum.

Wilson, N. L.
1967 »Linguistics Butter and Philosophical Parsnips.« *Journal of Philosophy*, 64.

Winston, P. H.
1977 *Artificial Intelligence.* Reading, Mass.: Addison-Wesley.

Personenregister